VOYAGE AU PAYS DES TZIGANES

(LA HONGRIE INCONNUE)

PAR

VICTOR TISSOT

NEUVIÈME ÉDITION

PARIS

E. DENTU, ÉDITEUR

LIBRAIRE DE LA SOCIÉTÉ DES GENS DE LETTRES
PALAIS-ROYAL, 15, 17 ET 19, GALERIE D'ORLÉANS

1880

Tous droits réservés.

VOYAGE
AU
PAYS DES TZIGANES

EN VENTE A LA MÊME LIBRAIRIE

OUVRAGES DE VICTOR TISSOT

VOYAGE AU PAYS DES MILLIARDS

47e édition, volume de 400 pages : 3 fr. 50.

LES PRUSSIENS EN ALLEMAGNE

Suite du *Voyage au Pays des Milliards*

35e édition, 1 volume de 460 pages. — Prix : 3 fr. 50.

VOYAGE AUX PAYS ANNEXÉS

Suite et fin du *Voyage au Pays des Milliards*

26e édition, 1 volume de 483 pages. — Prix : 3 fr. 50.

VIENNE ET LA VIE VIENNOISE

22e édition, 1 volume de 480 pages. — Prix : 3 fr. 50.

LES AVENTURES DE GASPARD VAN DER GOMM

(En collaboration avec M. C. AMIRO).

I. LA COMTESSE DE MONTRETOUT, 13e édition, 1 vol. — Prix : 3 fr. 50.
II. — LES MYSTÈRES DE BERLIN, 11e édition, 1 vol. — Prix : 3 fr. 50.

LA SOCIÉTÉ ET LES MOEURS ALLEMANDES

Traduction de l'allemand du docteur Johannes Scherr, 12e édition.
Un volume de 472 pages. — Prix : 3 fr. 50.

POUR PARAITRE PROCHAINEMENT

LA RUSSIE ROUGE

(En collaboration avec M. C. AMIRO).

Un fort volume gr. in-18 jésus. — Prix : 3 fr. 50.

Paris. — Société anonyme d'Imprimerie. — PAUL DUPONT, Dr. (Cl.)

VOYAGE
AU PAYS DES TZIGANES

(LA HONGRIE INCONNUE)

I

De Paris à Fiume. — La voie de mer : Capo d'Istria, Umago, Cittanova, Parenzo, Pola. — La voie de terre : Praggerhof, le Carso, Casua, le golfe du Quarnero. — Fiume : la ville ancienne e. la ville moderne. — Voyage à la recherche de M. Antonio Scarpa. — Les moulins de la Fiumara. — Le Tersato. — Fiume le soir. — Un orchestre tzigane.

Les lecteurs qui ont bien voulu m'accompagner, l'an dernier, dans mon excursion à Vienne, se rappellent peut-être la route que nous prîmes pour nous rendre de Paris dans la capitale de l'Autriche. Après avoir traversé le Mont-Cenis, nous touchâmes barre à Venise et à Trieste, puis nous arrivâmes par le Semmering — ce Mont-Cenis autrichien — sur les bords du Danube qui n'est malheureusement bleu que dans le titre de la valse de Strauss. C'est le chemin des écoliers. De Paris, il est aisé de se rendre à Vienne en trente-huit heures : on passe par l'Alsace, le Wurtemberg, la grasse et plate Bavière. En suivant cette voie, on peut même avoir l'avantage d'être pris pour un commis-voyageur en socialisme et l'honneur d'être escorté jusqu'à la frontière. Mais, une fois qu'on a goûté ce plaisir et qu'on a respiré d'un peu près les gendarmes allemands, qui se balancent dans leurs tiges de bottes, on n'éprouve plus la moindre envie de cultiver leur connaissance.

En touriste prudent ou blasé, nous allons donc reprendre, pour atteindre les bords du Danube, la voie d'Italie, plus longue, mais plus sûre, plus variée, plus pittoresque, et si riche en compensations de toute sorte. La cathédrale de Milan est moins triste que celle de Strasbourg, prisonnière de guerre, gardée encore par des sentinelles prussiennes. Les palais de Vérone et de Venise ne font pas regretter les brasseries de Munich, empuanties et enfumées. Trieste est une ville divine, pleine de fleurs, de soleil et de jolies femmes, ces trois sourires de la nature, qui ne semblent s'épanouir que pour être vus ensemble. Les grottes d'Adelsberg, le passage du Semmering mériteraient un plus lointain voyage : à partir de Gratz, on se croirait transporté au cœur de la Suisse. C'est un pays nouveau qui se révèle, à la fois sévère et gracieux, sublime et sauvage, rempli de contrastes et de surprises, de scènes inattendues et charmantes : des coteaux verts et des ravins aux flancs déchirés, des pentes adoucies, des collines raides, des cultures variées, de sombres draperies de forêts, des amphithéâtres de montagnes aux souples et délicates dentelures, aux lignes ardues ou brisées, harmonieuses dans leur rudesse et accidentées dans leur simplicité, des plateaux touffus d'herbages et constellés de jolies fleurs, comme si une pluie de perles était tombée sur leurs gazons; se déroulent successivement à vos regards. Ici s'ouvrent des vallons verdoyants, en forme de conque ou de berceau, ombragés de beaux arbres, avec des fermes qui rient portes et fenêtres grandes ouvertes, comme de grosses paysannes de bonne humeur, à demi habillées, au milieu de leur turbulente basse-cour. Là se dressent des parois de rocher jaunes et abruptes, aux crevasses noires servant de refuges aux oiseaux de nuit; plus bas, se creusent des ravines croulantes, jonchées de vieux sapins aux barbes de lichen, tombés sous la foudre, ou le poids des ans. Au fond d'un gouffre insondable, hurle un torrent qui se débat sous l'étreinte d'immenses blocs de pierre éboulés. Puis ce sont des cascades qui semblent, à distance, figées dans leur chute, pareilles à une coulée de glace ou de cristal.

De loin en loin, par une échappée lumineuse, on découvre à l'issue d'une gorge ou au milieu d'une vallée montante qui se perd dans l'infini, les toits de quelques hameaux, bariolant de taches rouges le tapis vert des pâturages; ou bien, plus près, à la pointe d'une arête rocheuse, c'est la silhouette nettement découpée d'un pâtre qui se profile : appuyé sur son long bâton, dans une attitude de statue, son sac de cuir en bandoulière, son large chapeau sur les yeux, il surveille, immobile, un troupeau de chèvres suspendues parmi les abîmes. Au troisième plan, dans des fonds de tableaux clairs, se dressent des monticules pelés, rongés par les pluies, surmontés de grands tas de pierres blanches ébauchant des créneaux rompus, des pans de murailles crevées, effondrées, des arcs brisés de fenêtres gothiques, où le cœur des sensibles châtelaines venait répondre en secret aux ballades d'amour des *minnesinger*. Tout au bout de l'horizon, des pics aigus, taillés comme des aiguilles, déchirent d'un jet hardi de javelot les voiles bleus et ondoyants de l'air; et, derrière ce hérissement de cimes pointues et glacées, formant comme un faisceau de baïonnettes, apparaissent, enveloppés de leur long manteau de neige plus blanc que l'hermine, les sommets du Schneeberg et du Raxalp, coiffés de diadèmes d'argent. Ce spectacle dure une demi-journée, et sur la scène immense qui vous entoure, c'est un changement de décors qui se succèdent comme dans une féerie splendide.

Mais, de Trieste, il n'est pas nécessaire de remonter jusqu'à Vienne pour se rendre en Hongrie et sur le Danube. A la station de Praggerhof, un embranchement de la ligne du Sud conduit directement à Pesth, en huit ou dix heures. De Trieste, on peut également se rendre à Fiume par terre ou par mer. Fiume est le port maritime de la Hongrie, comme Trieste est celui de l'Autriche. En bateau à vapeur, le voyage s'effectue en un jour et une nuit. On double la pointe de l'Istrie, qui se dessine sous la forme d'une large feuille de vigne sur la surface bleue de l'Adriatique. Les côtes si capricieusement découpées et dentelées de la presqu'île abritent une multitude de ports hospitaliers, de golfes azurés et tranquilles, gaufrés de bois d'oliviers ; d'anses gracieuses, dans lesquelles se mirent des villes pittoresques, toutes blanches sur des collines roses ; et, çà et là, comme des terrasses de fleurs suspendues sur les flots, s'avancent des caps ombragés de figuiers et de vignes.

Voici Capo d'Istria avec sa belle promenade plantée d'arbres, sa grande prison aux murs jaunes, qui ressemble à un grenier à blé, ses ruines romaines et italiennes, son campanile, sa *piazzetta*, ses *calle* enchevêtrées, bizarres, étroites, tortillées, longs boyaux formant des ruelles lépreuses et sombres, où le pas résonne sur les dalles en éveillant un écho mortuaire, et où le regard s'arrête, ébloui, sur les étalages tapageurs et bariolés des boutiques, sur les expositions de gros et solides bijoux, et les pyramides parfumées d'oranges, de melons et de légumes, de même que dans la *Merceria* à Venise. Au nord, la mer, avec une paresse de lac dormant, s'allonge dans l'intérieur des terres émaillées de villas et revêtues de feuillages et de cultures comme les plus fertiles coteaux du Piémont et de la Lombardie.

Dix minutes plus loin, on voit grandir sur le piédestal rougeâtre de son promontoire, Pirano dont le campanile soutient dans les nues un ange fatigué de voler. Les maisons hautes, massives et carrées de la petite ville, célèbre par la victoire que les Vénitiens y remportèrent sur la flotte de l'empereur Frédéric, se pressent étroitement les unes contre les autres, d'un mouvement commun, et soudent leurs murailles réunies, comme pour présenter à l'attaque des bastions de pierre rangés en cercle. Le port est dominé par un ancien château crénelé, planté fièrement au sommet d'une colline hérissée de pins gigantesques qui se détachent eux-mêmes sur l'azur limpide comme des donjons de verdure. C'est dans ce château que le fils de l'empereur Frédéric, après la défaite de son père, fut retenu prisonnier. Le môle du port Glorioso, où les plus grands navires peuvent mouiller pendant les gros temps, est encombré de mariniers coiffés du bonnet vénitien, la cravate en sautoir et la chemise de couleur en loques, assis, les bras ballants et les pantalons de toile retroussés sur leurs jambes pendantes, dans le vide, au-dessus de la mer. Un groupe de vieilles femmes au teint chocolat, accroupies sur le sable, raccommodent des filets. — Les moindres détails de la vie et du paysage sont ici des tableaux ; sous ce ciel italien, tout prend un caractère original et personnel qui ravit le poète et l'artiste.

Bientôt on aperçoit Umago, qui a conservé sa mâle physionomie de ville de défense et de guerre, ayant à résister à la fois aux hommes et aux flots. Puis c'est Cittanova, bourgade aux maisons couleur lie de vin, contrastant avec le pâle feuillage des oliviers qui l'encadrent et la teinte vert foncé de l'Adriatique.

Un cap qui ressemble à la proue d'un navire surmontée d'un mât, porte l'antique église de Parenzo, bâtie sur les ruines d'un temple romain. On voit encore dans la petite ville, l'ancien Capitole, le forum, la curie, les comices, les temples de Mars et de Neptune, le théâtre. Les croisés, naviguant vers la Terre-Sainte, faisaient à Parenzo leur première escale. Les palais qui regardent le port sont de vrais bijoux d'architecture, construits en style byzantin, avec des fenêtres découpées en ogives, des *loggie* garnies de feuillages et de dentelles de pierre, des balcons d'une élégance et d'une légèreté aériennes, des colonnettes délicatement cannelées ou tordues, aux chapiteaux d'acanthe, et autour desquelles s'enroulent des fantaisies de végétations tortueuses et grimpantes qui s'épanouissent en rosaces et en fleurons. Aux quatre coins de ces palais veille le lion de Saint-Marc : on dirait d'une marque de fabrique. En face de Parenzo, au milieu d'une île boisée, à côté des ruines du couvent San-Nicolo, un phare dresse sa pyramide de granit, flambante comme un porphyre d'Égypte sous l'or rutilant du soleil.

A midi, le vapeur touche Rovigno, entouré de bois d'oliviers, et dont les coteaux surchauffés produisent le vin le plus capiteux de l'Istrie. Rovigno est une des villes les plus commerçantes du littoral. Sa cathédrale, bâtie sur le modèle de Saint-Marc de Venise, s'élève au sommet d'une colline et commande la mer.

Après Fasana qui dort sous son voile d'oliviers, les îles Brioni apparaissent soudain comme les sentinelles avancées du golfe de Pola. Las d'être bercés par la vague, des milliers de goëlands recouvrent comme une neige blanche les plus élevés de ces récifs, qui furent les carrières de marbre des Vénitiens. Sur les hauteurs de la côte taillée à angle droit, l'œil découvre les premières fortifications de Pola. Chassée de la Vénétie, l'Autriche s'est solidement établie sur ces rives, d'où elle surveille l'Adriatique. Ici encore tout est italien, la langue, le climat, les costumes, le paysage, les mœurs et les habitudes. — Pola a pris ces dernières années un développement considérable. La ville est pleine d'activité et de bruit. Dans le port se pressent des vaisseaux cuirassés et des chaloupes canonnières. On voit combien l'Autriche a hâte de renouveler et de compléter son outillage maritime et militaire. Déjà Sylla avait fait de cette ville le port le plus important de l'Istrie. Quand les guerres civiles éclatèrent, Pola se rangea du côté de Pompée, et pour l'en punir, Octave y répandit le meurtre et l'incendie. Enfin Auguste, élevé à la dignité d'empereur, répara les ruines ; il rebâtit la ville, à laquelle il donna le nom de sa femme, Pietas Julia. A partir de cette époque, Pola redevint une cité florissante. Sous le règne de Sévère, elle prit le titre de *Respublica Polensis* ; elle comptait alors cinquante mille habitants.

A peine a-t-on franchi le détroit des îles Brioni, que le plus magique spectacle qu'on puisse rêver se présente aux regards : à mi-côte d'une colline brûlée par les ardeurs de l'été, dénudée et abrupte, une arène gigantesque, plus vaste que celle de Vérone, dresse majestueusement ses trois étages d'arcades hardies et gracieuses, qui semblent des portes ouvertes sur le ciel. Le soleil couchant répand une teinte de corail rose sur l'énorme ruine, et grave sa grande ombre, comme un camée colossal, sur la surface de lapis-lazuli de la mer. L'effet est saisissant, l'impression ineffaçable. On ne voit ni les tours fortifiées qui défendent l'entrée du port, ni les batteries qui protègent la plage, ni les navires cuirassés qui encombrent la rade, ni l'immense arsenal maritime qui allonge la ligne noire de ses chantiers au bas de la ville toute blanche. L'amphithéâtre romain, avec son architecture énorme qu'on dirait faite pour l'éternité, écrase tout. Quinze mille spectateurs entrant par les quatre portes du cirque, flanquées de pignons en saillie, pouvaient tenir à l'aise sur les gradins de marbre que les Vénitiens, après s'être emparés de Pola en 1148, emportèrent à Venise pour en faire des palais. Là, comme au Colisée, les applaudissements pressaient, encourageaient, exigeaient le carnage; « ceux des hommes demandant aux combattants toujours plus de sang; ceux des femmes aux mourants toujours plus de grâce. » Des ronces, des chardons, un pullulement de plantes parasites remplit le bassin creusé de main d'homme qui servait aux naumachies. Dans ces fêtes navales, deux à trois mille esclaves s'égorgeaient pour distraire l'ennui des maîtres du monde.

Un café se trouve aujourd'hui en face du temple d'Auguste; le conseil municipal de Pola s'assemble dans le temple du dieu Capitolin, adossé au temple de Diane; des chars de fumier passent sous la Porte-d'Hercule, et le théâtre a été démoli pour élever un bastion. Quelles fortunes diverses ont traversé toutes ces villes du littoral istriote et dalmate, autrefois si riches et si prospères ! C'est avec effroi qu'on contemple tant de nobles ruines, d'imposants débris ; et l'on se demande si, quand d'autres hommes auront fabriqué d'autres lois et adoreront d'autres dieux, les voyageurs ne viendront pas aussi chercher d'anciennes grandes cités, jadis florissantes, sur les bords du Rhône et du Rhin, et, sur les rives de la Seine, l'emplacement du grand Opéra et les restes du Louvre, de l'Arc-de-Triomphe et du Panthéon. Athènes, Sparte, Tyr-la-Superbe ont disparu ; des troupeaux errent aujourd'hui dans les champs où fut Thèbes, la ville aux cent portes.

Qu'y a-t-il d'éternel ? Naître, n'est-ce pas commencer de mourir, aussi bien pour les hommes que pour les civilisations et les villes ?

Le vapeur double au milieu de la nuit la pointe de l'Istrie et le cap Promontore ; et, à l'aube, vous distinguez au fond d'une baie verdoyante, que domine un rocher stérile, quelque chose de blanc qui flotte au-dessus de la mer. Le point grandit à mesure que le navire avance ; il prend des formes plus distinctes ; des toits s'amincissent dans l'air opalisé et transparent du matin, des murs s'allongent, s'élargissent, s'illuminent : c'est Fiume qui se lève dans les clartés violettes de l'aurore, avec la grâce et la coquetterie d'une femme qui, vous entendant venir, écarte tout à coup les rideaux de soie de sa couche.

Mais les traits de ce tableau sont si fins, si délicats, si aériens, que tout cela ressemble à un poétique mirage qu'on s'attend à voir s'évanouir.

Cependant le navire avance, les fenêtres des maisons s'allument et brillent comme des soleils, et la ville se présente dans une réalité jeune et triomphante, avec ses grandes façades neuves, qui ressortent d'autant

1.

plus blanches que la végétation sur laquelle elles se détachent est plus sombre et plus intense. Des mouettes s'égrènent autour des barques de pêcheurs qui ouvrent leur voile rouge aux brises du matin; çà et là de grands navires à l'ancre dressent leur cheminée en forme d'obélisque; on touche au port.

Le voyage par voie de terre est plus court et non moins intéressant. On traverse le Carso, mer de pierres roulant ses rocs amoncelés, ses blocs en désordre, ses flots solidifiés jusqu'à l'horizon; mer battue par la foudre, déchirée par les vents comme la véritable mer, mais plus désolée et plus déserte qu'une mer maudite, sans un être vivant, sans une plante ou un oiseau, étalant sa tristesse morne et farouche sous un soleil de feu en été, et, en hiver, dessinant sa raideur de squelette sous un linceul de neige. Jusque sous les roues de la locomotive, c'est une marée débordante de cailloux, des remous de gros blocs blancs, un rejaillissement de pierres inondant tout, couvrant tout, noyant tout, formant des masses moutonnantes de granit, se soulevant en vagues gigantesques et pétrifiées. On dirait les débris énormes d'une tour de Babel, le sol calciné et dépeuplé d'une planète éteinte, ou encore une région primitive et sauvage, que les volcans ont bouleversée avant l'arrivée de l'homme et des animaux.

Cependant, à mesure qu'on se rapproche de la mer et qu'on descend vers les côtes, le spectacle s'adoucit et change; les pierres se recouvrent de petites mousses mamelonnées qui fleurissent timidement; et, entre les interstices des rochers, des herbes curieuses se hasardent à regarder si le ciel est calme et si l'été est venu. Puis des arbustes rabougris s'abritent derrière de hauts blocs, s'élevant et grandissant par degrés. A la station de Castua, la transformation est déjà complète. C'est un nouveau monde. Des petites cabanes se montrent souriantes, à demi cachées sous des rideaux de verdure mobile, qui laissent échapper des bouffées de parfums voluptueux ; les haies sont toutes frémissantes d'ailes et de chansons ; au sommet des peupliers argentés, les cigales font un bruit de castagnettes, et des nuées d'insectes bourdonnants étincellent au soleil comme une poussière d'or. La nature rendue à la vie et à l'amour, aux douces caresses des brises de la mer, pousse un cri de résurrection, entonne un hymne de reconnaissance et de joie. Quand on a descendu encore quelques gradins de ces terrasses naturelles formant des plateaux successifs, nuancés de végétations aux mille formes, aux mille teintes et aux mille odeurs, on découvre tout à coup la mer bleue et limpide comme un firmament tombé dont les débris étincelants encadrent les îles du golfe du Quarnero, qui se déploie dans sa tranquille et radieuse beauté, avec ses criques, ses anses, ses promontoires, ses rades, ses jolis petits ports d'une découpure fine et pleine de caprice, et ses côtes parées des grâces d'un éternel printemps. Çà et là, comme des nacelles aux voiles déployées, des villas blanches se dressent sur les vagues parfumées de cette végétation profonde, aux teintes ondoyantes, roulant ses fleurs d'orangers et de citronniers comme des franges d'écume. Et, au large, sur la mer que le soleil couvre d'une couche de vif-argent, des barques de pêcheurs se tiennent immobiles, pareilles à des papillons arrêtés sur un miroir. A droite le Monte-Maggiore, majestueusement assis sur ses bases puissantes que recouvre un tapis de forêts, dresse dans l'atmosphère d'un bleu foncé d'indigo, son cône abrupt de pierre jaune, cuivré par le soleil. L'arc harmonieux du golfe décrit ici une longue courbe verte tachée de points blancs, petites maisonnettes qui ressemblent, à distance, au milieu de leur jardin touffu, à des œufs dans un nid. A gauche, on aperçoit Buccari paresseusement couchée, dans une pose lascive de fille italienne, au pied d'un amphithéâtre ombragé de pampres, au bord de l'eau bleue et dormante de sa baie. Et, à l'entrée d'une vallée aux dentelures de rempart, Fiume dresse ses clochers aux silhouettes dorées, déroule ses rues poudreuses et avance dans la mer les deux bras de son port, comme pour les ouvrir amicalement aux navires qui arrivent. L'admirable position de cette ville rappelle Genève, mais avec quelque chose d'oriental, de passionné, de chaud qui manque à la ville suisse. Et la flore éclatante qui s'épanouit sous ce ciel donne à la contrée la fraîcheur d'une oasis.

C'est par la voie de terre que j'ai fait cette fois mon entrée en Hongrie et que je suis arrivé à Fiume. Cette route m'a semblé la moins battue ; je ne sache pas qu'aucun voyageur français l'ait encore décrite.

La gare de Fiume est assez éloignée du centre de la ville. Un omnibus roulant au milieu d'épais tourbillons de poussière me conduisit à l'hôtel de l'Europe, sur la Place du Port. Partout des persiennes hermétiquement closes, des toiles bariolées formant tente sur les balcons, garantissent les maisons de la chaleur du jour. Il est une heure ; la ville fait sa sieste : pas un passant, pas un bruit ; seuls, quelques perroquets, du côté de la rue plongé dans l'ombre, font entendre au passage de la voiture leur voix perçante et goguenarde.

Fiume, — l'ancienne Tersatica détruite par Charlemagne, — formait jadis une petite république comme Gênes, comme Venise, comme Raguse. Un conseil de patriciens présidait aux destinées du pays, et une commune s'occupait des besoins et des intérêts de la ville. Lorqu'un danger extérieur menaçait la cité républicaine, elle réclamait tantôt la protection du duc d'Istrie, tantôt celle du patriarche d'Aquilée. Mais un jour de découragement, le conseil décida de remettre les clés de la ville à l'empereur Charles VII, qui ne les rendit pas et les légua à ses descendants.

Ce fut Marie-Thérèse qui fit cadeau de Fiume aux Hongrois. En 1848, les Croates y entrèrent en vainqueurs et occupèrent le territoire jusqu'à la conclusion du compromis austro-hongrois.

Fiume, bien que de nouveau incorporée à la Hongrie, a conservé une certaine autonomie et ses prérogatives de port franc. Les écoles sont italiennes ; les délibérations du conseil municipal se font en italien; le seul journal qui paraisse dans la localité, la *Bilancia* (la Balance), est rédigé en italien par un écrivain de mérite, M. Mohovich. On ne peut pas dire que les Hongrois oppriment les nationalités. Sous les Croates, le régime était bien moins doux. Mais les aspirations des Fiumans n'en vont pas moins, comme celles des Triestins, vers l'Italie, quoiqu'ils n'aient rien à gagner au change. Qu'a fait l'Italie pour Venise depuis que les Autrichiens l'ont abandonnée? Venise n'a jamais été plus misérable et plus triste.

Fiume se compose maintenant de deux villes qui n'en font qu'une : la vieille ville et la ville neuve. Celle-ci s'élève le long du port, dominant la mer; elle comprend deux ou trois rues formées de belles maisons à quatre étages qui ressemblent à toutes les maisons à quatre étages; la principale de ces rues porte le nom de Via del Corso, mais les magasins ne révèlent ni industrie active, ni besoins de luxe.

En franchissant la Porte de l'Horloge du Corso, on se trouve dans la vieille ville, qui s'est comme immobilisée dans le passé, au milieu des murs étroits qui l'étreignent et qui l'ont empêchée de se développer. Elle est encore ce qu'elle était au seizième siècle, et offre un aspect original et imprévu qui contraste avec la ville nouvelle, tirée au cordeau comme la rue de Rivoli. Le voyage est piquant dans ces rues qui sont des ruelles sombres, rapides, tortueuses, presque inextricables, italiennes par leur aspect, leur physionomie, leurs noms et leurs habitants, par la langue qu'on y parle et la saleté qui y règne. Là, s'arrondissent des voûtes avec un jour de soupirail à leur extrémité; ici, s'ouvrent des arcades effritées par le temps et qui laissent pendre des chevelures jaunies d'herbes parasites. Des enfants à demi-nus grouillent sur le seuil d'infects bouges et de noirs taudis, ouverts sur la rue, et ayant pour tout ameublement une table, un banc et un matelas éventré étendu à terre. Des vieilles femmes maigres et crasseuses comme des balais, ridées, dépenaillées, traînant un reste de savates, vont et viennent d'un mouvement silencieux de fantôme. Le soleil qui raie de barres jaunes les façades éraflées de quelques maisons, semble recouvrir leurs vieux murs d'une peau de léopard trouée. Les fenêtres aux vitres chassieuses, ligamentées de bandes de papier, sont tendues de rideaux de toile d'araignée et pavoisées de guenilles suintantes, chemises, bas, jupons et culottes qui sèchent à l'air. Les portes sont larges comme des bouches ouvertes jusqu'aux oreilles, dans un éclat de rire, ou toutes petites, fermées comme des lèvres qui retiennent un secret ou cachent un mystère. Au bout de l'étranglement d'une de ces rues infâmes, dans la plaque de lumière d'une petite place, une *osteria* aligne ses tables peintes en vert sous un bout de treille, où des hommes boivent dans des pots de grès, un vin lourd et épais qui les endort. Un peu plus haut, près d'une caserne établie dans une ancienne tour, et devant laquelle sont groupés, fumant tranquillement leur pipe, des soldats hongrois en bonnet de police écarlate, aux pantalons rouges collant aux jambes et serrés dans la haute bottine lacée, des filles de joie en chemise soulèvent la draperie de feuilles de vigne qu'une *pergola* étend pudiquement devant le balcon formé par l'escalier extérieur, et du haut duquel leurs yeux noirs comme l'enfer font feu sur les passants, en même temps qu'elles démasquent la rondeur alléchante d'un beau bras et les inflexions lascives d'une gorge ferme et blanche comme le marbre.

C'est à l'entrée de ces vieux quartiers empreints d'une odeur de moyen âge et de galanterie vénitienne, et où les maisons trébuchant de vieillesse sont pour ainsi dire obligées de s'épauler les unes les autres, que s'élèvent un arc de triomphe romain encastré dans les murs des maisons voisines, et les deux églises de l'Assomption et de Saint-Vit : le portique de la première rappelle celui de la basilique de Saint-Pierre à Rome; la seconde est bâtie sur le plan de l'église Sainte-Marie du Salut à Venise.

On voit dans l'église Saint-Vit un énorme crucifix en grande vénération parmi le peuple fiuman. La légende raconte qu'il se trouvait autrefois devant une chapelle des environs. Un jour, des matelots s'assirent sur le sable, à ses pieds, et jouèrent aux dés. L'un des joueurs se tournant tout à coup vers le Christ en croix, lui dit en brandissant un galet : « Si tu ne me fais pas gagner, je t'assomme! » Il perdit, se leva et jeta la pierre qu'il tenait contre le Christ. Mais, ô miracle! la pierre s'enfonça comme dans la chair et fit couler le sang de l'image de bois. Le matelot effrayé prit la fuite et alla se jeter dans la mer.

Les rues de l'ancienne ville débouchent dans la vallée de la Fiumara, dont la rivière canalisée était autrefois le port de Fiume. Encore aujourd'hui ce port offre un abri si sûr, qu'il est encombré de barques et de bâtiments d'un tirant d'eau peu considérable, venant des villes du littoral ou des îles de l'archipel, avec des chargements de vin, de douves de tonneaux, de merrains. C'est un enchevêtrement de cordages tendus comme des filigranes d'argent, une forêt mouvante de mâts, un bariolage criard de carènes ornées d'images saintes, portant à leur proue deux grands yeux peints en rouge ou en bleu, comme pour distinguer l'approche des récifs et surveiller l'horizon de la mer. Sous les ombrages séculaires qui bordent l'embouchure de la rivière, des boutiques en plein vent étalent des fruits magnifiques et succulents, des abricots jaunes comme l'ambre, des melons et des pastèques à l'écorce polie et luisante comme du verre, des citrons doux, des figues craquelées distillant un miel délicieux qui brille comme des perles d'or. Le trottoir est ici isolé de la chaussée par une série de bornes grotesquement sculptées, représentant des têtes symboliques et grimaçantes de Turcs enturbanés, de Hongrois et de Bosniaques aux moustaches hérissées en croc ou retombant en queues. On dirait une rangée d'idoles barbares.

On m'avait donné à Trieste une lettre pour un jeune homme de Fiume, M. Antonio Scarpa. Voulant la lui porter moi-même, j'avisai un fiacre qui passait. On m'avait dit : « Tout le monde, à Fiume, connaît M. Antonio Scarpa. »

— Vous savez où demeure ce monsieur ? dis-je au

cocher en lui montrant la suscription de ma lettre; on m'a dit que tout le monde le connaissait.

— Parfaitement, me répondit-il; il habite Martinsciça.

Je ne savais où était Martinsciça, je me laissai conduire. Le voyage est agréable. On longe la côte, tantôt montant sur des terrasses naturelles ombragées de figuiers et de lauriers, tantôt descendant dans d'agrestes petits vallons où des maisonnettes s'épanouissent au milieu de bouquets de verdure. Nous devançâmes des paysans et des paysannes revenant de la ville. En Bosnie, le paysan ne sort jamais sans son chibouk, et dans le Monténégro, sans ses armes; ici, malgré l'aspect bienveillant du ciel, le paysan slave est toujours armé d'un énorme rifflard. C'est tout ce qu'il porte, du reste, avec un anneau d'or à l'oreille gauche, tandis que sa femme marche derrière lui, geignant et suant, courbée en deux sous un fardeau de bête de somme.

Au bout d'une heure, nous descendîmes au fond d'une étroite vallée, aux flancs ouverts et déchirés, qui rappellent les paysages tragiques de Salvator Rosa. On tire de là les gigantesques blocs de rocher qui servent à la construction du port de Fiume. Des hommes bronzés, vêtus d'une chemise et d'un pantalon, poussaient sur des rails rouillés des wagons chargés de pierres et de ballast. Ma voiture s'arrêta devant une espèce de forge enfumée contre laquelle étaient appuyées des roues cassées, de grandes claies de fer éventrées, des tombereaux estropiés, hors de service, le cul en l'air.

— C'est ici, me dit le cocher.

Je descendis et je présentai ma lettre à un monsieur qui me fit l'effet d'un inspecteur de travaux.

— Antonio Scarpa, me répondit-il en souriant, ce n'est pas moi, c'est un de mes cousins qu'on surnomme

Scarpeto ; il demeure à Fiume, tout près du port. Et il expliqua au cocher, en langue croate, où se trouvait la maison indiquée.

Nous rebroussâmes chemin, ayant toujours à nos pieds le spectacle de la mer semée de petites voiles blanches qui ressemblaient à des cygnes, les ailes déployées, nageant à toute vitesse. Fiume esquissait ses murs derrière un rideau d'arbres. Au bout d'une demi-heure, la voiture s'arrêta de nouveau, cette fois devant une belle maison neuve dont le rez-de-chaussée était occupé par un entrepôt et un comptoir.

Je tendis ma lettre à un monsieur qui se trouvait sur le seuil de la porte encombrée de caisses et de ballots de marchandises.

— Ah ! s'écria-t-il, Antonio Scarpa, — ce n'est pas moi — c'est mon cousin, celui qu'on surnomme Scarpetino ; il s'est retiré à la campagne.

Il jeta un regard sur les deux chevaux de mon véhicule, et reprit : « Vous en aurez pour vingt minutes. » Puis traçant à l'aide de son crayon cinq ou six lignes sur une planche, il expliqua l'itinéraire au cocher « Vous prendrez à gauche, puis à droite, et encore à gauche, et alors vous irez droit devant vous, puis vous tournerez de nouveau à droite. »

Un véritable voyage d'exploration et de découverte ! Le cocher fouetta cependant ses chevaux avec une indifférence qui me rassura. Je me dis qu'il avait compris et que la génération des Scarpa s'arrêtait peut-être à M. Scarpetino.

Nous reprîmes la rue que nous venions de traverser un instant auparavant, mais au lieu de suivre la côte, nous grimpâmes sous un soleil de plomb un chemin raide comme une échelle, qui s'allongeait, s'allongeait à perte de vue entre deux grands murs tout blancs, aux réverbérations éblouissantes. L'allée se bifurqua bientôt en plusieurs chemins, et mon cocher, pas plus que moi, ne savait lequel prendre. De quatre côtés, des murs uniformes se prolongeaient comme les hauts corridors d'un cloître désert. Enfin nous avançâmes au hasard et nous découvrîmes, après avoir tourné à gauche, puis à droite, puis à gauche et encore à droite, dans un enfoncement encombré de ronces et de mauvaises herbes roussies par l'été, la grande porte délabrée d'un jardin.

— Je pense que nous y sommes, me dit le cocher avec l'intuition du métier.

Il n'y avait pas de sonnette. Il frappa à coups de poing, mais personne ne répondit.

Alors, pour varier la musique, il prit une pierre.

Cette fois des aboiements formidables se firent entendre, mais comme les aboiements continuaient sur une gamme montante et qu'il n'était pas facile de parlementer avec celui qui les poussait, nous nous mîmes tous deux à crier : « Signor Antonio, ohé ! Signor Scarpa, Scarpeto, Scarpetino ! »

A ces appels réitérés, la porte solidement barricadée à l'intérieur s'ouvrit toute grande, encadrant un jeune homme, à la mine intelligente, aux manières distinguées.

— Monsieur Scarpa Antonio, lui dis-je, en lui présentant ma lettre.

— C'est moi, monsieur.

— Enfin ! m'écriai-je... Voilà trois heures que je cours à votre recherche. De Fiume, on m'a envoyé à Martinsciça ; de Martinsciça, on m'a renvoyé à Fiume ; et de Fiume, on vient de me renvoyer ici ; je ne suis plus un homme, je suis une balle de volant ; mon voyage tourne à l'odyssée...

Il lut la lettre, nous échangeâmes quelques mots, et nous nous serrâmes la main comme si nous étions déjà deux amis; puis M. Scarpa me montra sa petite propriété, qu'il avait achetée récemment.

L'herbe poussait partout, étoilée de fleurs de satin et de pourpre; les rameaux des arbres avaient des élans désordonnés et sauvages; c'était un petit coin de terre en friche délicieux, que ce jardin-là. La vigne s'enlaçait follement aux arbres, suspendant ses élégants festons jusqu'à leurs dernières branches; les grenadiers étaient couverts de boutons de corail; les figuiers ployaient sous leur seconde récolte, et une jolie maisonnette ouvrait au bout d'une charmille sa porte hospitalière, abritée par une treille qui baignait la façade exposée au midi d'une ombre fluide, couleur vert de lune.

M. Scarpa voulut bien m'accompagner dans l'excursion que je désirais encore faire, avant le coucher du soleil, au château du Tersato, qui domine la vallée de la Fiumara.

— Nous passerons, me dit-il, par les moulins; ils méritent d'être vus.

— Passons par les moulins, si vous voulez, lui répondis-je, mais au moins y a-t-il des meunières?

— Nous ne sommes plus, hélas! même sur ces côtes reculées, à une époque aussi primitive; les meunières, je le regrette pour l'agrément du tableau, ont jeté leur bonnet par-dessus le moulin, et sont remplacées par des machines très perfectionnées.

Au lieu de traverser le pont jeté sur la Fiumara, lequel conduit en ville, nous prîmes la route romantique qui monte à gauche, glissant au pied des rochers du Tersato et surplombant la gorge de la Recina, au fond de laquelle mugit et bouillonne le fleuve qui jaillit des flancs de la montagne, un peu plus haut. Cette chaussée hardie, qui a dix-huit lieues allemandes d'étendue, et qui, à l'endroit où elle est taillée à pic dans la roche, prend le nom de Porte de Hongrie, a été construite sous la direction du général Vukassovitch, dans un but plus stratégique que commercial. A l'époque où elle fut exécutée — vers 1839 — la question d'Orient, plus que jamais, était sur le tapis; on annonçait à tout propos l'entrée des Russes en Bessarabie, et, comme l'Autriche avait la promesse d'une alliance anglaise ou française, une flotte venant de Plymouth ou de Toulon pouvait très aisément débarquer un corps de troupes à Fiume. En deux ou trois jours, par cette route, ces troupes pouvaient arriver sur la Save et atteindre le Danube. On sait que la Save se jette dans ce fleuve, en face de Semlin et de Belgrade. Si l'alliance franco-anglaise qu'on a rêvée, il y a deux ans, en Autriche et surtout en Hongrie, car ce pays se sent plus directement menacé par la Russie, entrait un jour dans le domaine des réalités possibles, et si l'envoi d'un corps d'armée français ou anglais sur le territoire austro-hongrois devenait nécessaire, le débarquement s'effectuerait encore à Fiume, point le plus rapproché de la Save et du Danube.

Nous abandonnâmes la chaussée et traversâmes la Fiumára sur un pont de bois. Au-dessous de nous, le torrent mugissait d'une voix furieuse, se débattant au milieu de blocs de pierres énormes, entre les interstices desquels des sapins et des chênes se cramponnaient par leurs racines puissantes. Des ramiers aux ailes gris de perle, à la gorge couleur cuisse de nymphe émue, volaient nombreux autour de cette presqu'île de rochers. Nous suivîmes un chemin ombragé, et nous débouchâmes dans un frais et riant vallon, caché comme un parc au milieu de cette gorge d'une sauvagerie alpestre. Un immense bâtiment à la façade jaunâtre percée de centaines de fenêtres, se dressait comme une caserne ou un hôpital, au fond du paysage. A mesure que nous avancions, nous entendions le bruit des grosses roues de bois mises en mouvement par l'eau et le tic-tac saccadé des moulins. L'armée anglaise et l'armée autrichienne tirent d'ici leurs approvisionnements de farine. La Hongrie ne suffit pas à alimenter ce grand moulin qui absorbe aussi les blés de la Crimée. « Souvent, me disait M. Scarpa, les achats faits dans les ports de la mer Noire, sont beaucoup plus avantageux que ceux faits à Pesth. »

Un peu plus loin se trouve également, caché dans le même gouffre, un établissement industriel qui date d'un demi-siècle : ce sont les grandes fabriques de papier de MM. Smith et Meynier, qui fournissent tout le Levant. M. Smith, comme l'indique son nom, est Anglais; M. Meynier est Français.

Nous rejoignîmes la route que nous avions quittée pour traverser la Fiumara, et, renvoyant notre cocher, qui nous attendait, nous nous mîmes à tenter l'escalade du rocher du Tersato qui se dressait presque perpendiculairement devant nous. Nous nous accrochions aux buissons, aux pierres, aux touffes d'herbe, glissant quelquefois comme des serpents le long des arêtes. Après une demi-heure de cet exercice pénible et salutaire, nous arrivâmes, récompensés par la vue d'un admirable panorama, au pied des murailles ébréchées et délabrées de l'ancien château qui couronne la montagne, jadis nid d'aigle des Frangipani, actuellement propriété de la famille Nugent. Ce château n'est plus qu'une ruine, mais une ruine italienne, couverte de fleurs, baignée de parfums, drapée de feuillage, pleine de nids, et qui a conservé dans la mort quelque chose des coquetteries et des grâces de la jeunesse et de la vie. Les chèvrefeuilles, les glycines et les pariétaires encombrent les terrasses, grimpent le long des murs, retombent en draperies ou en cascades, mettent de gais panaches tricolores aux fenêtres et aux créneaux. On n'imagine pas un plus beau décor.

Sur la terrasse supérieure du jardin, devant un campo-santo flanqué de deux tourelles, se dresse la colonne de marbre que les soldats français avaient érigée sur le champ de bataille de Marengo, en souvenir de la victoire du premier consul; cet obélisque, fort simple du reste, fut donné après la chute de Napoléon au feld-maréchal de Nugent, qui le fit transporter ici. Le comte de Nugent était un Irlandais au service de l'Autriche. Il acheta le château en ruines du Tersato après la prise de Fiume par les Anglais et le retour de cette ville à l'Autriche, en 1815. Dans le caveau, bâti en forme de temple, on voit les tombeaux du comte et de la comtesse, ornés de leur buste en marbre. La fresque qui décore le plafond représente deux anges qui s'embrassent, comme deux âmes qui se retrouvent dans les régions éthérées. L'intérieur d'une des deux tourelles est peuplé de Dianes, de Vénus antiques, de Cupidons aux arcs brisés, de nymphes, de dieux et de déesses entassés pêle-mêle, les uns debout, les autres accroupis ou courbés, dans les poses les plus fières ou les plus abandonnées. On dirait l'Olympe tout entier à la salle de police, un mercredi des Cendres. Dans un coin sont entassés de gros boulets de pierre que les Fiumans employaient jadis pour repousser les visites trop peu désintéressées des Uscoques et des Vénitiens.

Le pavillon du gardien est aussi un simulacre de

musée de peinture renfermant des Canaletto, des Titien et des Tintoret d'une authenticité douteuse. Parmi ces tableaux de l'école vénitienne, il en est dont le sujet ne manque pas d'originalité; saint Sébastien est représenté renversé sur une meule, et trois femmes qui n'ont rien de céleste lui arrachent délicatement les flèches cruelles qui transpercent ses chairs. La mâle et belle figure du comte de Frangipani, dont nous avons raconté ailleurs la mort tragique (1), anime par la vivacité et la franchise de son regard, son air de résolution et de haute intelligence, la longue série, grise et monotone, de toutes ces figures de famille entassées les unes par-dessus les autres jusqu'au plafond, comme une pyramide de têtes coupées. Quelle énergie farouche dans ce portrait du dernier des Frangipani! On lit sur son front comme une vision de l'avenir. La Hongrie du seizième siècle s'incarne tout entière dans cette tête énergique, qui vous parle comme si elle était vivante et qui vous regarde jusqu'au fond de l'âme.

En sortant du château, nous allâmes visiter l'église et le monastère du Tersato. Un père franciscain vint au-devant de nous et nous demanda si nous voulions voir le portrait de la Vierge peint par saint Luc.

— Est-il authentique, votre portrait? lui demandai-je.

— Monsieur, il est signé! — Ces mots furent dits d'un ton qui n'admettait pas de réplique.

Nous suivîmes le Franciscain, qui nous conduisit devant le maître-autel, dont il alluma les cierges ; puis il tira une ficelle, et le tableau, sortant d'une trappe, glissa dans sa rainure et s'offrit à nos regards, encadré

(1) *Vienne et la Vie viennoise.*

d'argent massif, enguirlandé de cœurs, de colliers, de bracelets, de petites jambes et de petits bras d'argent. La tête de la Vierge est vraiment raphaélesque, adorablement douce, d'un sentiment exquis, empreinte de ce sourire voilé qui ressemble à un épanouissement nocturne de fleur lumineuse. Les yeux sont profonds et chastes; la physionomie entière respire une sérénité si auguste, elle est d'un si grand style, d'une pureté de lignes si irréprochable, que c'est certainement l'œuvre d'un peintre inspiré.

Autour du monastère, dans une débandade d'écoliers, s'éparpillent les maisons du village, cachant à demi sous des treilles vertes la gaîté tapageuse de leurs façades de couleur. Le Tersato est presque tout entier habité par d'anciens loups de mer, pilotes ou caboteurs, revenus avec un petit magot de leurs voyages périlleux ou de leurs expéditions lointaines.

Nous entrâmes dans une auberge aux murs crépis à la chaux, au plafond peint à fresque ; au-dessus de la porte, un coq aux plumes jaunes et rouges, dressé sur ses ergots, à la crête posée fièrement de travers, comme un bonnet phrygien, lançait de sa voix éclatante cette promesse de gascon, charbonnée dans un cartouche partant de son bec :

> *Quanto questo gallo cantara*
> *Credenza si fara.*
> Quand ce coq chantera,
> Crédit l'on vous fera.

Une hôtesse accorte nous servit un gentil vin un peu sur, qui nous chatouilla le fond du gosier; mais qui avait une si belle teinte de rubis ! Les tonneaux étaient rangés dans la salle même, sur des chevalets; sur la caisse de la vieille horloge, un peu détraquée et qui se livrait à des tic-tac extravagants, on voyait des rangées d'additions tracées avec un morceau de craie. A gauche, une porte s'ouvrait sur la cuisine, illuminée d'un grand feu devant lequel rôtissaient des chapelets de poulets et des grappes de pigeons. Une vieille femme, tenant son fuseau à la main, avec une dignité de Parque, surveillait la lente rotation de la broche; dans le fond, au milieu d'une buée blanche, on apercevait des servantes, les manches retroussées jusqu'aux épaules, penchées dans la vapeur d'une cuve, et coulant une lessive. Une jeune fille, les bras levés, dans un mouvement plein d'harmonie et de grâce, tordait un linge blanc, faisant ruisseler l'eau dans un baquet, avec un bruit d'averse. Tout à coup une fusée de rires éclata dans le corridor; des têtes curieuses, aux joues en fleur, aux regards pétillants, s'avancèrent vers la porte entre-bâillée; puis se retirèrent précipitamment. Et un bruit de pas légers et de robes frôlées s'éteignit au bout du couloir. C'était la plus belle moitié du village qui était venue s'enquérir si les amoureux attendus pour une petite fête étaient arrivés.

Nous redescendîmes à Fiume un peu avant le coucher du soleil. La musique jouait sur la Place du Port; toute la ville se promenait pour respirer la brise de mer qui commençait à souffler, apportant la fraîcheur du large; les fenêtres s'étaient ouvertes à tous les étages, et presque chaque croisée encadrait une jolie tête. Le type des femmes de Fiume se rapproche de celui des Vénitiennes : ce sont les mêmes yeux noirs et veloutés, aux sourcils bien arqués, le même teint mat, d'une pâleur dorée de vieil ivoire, les mêmes chevelures abondantes, aux torsades à reflets métalliques. La bouche est rieuse, gourmande; les dents ont l'éclat des perles. Devant les cafés, les tables étaient garnies de consommateurs, et, parmi la foule, les *sartorelle*, équipées en conquête du soir, se pavanaient, comme à Trieste, cheveux retroussés et tête nue, maniant l'éventail, et coulant des regards assassins ou langoureux. Enfin la musique cessa, le soleil disparut derrière la chaîne du Monte-Maggiore, qui ressembla un moment à une Babylone aux coupoles de topaze et de saphir ; la mer prit une teinte indécise, éblouissante, puis, graduellement, les sinuosités des rives s'estompèrent, l'eau se figea dans une immobilité grise. Tout le monde sauta alors en voiture, s'empila dans un tramway recouvert d'une bâche et s'en alla souper et finir la soirée dans un immense jardin-brasserie de banlieue, où la bière coule aux sons des valses de Verdi, de Bellini et de Strauss, où les côtelettes et le macaroni se colorent, sur vos assiettes blanches, des reflets vermeils des feux de bengale et des feux d'artifice, éclairant magnifiquement les vastes rangées de terrasses qui tournent vers la mer leurs bouquets d'arbres et leurs corbeilles de fleurs.

C'est la ville, je crois, qui a donné ce parc à un restaurateur habile, chargé d'entretenir la gaîté et l'amour chez les Fiumans. Dans la partie supérieure du *Giardino Publico*, qui est boisée, des allées et des chemins se croisent et s'entre-croisent avec des caprices et des surprises de labyrinthe, des mystères et des détours de forêt qui n'est plus vierge. Une nuit d'alcôve tombe des branches noires et touffues des sapins ; la brise vous apporte des senteurs de citronniers et d'orangers, enivrantes comme des baisers ; et, tout au bout des avenues, dans des ronds de ciel bleuâtres et argentés, on voit, comme au milieu d'un nimbe étoilé, des couples tendrement enlacés qui passent lentement et s'évanouissent, pareils à des visions.

Géographiquement et politiquement, j'étais en Hongrie depuis le matin, mais jusqu'ici je n'avais pas aperçu le plus petit bout de brandebourg et de moustache magyars. Autour de moi, on n'avait parlé qu'italien. Enfin, en rentrant à mon hôtel, à onze heures, je découvris un coin de Hongrie : un orchestre de tziganes aux belles têtes basanées, aux longs cheveux bouclés, aux yeux étincelants, aux dents polies et pointues comme celles de jeunes loups, et aux costumes autrement pleins de caractère que les uniformes de garde civique des tziganes de l'Exposition de Paris.

Pauvres tziganes! ils étaient là, sur le sol de la patrie, ils jouaient des valses divines, ils raclaient leurs violons avec une frénésie, un brio, un entrain de tous les diables, mais il n'y avait pas un Fiuman pour les entendre, ni une Fiumane pour les applaudir.

Il est vrai que dans les jardins d'où je venais, l'air du soir était si caressant, les femmes si belles et les orangers si parfumés!

II

Les pêcheurs de thons de la baie de Prélucca. — Voloska. — La villa Angolica à l'Abbazia. — Ma visite à la fabrique de torpilles de M. Whitehead. — M. le chevalier Sivel. — Le port de Fiume. — Promenade en mer. — L'île de Véglia. — Buccari. — Segna, la ville des Uscoques. — Retour à Fiume.

M. Scarpa m'avait parlé de l'Abbazia comme d'une des merveilles des environs de Fiume. Cette magnifique propriété appartenait autrefois à un de ses parents ; mais dans le tableau qu'il m'en faisait, il ne m'avait pas paru y avoir aucune vanité de famille. Nous avions donc pris rendez-vous pour le lendemain de bonne heure, devant le café de l'hôtel de l'Europe. Se lever matin, c'est la première règle de l'art de voyager. Notre cocher de la veille, qui portait des boucles d'oreilles d'or, nous attendait sur la place avec sa voiture. Nous prîmes la route opposée à celle de Martinsciça, route qui, elle aussi, borde d'un blanc ruban des côteaux verts et longe délicieusement la mer. Nous dépassâmes la gare, l'École navale austro-hongroise et la fabrique de torpilles de M. Whitehead ; puis nous nous trouvâmes en pleine campagne. Le soleil venait de se lever, les fleurs s'épanouissaient en rougissant sous ses caresses, et la mer avait comme un long frémissement de plaisir. Nous cheminions à travers des futaies verdoyantes, au pied desquelles les vagues attachaient leurs franges d'écume ; du côté de la terre, des lauriers, des citronniers, des grenadiers se dressaient en haies touffues, baignées de senteurs exquises. Les îles, le golfe, les promontoires, les montagnes aux gradins adoucis et couverts de verdure aux mille nuances, formant comme un vaste cirque, se développaient à nos yeux dans un panorama splendide. Au bout du canal de la Farasina, nous apercevions la ligne plus intense de la haute mer. Les navires entraient par l'étroit goulet et grandissaient à vue d'œil sans sortir de leur apparente immobilité, tandis que des barques de pêcheurs aux voiles rouges rasaient, semblables à de grands flamants roses, la surface moirée de l'eau. Au détour de la route, sur un rocher, nous découvrions parfois un douanier, le fusil sur l'épaule, surveillant la mer ; sa silhouette se détachait en lignes énergiques dans la limpidité veloutée de l'air matinal.

Nous arrivâmes à la petite baie de Prélucca, taillée à pic au bord du chemin. Une partie de la baie était barrée par un large filet, et d'immenses échelles penchées en avant, au sommet desquelles se tenait un homme en vigie, profilaient leur ombre allongée sur la surface calme et unie de la mer. Ces vedettes sont des pêcheurs qui guettent jour et nuit l'arrivée des bancs de thons, souvent fort nombreux au mois de mai, époque de leur migration dans ces parages. Les thons, comme les harengs, les sardines, les maquereaux et les mulets, ne voyagent qu'en compagnies nombreuses. Rien n'est plus gracieux que de voir les évolutions de ce poisson dans l'eau transparente. Son ventre brille comme s'il était recouvert d'une cuirasse d'argent, son dos aux reflets verdâtres semble taillé dans l'émeraude, sa queue fourchue s'abaisse et se relève comme un panache, ou se déploie comme un petit drapeau, avec des mouvements pleins de caprice et de coquetterie féminine. Malgré sa grande taille et son poids qui souvent atteint 80 à 90 kilogrammes, le thon est d'une agilité que n'égale que celle de la truite. Familier comme le marsouin, ce poisson ne s'éloigne jamais des côtes, qu'il suit dans toutes leurs sinuosités. On dirait qu'il recherche le voisinage de l'homme : il accourt au devant des barques et des navires qui sortent des ports ou qui arrivent du large.

Le pêcheur en vigie guettant l'approche du thon n'est relevé que de trois heures en trois heures ; c'est la durée de sa faction, qui est très fatigante, car il doit sans cesse tenir ses yeux fixés à l'entrée de la baie afin de signaler à temps l'approche du poisson aux autres pêcheurs attendant dans une cabane de planches, au bord de l'eau. Dès que le signal est donné, ceux-ci courent aux cordes des filets et font également jouer un second filet qui forme trappe, de sorte que le thon se trouve enfermé dans un espace se resserrant de plus en plus. Les pêcheurs montent alors sur des barques, et armés de haches et de harpons, ils se livrent à un épouvantable massacre. La mer devient toute rouge de sang. Les thons éperdus se pressent, se débattent, les uns dans des élans de fuite, les autres dans les convulsions de l'agonie. Enfin on pousse tous ces corps morts vers le rivage ; il n'est pas rare qu'on en compte cinq à six cents. Le poisson est immédiatement dépouillé et salé ; on le conserve ainsi jusqu'au moment de l'expédition. Notre cocher nous raconta qu'il y a quelques années, les pêcheurs de thon de Prélucca prirent un dauphin dans leurs filets. « Il avait, nous dit-il de l'air le plus sérieux du monde, la poitrine d'une femme. » On pêche aussi sur ces côtes le requin et le phoque. Les requins ne sont pas rares ; pendant notre séjour à Fiume, il nous fut interdit de nous baigner parce qu'on signalait quelques-uns de ces dangereux visiteurs dans le port.

La route descend ; nous voici à Voloska, qui trempe coquettement le pied blanc de ses maisons dans la mer. Tous les balcons sont ornés de fleurs ; la glycine suspend aux façades ses guirlandes aux grappes violettes, le chèvrefeuille grimpe autour des piliers, la vigne s'arrondit en berceau, répandant déjà une enivrante odeur. Des groupes de mortels heureux, vivant dans une paresse pleine de béatitude, fument à l'ombre des treilles et des figuiers. Ici, une touffe de laurier, nouée à une ficelle au-dessus d'une porte, indique un débit de vin ; plus loin, des copeaux qui flottent comme un nœud de rubans de satin, marquent un débit de bière.

Autour de la fontaine du village, pendant que l'eau remplit en chantant leurs vases cerclés de cuivre, des servantes en bas rouges, chaussées de sandales de paille, un coin de leur robe relevé, découvrant leurs jambes aux attaches fines, causent, exubérantes de sève et de santé comme la nature qui les entoure, rieuses et de belle humeur comme les joyeuses commères de Shakespeare. L'eau rejaillissante sème des gouttelettes de diamant sur la mousse qui sort du marbre fendu, et de beaux pigeons au plumage chatoyant se pavanent autour de la fontaine. Comme on regrette de n'avoir qu'une plume pour peindre d'aussi gracieux tableaux ! On ne peut indiquer ni le jeu des lumières et des ombres, on ne peut rendre ni la physionomie, ni l'attitude, ni le geste.

La température est si douce ici que les buissons de

camélias et les bois de lauriers fleurissent en plein hiver. L'Abbazia, qui est à dix minutes de Voloska, est un petit village tout rose, caché comme un nid dans les fleurs. Les médecins de Vienne y envoient les malades qui ne peuvent supporter le voyage de Menton ou d'Alger. La villa Angolica, où nous descendons, est une demeure princière au milieu d'un paradis terrestre en miniature. On dirait, à voir toutes ces essences de plantes diverses, un musée végétal. C'est une collection de fleurs rares qui vous promènent, comme dit Boccace, « à travers toutes les épices de l'Orient. » La végétation est si opulente, la circulation des sucs si active, que la vie déborde de tous côtés, s'étalant magnifiquement en fleurs, en feuilles, en cimes, en grappes, en épis ou en fruits. Au centre d'une pelouse, un yucca dresse sa hampe ornée, comme un chapeau chinois, de clochettes d'argent que lutinent les brises matinales, sonnant les noces des papillons et des fleurs. Les feuilles papyracées de cet arbuste, sur lesquelles on peut peindre et dessiner de même que sur du papier ordinaire, retombent en longues lames recourbées comme des cimeterres, mais, la nuit, elles se redressent subitement, et cette plante qui ne déploie toute sa beauté qu'aux discrètes clartés des étoiles, épanouit alors ses corolles lumineuses qu'on prendrait pour des pandeloques taillées dans le cristal ou le diamant. A côté du yucca, l'arbre à pain étale ses feuilles découpées enveloppant les fruits nourriciers qui se grillent comme les châtaignes et servent d'aliment journalier aux insulaires de l'Océanie. L'intérieur de ces tubercules est blanc, farineux, tendre comme de la mie de pain. Des palmiers au tronc cylindrique, semblables aux colonnes basses d'un temple égyptien, déploient leurs arceaux de feuillage impénétrable au soleil. Puis, ce sont des cèdres imposants et calmes comme les solitudes où ils sont nés, dressant leur dais sacré et toujours vert sous le dôme majestueux du ciel, des figuiers gigantesques dont les aïeux durent fournir des vêtements gratuits à nos premiers parents.

Des wellingtonia, des buissons de rhododendrons, des grenadiers qu'on croirait couverts d'une rosée de sang, des aloès ouvrant leur éventail de lames azurées, des mimosas dont les fleurs semblent faites avec des plumes d'ibis, des magnolias, des massifs de jasmin, de nopal, de bignonias de la Floride dans les calices desquels on cherche l'oiseau-mouche qui, là-bas, s'y cache, semblable à une émeraude enchâssée dans du corail, déroulent leur parterre aux mille dessins et aux mille couleurs, aux tons chauds de soie brochée, aux merveilleuses combinaisons de teintes des tapis d'Orient, aux effets simples et variés des tapisseries anciennes. Sur tous ces pétales, ces étamines d'or, dans tous ces calices aux formes étranges, il y a des reflets d'astres, des cassures de satin, des chatoiements de plumages, des scintillements de pierres précieuses, des miroitements d'eau, des poudroiements de soleil. Plusieurs de ces plantes valent réellement leur pesant d'or. Et partout des roses ouvrent leur bouche vermeille, dans les coins d'ombre, comme si elles avaient des secrets à se dire ou de folles histoires à se conter. Des lis, dans leur robe blanche, ressemblent à un groupe de jeunes communiantes. Des jasmins exhalent leur âme parfumée au milieu des branches d'un sumac, ouvertes comme des bras frémissants. Des lianes se balancent d'un arbre à l'autre; des oiseaux aux plumes diaprées s'y suspendent, pareils à de petits acrobates dans leur costume de parade; et les plantes, grimpantes qui s'accrochent partout retombent en cascade fleurie et parfumée, toute rose, toute bleue ou toute blanche.

Ici, une allée de sapins vous conduit dans une forêt rayée de lumière comme les arceaux et les piliers d'une cathédrale gothique éclairée par le jour tamisé de ses vitraux. Là, serpentent des sentiers pleins d'intimité, « étroits pour un, larges pour deux »; plus loin, c'est un étang qu'on rencontre, où les nénuphars épanouissent leurs étoiles satinées comme si l'eau reflétait le ciel étoilé; à côté de ces fleurs se tiennent, immobiles, dans une attitude d'amoureux en extase, des grenouilles en maillot vert et aux yeux cerclés d'or; et, au bout de toutes ces avenues, de tous ces chemins, de toutes ces clairières, de toutes ces pelouses, la majestueuse perspective de la mer s'ajoute à la grâce, à la beauté, à l'imprévu du paysage. Malheureusement, devant ce festin des yeux, au milieu de cette fête de l'âme, dans cette vaste exhalaison des plus capiteux parfums, la villa, les portes closes, les persiennes fermées, muette, comme frappée de mort, vous fait l'effet d'un cercueil oublié dans un jardin qui l'a recouvert et drapé de ses verdures et de ses fleurs.

Nous nous assîmes pendant quelques instants sur une terrasse au pied de laquelle les flots venaient s'amortir languissamment; nous écoutions le rhythme mélancolique des vagues expirantes, et nos regards embrassaient d'un seul coup d'œil un des plus beaux spectacles dont nous nous soyons jamais délecté. En face de nous s'avançait la pointe de l'île de Cherso; à droite, se déployait en lignes onduleuses tout ce magnifique littoral, moucheté de blancs villages jetés au bord de la mer ou sur le penchant des collines, et qui portent les noms mélodieux d'Ika, Lovrana, Césara, Moschenizze, Fianona.

Lovrana veut dire la « ville des lauriers. » Les lauriers qui l'ombragent sont de vrais arbres, comme chez nous les poiriers et les pommiers. Le château de Lovrana a été construit par les Romains, qui se connaissaient en sites enchanteurs. Toute cette contrée est plantée d'énormes marronniers portant au bout de leurs branches des thyrses de fleurs roses, délicats et ouvragés comme les candélabres en verre filé des fabriques de Venise; ces arbres magnifiques roulent jusqu'à l'horizon les vagues de leur verdure puissante et profonde, aux tons riches et intenses de gobelins anciens et de vieux velours vert. On récolte aussi ici les énormes châtaignes que les confiseurs de Vienne savent si bien glacer. Quantité d'autres essences, des oliviers, des figuiers, des chênes, des tamarins, étendent le voile changeant de leurs divers feuillages sur ces rives fortunées qui descendent en pente douce vers la mer, multipliant les caps, les baies, les anses, les jolis promontoires tout empanachés d'arbustes et de fleurs. Le Monte-Maggiore, comme un robuste athlète, dresse au-dessus de cette végétation touffue qui lui monte jusqu'aux hanches, son dos nu, brûlé du soleil, et sa tête chauve aux tons de safran.

A gauche, le golfe de Fiume s'arrondit en coupe de marbre pleine d'eau bleuâtre. Au delà, la côte est crayeuse, la verdure plus rare, le souffle de la *bora* dessèche le sol. Mais quelle suavité et quelle tendresse de lignes! Elles s'effacent dans un lointain doré, en se dégradant à chaque plan par des nuances d'un violet pâle et évanoui. On se croirait en Grèce. La pureté du ciel, la transparence bleue de l'air, la lumière tiède et blonde qui vous entoure, flottant comme une gaze, augmentent encore l'illusion.

Il fallut cependant s'arracher aux sensations délicieuses que nous donnait la vue de ce paysage, chaud et sympathique comme ces pays rêvés au coin du feu, les soirs d'hiver, alors que Paris grelotte sous la neige et que l'imagination prend son vol, comme un oiseau frileux, vers les régions ensoleillées. J'avais accepté d'un ingénieur français, M. le chevalier Sivel, résidant à Fiume, la gracieuse invitation de faire avec lui une excursion en bateau à vapeur sur le golfe du Quarnero; de plus, je devais m'arrêter en revenant de l'Abbazzia à la fabrique de torpilles de M. Whitehead, que j'étais autorisé à visiter. Il était donc grand temps de nous remettre en route. La promesse d'un pourboire au cocher eut heureusement pour effet de doubler la vitesse de ses chevaux, et en moins d'une demi-heure, j'arrivais chez M. Whitehead, tandis que mon compagnon poursuivait son chemin jusqu'à Fiume.

Je venais au bon moment : M. Whitehead était justement sur la plage, avec les trois commissaires français de la défense sous-marine, — MM. Hanès, capitaine de frégate, Hélet et Desdouits, ingénieurs de Cherbourg, — chargés de prendre, après essai, livraison de torpilles achetées par le gouvernement. M. le comte Hoyos, gendre et associé de M. Whitehead, m'ayant aperçu, vint au-devant de moi et me présenta à ces messieurs. J'assistai sur-le-champ aux expériences les plus intéressantes et les plus curieuses.

Il n'est pas nécessaire d'être homme du métier pour comprendre la révolution que de pareils engins sont destinés à opérer dans les guerres navales. Les torpilles Whitehead ont une telle apparence de vie, une puissance de destruction si terrible, qu'elles sont plus redoutables que tous les monstres marins de la Fable réunis. Figurez-vous un énorme poisson d'acier, ayant la forme d'un thon de six à sept mètres; qui nage avec une vitesse de vingt à vingt-quatre nœuds à l'heure, et qui, en frôlant seulement l'objet contre lequel il est dirigé, fait éclater la provision de fulmi-coton qu'il porte dans sa tête et coule bas en quelques minutes les plus grands navires cuirassés.

Dans les ateliers de M. Whitehead, les ouvriers ont donné à cette torpille le surnom de « *bestia* », c'est-à-dire bête, tant sa structure et ses mouvements se rapprochent de ceux d'un être vivant. C'est dans la tête que se trouve la « mine » dont la charge varie selon la vigueur de destruction qu'on exige de la « bestia ». Seize kilogrammes de fulmi-coton suffisent pour détruire les plus gros bâtiments. Une aiguille à percussion produit l'explosion au premier choc. Derrière la tête est placée la « chambre secrète », renfermant un ingénieux mécanisme qui permet de régler d'avance la marche de la torpille et de la maintenir, durant toute sa course, à la même profondeur. Ce mécanisme, la pièce la plus compliquée et la plus importante de l'invention de M. Whitehead, et qui est encore son secret, résout un des problèmes les plus difficiles de la physique. Le reste du corps de la torpille contient un réservoir qu'on remplit d'air comprimé à soixante-dix atmosphères, et qui met en mouvement la machine, et l'hélice qui forme la queue.

La torpille étant plus légère que l'eau, surnage à la surface quand elle n'est pas en marche ou lorsqu'elle est arrivée au bout de son trajet sans avoir rencontré d'obstacles.

Voici maintenant à quel genre d'essais il me fut permis d'assister.

Deux hommes plaçaient la « bestia » dans l'affût

spécial inventé par M. Whitehead pour le lancement de ses torpilles ; les commissaires de la marine française prenaient leur chronomètre en main ; au signal donné, on remplissait la torpille d'air comprimé, — cette opération prend à peine une minute, — et la torpille, avec la vitesse d'un boulet de canon, sortait de son tube, plongeait dans la mer à une profondeur de cinq à six mètres, et s'en allait, en produisant un léger bouillonnement à la surface de l'eau, frapper à cinq cents mètres les cibles flottantes posées sur des bouées, et qui représentaient la flotte ennemie ; puis, la torpille n'étant pas chargée, remontait plus loin à la surface, comme un grand poisson mort. Trois fois, le tir recommençait avec la même torpille. Lorsque sa marche avait été régulière, qu'elle était arrivée au but dans le temps voulu et sans encombre, on l'inscrivait sur un registre et les commissaires de la marine française en prenaient livraison ; si, au contraire, l'essai avait révélé quelque défaut, la torpille était mise de côté et elle rentrait dans les ateliers, comme un cheval fourbu à l'écurie. Ces engins coûtant la bagatelle de cinq à six mille francs pièce, il vaut la peine qu'on les soumette à des épreuves sérieuses.

Pendant ces expériences, j'examinais de temps en temps M. Whitehead, qui offre à l'observateur une figure vraiment typique. Tout de blanc habillé, comme un planteur des colonies anglaises, il tenait sur l'épaule un énorme parasol qui ombrageait sa tête carrée, massive, au teint cuivré, animée par deux yeux noirs, tout petits, mais perçants et pétillants comme du salpêtre. Ses traits sont énergiques ; sa bouche nettement dessinée indique la perspicacité, la patience, la persévérance. M. Whitehead est de la race silencieuse des penseurs et des grands inventeurs : il ne parle pas, écoutant sans cesse l'océan de pensées qui bouillonnent sous son crâne.

Ses commencements ont été des plus humbles; né le 3 janvier 1828 à Boltin, dans le Lancashire, il fréquenta jusqu'à l'âge de quatorze ans la « Grammar-School », puis il entra comme apprenti dans la fabrique de machines que M. William Swift, son oncle, dirigeait à Manchester. Au bout de sept ans, ayant terminé son apprentissage, il suivit son oncle appelé à Marseille pour prendre la direction de la fabrique de Philippe Taylor, et il resta dans cet établissement, en qualité de dessinateur, jusqu'en 1847. Le jeune Whitehead partit alors pour Milan, avec l'intention d'étudier les métiers à tisser la soie; mais la révolution survint, il s'en alla en Autriche et s'engagea comme monteur dans les ateliers du Lloyd à Trieste. Deux ans plus tard, on lui confiait la direction de la fabrique de machines Strudthoff, connue sous le nom de *Stabilimento tecnico Triestino*. Enfin, en 1858, M. Whitehead quitta Trieste pour venir diriger à Fiume une nouvelle fabrique de machines qui venait de se fonder. Cet établissement fit faillite et M. Whitehead l'acheta, en 1872, pour y installer sa fabrique de torpilles.

— Voulez-vous venir visiter les ateliers? me demanda M. le comte Hoyos qui me faisait, avec une amabilité toute hongroise, les honneurs de l'établissement de son beau-père.

— Très volontiers, lui répondis-je.

Nous remontâmes vers la route, que nous traversâmes, et marchant sur des planches posées bout à bout sur le sol envahi par une épaisse poussière noire, dans laquelle on eût enfoncé jusqu'à la cheville, nous franchimes le seuil d'un immense bâtiment plat, dont les vitrages ternis avaient l'aspect de toiles d'araignées;

la fumée haletante d'une machine à vapeur montait au-dessus du toit en jets blanchâtres et saccadés. Un jour terne et crépusculaire remplissait l'immense hangar où travaillaient cinq cents ouvriers, les manches retroussées sur les bras, la poitrine nue, la tête ébouriffée ; quand la vaste voûte s'éclairait soudain des reflets pourprés des forges, on voyait la sueur perler le long de leurs joues comme une rosée de sang, et leurs muscles saillir sous leur peau sèche et brûlée, pareils à des racines d'arbres sous une terre rouge et aride. La taille de tous ces hommes, courbés sur l'enclume ou penchés en arrière pour doubler l'effort, était agrandie par les jeux fantastiques des ombres et des lumières et prenait des proportions gigantesques. On eût dit des Cyclopes forgeant des soleils. Et c'était un tapage assourdissant de ferraille battue, une sonnerie éclatante de marteaux, un hiement criard de poulies, un ronflement rauque de grands soufflets, un immense bourdonnement de travail mêlé aux grincements stridents des limes, au cliquetis des barres de fer, aux coups de dent sourds et monotones des machines mâchant l'acier. Là-bas, flottaient des nappes de feu, se répandaient des coulées rouges d'incendie ; près de nous, traînaient à terre des outils étranges, semblables à des reptiles et à des animaux monstrueux. Des tubes d'acier ouvraient leur gueule de baleine comme pour nous happer au passage. Toutes ces forges allumées avaient des reflets crûs et tournants de phare ; elles plaquaient de grandes lueurs vivantes sur les murs noircis de poussière, de fumée et de charbon, et mettaient autour des figures farouches de ceux qui s'agitaient dans leur foyer, des auréoles fugitives et changeantes. Nous avancions au milieu des gerbes d'étincelles et des éclaboussures d'étoiles que les enclumes projetaient de tous côtés comme des fusées. Une forte odeur de limaille et de suie remplissait l'air.

Les ouvriers travaillent par section à la confection des mêmes pièces. Ceux-ci font la tête, ceux-là le ventre ou la queue de la torpille. Dans un compartiment séparé, enveloppé de mystère comme le laboratoire d'un alchimiste, un ouvrier seul est enfermé, n'ouvrant qu'à la voix de M. Whitehead ou de M. Hoyos. C'est lui qui est chargé de monter l'ingénieux mécanisme destiné à régler la marche de la torpille à une égale profondeur, — mécanisme qui est encore, comme je l'ai déjà dit, le secret de l'inventeur.

Nous sortîmes dans une cour pavée de scories ferrugineuses, ouverte sur la mer. M. le comte Hoyos me montra d'épais filets en fil de fer, déchirés et traversés de part en part comme par des obus : « Vous voyez, me dit-il, que ces filets, avec lesquels on croyait pouvoir préserver les navires contre les torpilles, ne servent pas à grand'chose. » Puis, il me conduisit devant le modèle d'un petit brûlot, construit par le capitaine de frégate Luppis, Fiuman d'origine.

— La torpille, me dit M. Hoyos, tire son origine de cette petite chaloupe, qui devait, d'après le plan de son inventeur, servir à la défense des côtes en temps de guerre. Ce fut en 1860 que le public entendit parler pour la première fois de cette invention, mais vainement son constructeur, M. Luppis, s'adressa au ministère de la marine autrichienne, qui lui fit toujours la même réponse : « Trouvez avant tout le moyen de régler la marche et la direction de votre chaloupe. » Or, M. Luppis n'avait trouvé que des cordes pour diriger, du rivage, son brûlot à droite ou à gauche, et pour le mettre en mouvement qu'un simple mécanisme d'horlogerie et un appareil à pétrole. C'était insuffisant.

Mais vous allez voir comment une idée en amène une autre.

« Sur ces entrefaites, M. Luppis entra en rapport, par l'entremise d'un de ses amis, avec mon beau-père M. Whitehead, alors directeur du *Stabilimento tecnico di Fiume*, et qui s'était acquis par ses constructions de machines pour la marine de guerre autrichienne une très grande réputation. C'est à M. Whitehead que l'on devait l'excellente machine de la frégate *Ferdinand-Max*, qui, dans la bataille de Lissa, coula bas la frégate cuirassée, le *Re d'Italia*. M. Luppis expliqua son idée à M. Whitehead, et n'eut pas de repos qu'il ne se fût associé l'habile ingénieur anglais. M. Whitehead se mit au travail avec cette ardeur qu'il apporte en toute chose; mais il ne tarda pas à se convaincre que l'invention de M. Luppis était trop défectueuse pour avoir chance de succès. « Jamais, lui dit-il, nous ne parviendrons à diriger notre brûlot par les gros temps, de sorte que cette arme restera sans effet pratique. Je crois qu'il vaut mieux chercher un corps plus petit, qui puisse se mouvoir de lui-même à une certaine profondeur au-dessous de la surface de l'eau, — comme un gros poisson, — et qui soit tout à la fois à l'abri du vent et des vagues, et invisible à l'œil de l'ennemi. »

« M. Luppis comprit la sagesse de cet avis, et M. Whitehead, sans repos ni trêve, jour et nuit obsédé de son idée, encore vaporeuse comme le brouillard, se mit à la rouler dans sa tête, la retournant et la fouillant en tout sens, cherchant à lui donner une forme.

« Enfin il trouva la torpille, — le *fisch-torpedo*. — La croyance à toute épreuve de son associé, M. Luppis, soutint son courage. Après huit ans de travaux, d'études, d'essais, d'expériences de toute espèce, M. Whitehead déclara enfin son œuvre terminée et il s'adressa au gouvernement autrichien. L'archiduc Léopold, directeur du génie et inspecteur de la marine, vit immédiatement tous les avantages qu'on pourrait tirer d'une semblable découverte. Il envoya le contre-amiral Frantz à Fiume, assister à des essais. Cela se passait en 1866. Au mois de mai de l'année suivante, une commission spéciale, dont je faisais partie, arrivait à Fiume pour étudier de plus près la nouvelle découverte. L'affût du lancement consistait alors en un simple tube de fer, placé à un mètre sous l'eau et qui se fermait ou s'ouvrait au moyen d'une soupape. — On construisit, sur le modèle d'une frégate cuirassée, une carène en bois que l'on chargea de pierres jusqu'à ce qu'elle se fût enfoncée à quatre mètres environ dans l'eau. La torpille lancée contre cette cible partagea la carène dans toute sa longueur comme si on l'eût sciée en deux, et les pierres, soulevées dans l'explosion par une énorme vague, furent lancées dans les airs.

— L'expérience avait pleinement réussi, fis-je.

— Oui, me répondit M. Hoyos, mais la commission réclamait encore des améliorations ; c'est alors que M. Whitehead trouva le moyen de régler, par un mécanisme de son invention, la marche irrégulière de la torpille. Ce mécanisme la maintient à une égale profondeur jusqu'au bout de sa course. En présence de ce résultat, le gouvernement autrichien offrit à M. Whitehead une somme de 200,000 florins (500,000 francs) pour l'achat de son invention. Il refusa. Une fois adoptées dans la marine de guerre autrichienne, les torpilles Whitehead le furent successivement en Angleterre (1870), en France (1872), en Allemagne et en Italie (1873), en Suède et en Russie. La Hollande, l'Espagne et la Grèce ont reculé jusqu'à présent devant la dépense, bien que les petits états, qui n'ont pas une marine considérable, aient de nombreux avantages à attendre des torpilles Whitehead pour la défense de leurs côtes. Jamais une flotte ennemie n'osera affronter une batterie de nos torpilles.

« Dans la guerre russo-turque, me dit encore M. le comte Hoyos, complétant les renseignements que je lui demandais, les Russes, qui étaient pourvus de torpilles, en ont fait usage devant Batoum. Dans la nuit du 27 décembre 1877, comme la flotte ottomane s'était réfugiée dans ce port, deux chaloupes : *le Tchenné*, monté par le lieutenant Zajurenny, et *le Sinope*, commandé par le lieutenant Tschehskinsky, s'approchèrent à la faveur des ténèbres et lancèrent leurs torpilles ; mais au lieu d'atteindre le but, celles-ci passèrent entre deux bâtiments à l'ancre et reparurent sur l'eau, à cinq mètres l'une de l'autre, tout près de la frégate cuirassée *l'Okhania*. Les Turcs les repêchèrent. — Dans la nuit du 29 au 30 janvier, les deux chaloupes russes revinrent devant Batoum, et, cette fois, elles lancèrent leurs torpilles avec un plein succès. Une chaloupe canonnière ennemie fut atteinte : elle sombra en quelques minutes. Les Turcs ont toutefois prétendu que l'équipage avait pu se sauver.

— Combien fabriquez-vous de torpilles par année? demandai-je encore à mon aimable guide.

— Cinq à six cents.

— Et quel est le pays qui vous en commande le plus?

— La Russie.

M. le comte Hoyos me fit encore voir un canot insubmersible inventé par son beau-père, M. Whitehead.

Enfin, depuis ma visite à Fiume, le célèbre fabricant de torpilles a inventé un appareil très utile qui se place sur les navires et sur le devant des locomotives, et qui permet d'utiliser la lumière électrique à une grande distance, sur une ligne de chemin de fer ou en mer, par les nuits sombres, pour éviter les obstacles et les collisions.

Si, d'un côté, M. Whitehead a trouvé le moyen de détruire les hommes, d'un autre côté, il a trouvé le moyen de les conserver, de sorte qu'il y a compensation.

Fulton, l'inventeur des bateaux à vapeur, s'était déjà occupé des moyens de défendre les côtes et de détruire les flottes ennemies. C'est même lui qui a donné à ces engins le nom de *torpille*, en souvenir du poisson dont le contact produit une commotion électrique. Fulton remplit de poudre un corps flottant qui pouvait s'enflammer à volonté par la marche d'un mouvement d'horlogerie adapté à la platine d'un fusil. En 1805, il fit l'essai de sa torpille devant les lords de l'amirauté : elle fut dirigée contre un vieux brick qu'elle atteignit au bout de dix minutes, et qui, soulevé à une grande hauteur par l'explosion, retomba fracassé. En 1807, Fulton répéta, mais avec moins de succès, ses expériences aux Etats-Unis.

On ne s'occupa plus de cette invention jusqu'à l'époque de la guerre de sécession, où les Américains, reprenant les idées de Fulton, construisirent un petit navire, le *Spitting-Devil*, muni à son avant d'un mécanisme mettant en mouvement une longue lance, à l'extrémité de laquelle était fixée une torpille en forme d'obus qui allait se placer sous le bâtiment qu'on voulait faire sauter. Aujourd'hui, tout cela semble bien primitif, car, on l'a vu, M. Whitehead a perfectionné les torpilles jusqu'au point d'en faire presque des êtres vivants. Et qui sait, ce n'est peut-être pas encore là le dernier mot de la guerre sous-marine.

M. le comte Hoyos me fit courtoisement reconduire dans son équipage jusqu'à Fiume, où je retrouvai, dans le restaurant de l'hôtel de l'Europe, M. Scarpa qui m'attendait. Après un déjeuner rapidement expédié, nous allâmes joindre sur son petit vapeur M. le chevalier Sivel, ingénieur en chef des travaux du port de Fiume.

La Hongrie n'a pas regardé aux millions pour embellir et doter la ville de Fiume d'un port qui, lorsqu'il sera achevé, sera plus grand et plus beau que celui de Trieste, dont la surface de mouillage est bien plus restreinte. En 1857, les navires qui arrivaient à Fiume étaient encore obligés, pour se mettre à l'abri de la bora, de se réfugier dans l'embouchure canalisée de la Fiumara. Aujourd'hui le port se compose d'une digue au large de 280 mètres de longueur, d'un môle de 70 mètres, et de 300 mètres linéaires de quais reliant par un demi-rectangle le môle à la digue. C'est une société parisienne, la Société d'entreprise générale de chemins de fer et de travaux publics, qui s'est chargée de la construction du port de Fiume. On peut dire que tous les grands travaux d'utilité publique exécutés en Autriche, en Hongrie et en Italie, ont été faits par des Français et avec de l'argent français.

M. Sivel nous promena d'abord dans ses domaines, c'est-à-dire dans l'intérieur du port. Nous assistâmes à l'immersion de gigantesques blocs de pierre qu'on transporte du rivage, et qu'on descend sous l'eau au moyen de fortes chaînes. Mais l'opération la plus curieuse est celle du déchargement, en cinq ou six minutes, des barques qui amènent chaque jour des chantiers de Martinsciça des matériaux d'enrochement représentant 500 wagons de chemin de fer. Voici comment l'on procède : à un signal donné, on ouvre les clapets, l'eau s'introduit dans la caisse placée à l'intérieur de l'embarcation, au milieu, et à mesure que le réservoir se remplit, on voit la barque s'incliner lentement ; on jette à la mer les gros blocs — les canons, comme on les appelle, — entassés sur le bord ; aussitôt la barque chavire, mais débarrassée de son poids, et la caisse d'eau faisant bascule, elle se relève immédiatement et reprend sa position. Rien n'est plus merveilleux que l'agilité et l'adresse déployées par ces ouvriers matelots au moment du naufrage : ils s'élancent vers le bord opposé, auquel ils se cramponnent avec la main ou tout simplement avec le pied.

D'autres barques, également employées aux travaux d'enrochement, sont munies de puisards : le fond s'ouvre comme une trappe et les blocs de pierre et de rocher sont escamotés comme l'est une muscade sous le gobelet d'un Bosco forain. Les noyades romaines ne s'opéraient pas autrement.

Deux petits vapeurs construits à Saint-Denis sur les plans de M. Sivel, et qui tiennent la mer par les plus gros temps, alors que tous les autres vapeurs de la côte s'enfuient, font aussi le service du port. Celui sur lequel nous sommes porte le nom de *la Pia* et a été acheté d'occasion. O ironie de la destinée ! Il servait autrefois, nous dit M. Sivel, au transport des joueurs de Nice à Monaco, et aujourd'hui le voilà réduit à remorquer de vieux pontons chargés de pierres dans le port de Fiume.

Nous prîmes le large, nous dirigeant vers l'île de Véglia, dont nous longeâmes les côtes profondément découpées, déchirées et brûlées par les vents, jusqu'à ce que nous fussions arrivés dans la jolie baie de Lecina, au pied de Castelmuschio, debout sur sa pyramide de rocher, avec ses maisons blanches et son église au clocher élancé. On dirait une ville de la Calabre. Au fond de la baie, on aperçoit un vallon, frais et ombreux, couvert de châtaigniers et d'oliviers, moucheté de petits villages riants. On pêche dans la baie de Lecina le bard ou loup de mer, à la lueur des torches et à l'aide d'un trident. L'intérieur de l'île de Véglia, la plus peuplée et la plus étendue du golfe du Quarnero, est d'une grande fertilité. On y récolte en abondance du vin, du blé, des olives et du miel. L'île de Véglia est le verger et le potager de Fiume. On y élève aussi des troupeaux et des chevaux d'une race très estimée, agiles, nerveux, au pied et à l'œil sûrs comme ceux du cheval corse. Les lièvres, les lapins, y courent aussi nombreux que dans une garenne. On y tue la bécasse, même en hiver, le canard et la perdrix toute l'année. On vient de Vienne pour chasser dans les îles ; les princes Windichgrætz et de Cobourg y organisent quelquefois des parties, comme les lords anglais des chasses à l'ours en Transylvanie. Véglia compte quinze petites villes et une cinquantaine de hameaux. Sa population s'élève à plus de 25,000 âmes. Autrefois cette île formait une république dont le chef, élu pour un an, avait le titre de comte et représentait le pouvoir exécutif. Mais pour échapper aux attaques incessantes des pirates, les habitants de Véglia durent, au douzième siècle, se donner à la République de Venise. L'île fut constituée en fief pour les frères Juana Schinella, qui échangèrent ce nom contre celui de comtes de Frangipani. Le Sénat déclara le pouvoir héréditaire dans cette famille. Lorsque le roi de Hongrie, Béla IV, fut vaincu par les Turcs, il se réfugia dans l'île de Véglia, où il réussit à reconstituer une armée avec laquelle il redevint maître du pays. Béla donna alors aux Frangipani la ville de Segna et celle de Fiume. Cette famille devint une des plus riches et des plus puissantes de la Hongrie ; on sait que son dernier descendant ayant conspiré en 1671 contre l'empereur d'Autriche, fut décapité à Neustadt. La tradition veut que ce soit en souvenir de cette mort tragique que les habitants de Véglia continuent de porter des vêtements de couleur sombre qui ressemblent à des habits de deuil.

Vers les quatre heures, ayant laissé derrière nous l'île de San-Marco, nous entrâmes dans la charmante baie de Buccari en passant devant Porto-Re, dont le château a été transformé en hôpital spécial pour les maladies de la peau si fréquentes dans ce pays (*le scheliero*), et qui présentent quelques-uns des symptômes de l'ancienne lèpre. Ce château, d'une couleur orange, flanqué de deux grosses tours rondes et entouré de murailles, appartenait aux Frangipani. La tradition veut que ce soit dans ses murs que Frangipani ait tramé contre l'Autriche la conjuration qui le conduisit à l'échafaud.

A l'entrée de la baie de Buccari, on voit encore d'anciens travaux de défense élevés par les Français, sous les ordres du général Marmont. Devant nous, à l'extrémité de son petit port intérieur formé par un ancien cratère, et qui a les proportions gracieuses et la transparence azurée du lac du Bourget, en Savoie, Buccari s'épanouit à l'ombre de ses collines en amphithéâtre, tapissées de pampre, émaillées de jolis villages aux maisons gaies et confortables. La moitié de la population de ces côtes a travaillé au percement du canal de Suez et parle français. C'est ici du reste que la marine autrichienne recrute ses meilleurs matelots et la marine marchande ses plus habiles capitaines. Des pêcheurs de thons, au sommet de leur haute échelle, surveillent la surface de la mer, trop calme à leur gré ;

un peu plus loin, dans des chantiers, on aperçoit les carcasses de grandes embarcations, pareilles à des monstres antédiluviens reconstruits pour un musée; le yacht du prince de Lichtenstein, *la Hertha*, dont l'équipage est de Buccari, est à l'ancre devant la petite ville; le prince de Lichtenstein, l'un des plus riches propriétaires de la Bohême, a fait sur ce yacht une promenade autour du monde. — Les maisons de Buccari sont tout en pierre, elles ont deux et quelquefois trois étages. A l'intérieur, elles sont décorées avec goût et avec art d'objets et de curiosités rapportés de voyages au long cours. Sur presque toutes les fenêtres, déployant au soleil leurs belles ailes transparentes, bariolées comme des éventails japonais, jacassent des perroquets multicolores, des aras, des perruches vertes. A l'aide de notre lunette, nous découvrons sur la place du port des marchands de fruits, entourés de montagnes de citrons, de figues et d'abricots. Les abricots de Buccari et de Segna sont très recherchés : on en amène des barques pleines à Fiume.

Notre petit vapeur vira de bord, et nous nous mîmes de nouveau à filer avec une vitesse d'oiseau du côté de Martinsciça. Quel plaisir c'était pour nous de naviguer ainsi sous ce beau ciel et sur cette belle mer, au milieu de ce golfe qui nous rappelait à la fois Naples et Genève ! Des vols de mouettes se balançaient au-dessus de nous comme des guirlandes de roses blanches. Les rivages des îles et du continent déroulaient autour de nous, avec une grâce riante, la richesse somptueuse de leurs couleurs et une variété de tons admirable à l'œil. Nous fumions d'excellents cigares et nous buvions un marasquin authentique de Zara, digne de parfumer des lèvres de sultanes. La mer, unie et brillante, reflétait notre bateau avec la magie d'une glace et accrochait à peine à son arrière, comme la dentelle d'une jupe blanche, quelques flocons d'écume.

Si je n'avais pas été attendu à Fiume chez le consul de France, M. le baron Du Règne, qui m'avait invité à dîner, nous aurions poussé notre excursion jusqu'à Segna, éloignée de trois ou quatre heures de Porto-Re. Autour de ce golfe incomparable, il n'y a pas de ville qui offre plus de souvenirs que Segna : souvenirs d'orgies et de luttes épiques, où tout sort du réel, tout est théâtral ; où le drame est tissé d'aventures fabuleuses, romanesques, et a pour acteurs, d'un côté une poignée de pirates, et de l'autre les flottes réunies de trois puissances. Segna est l'ancienne ville des Uscoques, « nid de corsaires chrétiens, — comme dit un chant populaire slave, — redoutés jusqu'à Bagdad et au fond de l'Égypte. » Des montagnes, aujourd'hui déboisées, mettaient la ville à couvert des surprises du côté de la terre : et par mer, il y avait autrefois dans la Bouche de Segna tant d'écueils et de bas-fonds, qu'on ne pouvait aborder qu'à l'aide de longs canots plats ou de barques très légères.

Le nom d'Uscoque dérive de *Skoko*, fugitif. Les Uscoques étaient primitivement des déserteurs turcs qui avaient trouvé un refuge dans la forteresse de Clissa, en Dalmatie ; mais Clissa fut assiégée par les Ottomans, et Ferdinand d'Autriche offrit un abri aux Uscoques dans la petite ville de Segna, propriété des Frangipani. N'ayant ni métier, ni industrie, ni champs à cultiver, ni mines à exploiter, ces hommes nés avec les instincts sanguinaires de l'aigle et du requin, regardèrent la mer comme leur domaine et les navires qui la traversaient comme leur proie. Ils ne vécurent que de vols et de pillages ; ils descendirent dans l'Adriatique comme des moissonneurs dans un champ ; ils étaient bien plus que les Vénitiens les rois de la mer, et la fiancée des doges s'était faite leur concubine. Ils rentraient à Segna gorgés d'or, chargés de butin. Alors, pour la curée, sortaient de tous les trous de ce dangereux repaire, des femmes de joyeuse vie, accourues de partout, comme des animaux affamés sur un champ de bataille : Zingares, Bohémiennes, Hongroises, Slaves, Croates. Le festin se prolongeait pendant des journées et des nuits entières, et l'on étayait les tables pour danser dessus, au milieu des vases et des plats d'argent volés dans les palais de Venise. On buvait à outrance, jusqu'à rester ivre-mort. On eût dit des orgies infernales présidées par Satan dans son propre palais.

Rien ne les effrayait, ces terribles Uscoques. Chez eux, la ruse suppléait au nombre. Lorsque les Ottomans assiégeaient Vienne, le hardi Uscoque Prébeck, voyant la forteresse de Siget résister à tous les assauts, se travestit en Turc, pria, salua et parla comme les mahométans, et ayant réussi à s'introduire dans la place, il se présenta au pacha en lui disant : « Je suis un Osmanli de la ville de Filibé. Mon métier est de faire de la poudre, et je vais de forteresse en forteresse fournir à mes frères le moyen de se défendre contre les Croates. » Le pacha de Siget le reçut avec honneur, le logea dans son *konack* et le traita en frère. Prébeck fabriqua de la poudre, l'entassa dans les souterrains de la forteresse, et, au milieu d'une nuit sombre, quand tout dormait, il alluma une mèche qui devait mettre le feu à toute la provision, puis sortit à la hâte de Siget.

Au moment prévu par lui, la forteresse sauta en l'air, avec des milliers de Turcs, et Prébeck s'en retourna en chantant à Segna.

Les convois vénitiens qui partaient pour l'Orient ou

qui en revenaient étaient obligés de se faire escorter par des galères, et tout Uscoque capturé était pendu aux vergues. On en exposa aussi dans des cages de fer sur la place Saint-Marc. Mais personne ne faisait comme eux bon marché de la vie. Quand un Uscoque mourait, un autre prenait immédiatement possession de sa cabane, et soin de sa femme et de ses enfants. L'empereur d'Allemagne dut venir en aide aux Vénitiens qui assiégeaient Segna. Il enleva la flotte des pirates et la fit conduire à Fiume pour la brûler. Les Uscoques s'en allèrent de nuit par les monagnes, tombèrent à l'improviste sur Fiume, reprirent leurs barques, leurs canots, et s'emparant de quatre-vingts bâtiments fiumans, ils les traînèrent à la remorque jusqu'à Segna.

Un peu plus tard, une galère vénitienne entrait à Pago, ayant à son bord le capitaine de la mer, Cnitofero Venéro. Les espions des Uscoques le signalent ; ceux-ci, à la faveur d'ombres épaisses, montent à l'abordage de la galère, tuent l'équipage, jettent quarante passagers dans les flots, et reviennent à Segna avec leur capture. En route, ils tranchent la tête des officiers vénitiens ; et, une fois en sûreté dans leur repaire, ils se livrent avec leurs femmes et leurs filles à une orgie barbare ; ils massacrent Venéro avec une cruauté d'antropophages, lui arrachent le cœur, le font cuire et le mangent.

Sur les représentations de la France, et en vertu du traité de Madrid, ratifié à Paris le 26 septembre 1617, l'empereur s'engagea à mettre une garnison allemande dans Segna ; la flotte des Uscoques fut détruite et eux-mêmes exilés nominativement dans les environs de Carlstadt, en Croatie, où on leur donna des terres. On prétend que leurs descendants ont conservé quelques-unes de leurs anciennes coutumes ; ainsi ils enveloppent encore la tête de leurs morts d'un voile percé de trous, afin, disent-ils, « qu'ils puissent voir » ; on retrouve aussi parmi eux l'usage des pleureurs qui racontent la vie et les actions du défunt, et interpellent la Mort. Enfin, les jeunes filles portent, comme à Segna, un bonnet rouge.

Nous étions arrivés à l'entrée du port de Martinsciça, où se trouvent les chantiers de construction du port de Fiume. La côte est éboulée, effondrée, déchirée par l'explosion des mines, d'énormes pans de rochers sont suspendus dans les airs, des blocs de pierres mutilés et brisés jonchent le sol ; tous ces matériaux sont destinés à l'achèvement des jetées du port hongrois. Des galeries béantes montrent leurs trous noirs. Elles ont quinze à vingt mètres de profondeur, et on y entassera, pour les faire sauter, jusqu'à vingt-neuf tonneaux de poudre. Au moment où une de ces mines éclate, on sent la terre tressaillir et vaciller, comme si elle était prise d'un frisson de terreur. A l'extrémité de la baie s'élève le lazaret San-Francisco, avec ses arcades et son pavillon rouge, formant corps de bâtiment.

Notre vapeur reprit le large. Au coucher du soleil nous rentrions à Fiume, juste au moment où M. le baron Du Règne, aussi inquiet sur son dîner que sur son invité, apparaissait à son balcon, armé d'un télescope dont le calibre doit lui permettre de se renseigner plus exactement sur les évolutions des républiques célestes que sur les révolutions des républiques terrestres. La soirée que nous passâmes chez lui, en compagnie de bons vieux vins de France, commençait heureusement notre voyage et adoucissait les premiers moments du départ, qui sont toujours les plus pénibles.

III

Départ de Fiume. — Paysages du Carso liburnien. — La vallée de la Draga. — Verbovszko. — Première apparition de femmes croates en costume national. — La gare d'Ogulin. — Les Frontières militaires. — Leur organisation. — Aspect d'un village des Confins. — Remarques morales sur un sujet qui ne l'est pas. — Origine des Frontières militaires. — La population actuelle. — Vie et hauts faits du heiduque Paulowitch. — Son établissement dans les Confins.

M. le baron Du Règne, qui a l'habitude de passer ses nuits d'été à fumer une douzaine de cigares au nez des chastes étoiles, m'avait retenu sans effort dans sa compagnie sans contrainte. Après le dîner, qui s'était prolongé assez tard, nous avions flâné un peu partout, — dans les rues, où nos ombres vacillaient sur les façades blanches des maisons, dans les cafés, où bourdonnait une foule de bavards et de désœuvrés, au bord de la mer, dont les vagues chuchotaient à peine, comme si, fatiguées de leur lointain voyage, elles étaient près de s'endormir derrière les jetées du port.

Quelles nuits douces et étincelantes que ces nuits de l'Adriatique ! L'obscurité transparente qui enveloppe les objets prend des nuances idéalement tendres, irisées d'opale, d'un bleu argenté ; on se croirait transporté dans une ville de cristal éclairée par une lune sortant des ateliers Jablochkoff. Les jolies étoiles, que les poètes comparent aux yeux de leur bien-aimée, ont dans ce ciel limpide et riant des regards d'une tendresse infinie. Et elles sont si nombreuses et multipliées qu'à certaines places, on dirait que le firmament est couvert de poudre d'or ou voilé d'une gaze transparente constellée de paillettes.

Nous fêtâmes le retour de l'aube par des libations de champagne qui versèrent la gaieté et le soleil de France dans nos veines, — puis, me séparant à regret du plus aimable des hôtes, je courus à la gare prendre le premier train qui partait pour Agram.

Dans la salle d'attente se promenaient des Monténégrins en costume national, la ceinture garnie de pistolets et de kandjars, la poitrine recouverte d'un plastron rouge brodé d'or, la petite calotte étoilée sur la tête, la taille dessinée dans la redingote de flanelle blanche, la culotte noire et les bas soigneusement tirés, et serrés à la cheville par la bottine. Des Slovaques à la mine triste, à la figure pâle et maigre comme un croissant de lune, coiffés d'un petit chapeau rond, leurs longs cheveux couleur de filasse retombant en touffes sur la nuque, un pan de leur manteau de drap rejeté fort peu tragiquement sur l'épaule, les jambes entourées de bandelettes et les pieds chaussés de sandales, se tenaient dans un coin, avec tout un attirail de rouleaux de fil de fer, de souricières et de tôles à gâteaux. A côté d'eux, je reconnus une femme de l'île de Véglia, vêtue de percale noire, un mouchoir de couleur sombre rejeté sur la tête et noué sous le menton.

La voie ferrée qui conduit à Agram s'élève graduellement sur les pentes du Carso liburnien. A mesure qu'on gravit la montagne, le panorama du golfe se développe plus magnifiquement : on aperçoit la coquette Buccari, assise comme une baigneuse sur le bord de sa baie fermée, dont l'eau transparente, calme, recueillie ressemble à celle d'un petit lac alpestre. L'œil plonge sur une foule d'îles et d'îlots rocheux parsemant de récifs les détroits de l'archipel.

La voie ferrée traverse la fertile et fraîche vallée de la Draga, propriété du couvent du Tersato. Le village, dans une situation ravissante, est pittoresquement adossé à la montagne. Les hirondelles s'égrènent autour de son clocher d'argent, et tout à côté de l'église, ombragée de grands arbres, s'élève la maison d'école, avec son mât au haut duquel flotte, le dimanche et les jours de fête, le drapeau national. Dans ce vallon béni des moines et protégé des vents, la végétation a quelque chose de fier, de libre, de joyeux, de puissant ; des ruisseaux d'eau courante promènent au milieu des prairies et des vergers la fantaisie de leurs détours et la gaieté de leurs murmures ; des maisons gracieuses, à la façade peinte en blanc ou en rose, avec la petite niche au fond de laquelle sourit une madone rustique couronnée d'étoiles, sont semées çà et là sur les ondulations du terrain, comme autant de voiles blanches sur un océan de verdure.

Les jardins bariolés de fleurs — vrais séjours d'un éternel printemps de la nature et de la vie — sont émaillés de tant d'enfants qu'on se demande si, dans ce sol privilégié, ils ne poussent pas en pleine terre côte à côte avec les asperges et les artichauts. C'est par bandes tapageuses, par essaims, par grandes envolées, par bruyantes myriades, par longues fourmilières, par ribambelles rieuses, par tas et par nichées, qu'on les voit courir, la chemise au vent, montrant leurs petites cuisses roses, secouant leur chevelure bouclée de chérubins, faisant un tapage de moineaux francs. Marmaille adorable dans sa saleté et sa demi-nudité, qui grandit à la garde de Dieu, un peu à la manière des plantes des jardins et des hôtes des bois.

La locomotive poursuit son ascension en se livrant à des zigzags de cerf-volant. Tantôt on fait face à la montagne, tantôt à la mer. Vue de cette hauteur, que l'Adriatique est vaste et imposante, et comme, à côté d'elle, les objets qu'on aperçoit sur ses rives sont effacés et petits ! Tout ce qui l'entoure, elle l'absorbe dans son immensité, elle le dévore, elle l'anéantit. On dirait qu'elle seule existe ; le ciel, la terre ne sont plus ; elle seule vit et palpite comme si son sein soulevé et mugissant cachait le cœur et l'âme du monde.

Mais bientôt l'aspect du paysage change, la végétation redevient pâle, rabougrie, maladive, la verdure s'efface, le sol s'écaille et se pèle, les rochers montrent de nouveau leur ossature décharnée ; nous voilà rentrés dans les régions désolées du Carso.

Le sol calciné et aride semble couvert des scories des laves depuis longtemps éteintes qui ont crevé et broyé ici la croûte terrestre. Cette savane de pierres, ce désert de roc nu, ces amoncellements de ruines, ces traînées de cailloux dans le creux des pentes, font aussi songer aux débris de quelque planète tombée. Cependant des vaches maigres et souffreteuses, comme celles qui durent apparaître en songe aux membres fondateurs de la Société protectrice des animaux, errent à pas lents, cherchant au fond des gerçures des rochers, entre les interstices des pierres, une herbe desséchée ou absente. Çà et là des carrés de murs blancs, semblables à de petites enceintes fortifiées, défendent contre l'avidité des bestiaux affamés de pauvres champs de blé pâle et étiolé.

Enfin nous atteignons la gare de Verbovszko, perchée comme un belvédère sur le sommet de la montagne.

L'aspect du tableau change.

Le pays s'adoucit et s'embellit. Le soleil verse une pluie de perles d'or dans quelques massifs aux feuilles tendres, qui semblent éclairées d'une lumière intérieure ; on sent comme une douce fraîcheur de brise dans l'air ; on découvre çà et là des bandes de pâturages, des champs de blé argentés, des arbres, des collines dont les teintes vertes mettent du bleu dans l'âme. Le désert est traversé. C'est la vie qui recommence.

Pendant l'arrêt du train, toute une théorie de jeunes filles belles et fortes, portant sur la hanche un seau de bois cerclé de cuivre, marchant à la file nu-pieds et bras nus, vêtues de la chemise croate flottant à mi-jambes, descendent du village pour venir à la fontaine, comme les filles de Laban. Celle qui est arrivée la première étanche sa soif en buvant au goulot, puis elle s'essuie la bouche avec un pan de son unique vêtement. Ce costume patriarcal, montrant moins encore qu'il ne laisse deviner, vous transporte à la fois aux temps bibliques et dans ces pays heureux, mais peu vêtus, du Nouveau-Monde, où la femme se présente aux yeux des voyageurs sans artifice et sans fard, et où une chemise est presque un insigne de royauté. La souplesse de la taille sans corset ressort dans toute sa grâce et sa beauté sous le tissu blanc et léger, qui donne à celle qui le porte une apparence de statue de marbre vivante. Pas de tromperie possible. Tout ce qui est jeunesse, formes saines et robustes, éclate comme au grand jour, tel que la nature l'a créé pour le plaisir des Croates et l'agrément des voyageurs.

La locomotive nous arrache sans pitié à nos études

plastiques et nous conduit en quelques minutes, par un brusque changement de décor plein de surprise et d'enchantement, au milieu d'une petite Suisse en miniature, entrecoupée de vallées peu sauvages et de torrents peu échevelés. Nous traversons une forêt, puis un tunnel, nous longeons des précipices débonnaires, et nous arrivons à la station d'Ogulin.

Là, une troupe de femmes et de jeunes filles de tout âge s'élance à l'assaut de nos wagons, non pas avec des lances ou des zagaies, mais avec des paniers de fraises parfumées. Les plus jolies — et celles qui paraissent avoir de quinze à trente ans le sont toutes — rient à gorge déployée, sans doute pour nous faire voir leurs dents éblouissantes. Les fraises qu'elles nous offrent sont moins rouges et moins appétissantes que leurs joues et leurs lèvres.

Quel pittoresque mélange de costumes! Et quel contraste charmant que celui de ces figures jeunes à côté de ces vieilles toutes ridées, à la peau tannée, aux petits yeux percés comme avec une vrille, au menton osseux, en talon de galoche, au nez recourbé en bec de chouette, au dos voûté! Les plus fortunées ont des bottes, leur longue chemise est serrée à la ceinture par une écharpe rouge, et leur taille se dissimule sous une espèce de veste doublée de peau de mouton, et rehaussée à l'extérieur d'ornements de cuir de toutes couleurs, découpés à l'emporte-pièce et formant des bouquets et des arabesques sur un fond crémeux ou jaune havane. La tête est enveloppée d'un fichu orange, violet ou noir, ponctué de points blancs, et les nattes de cheveux, chez quelques-unes ruisselantes de sequins, chez la plupart entrelacées de rubans verts, flottent sur le dos librement ou reliées l'une à l'autre.

Parmi ces femmes et ces jeunes filles, il y en a aussi

dont le costume original rappelle celui des paysannes bosniaques et serbes : elles sont chaussées d'*opanke* (1), leurs jambes sont entourées d'un morceau de toile tissée, du même dessin et de la même couleur que les deux tabliers à longues franges qu'elles portent sur la chemise, devant et derrière; le cou, orné de triples colliers de corail, d'amulettes, de verroteries et de coquillages, balance une tête mignonne aux grands yeux de gazelle. Des gamins coiffés de fez, vêtus de gilets en peau de chèvre, portant aussi des paniers de fraises taillés dans de l'écorce de bouleau, se débattent au milieu de cette légion féminine.

Le village d'Ogulin, enclavé dans les Frontières militaires, était autrefois la capitale d'un régiment.

On sait que les Confins des bords de l'Una et de la Save — ces deux rivières qui séparent l'empire austro-hongrois de la Turquie — ont été supprimés il y a quelques années. De militaire, l'administration y est devenue civile.

L'organisation des anciennes Frontières était fort curieuse, et si nous passions sans en parler, on pourrait d'autant plus nous reprocher notre silence que le régime militaire des Confins, officiellement aboli, n'en subsiste pas moins en partie dans les districts que nous traversons. L'ancien capitaine de compagnie est aujourd'hui le chef de l'administration civile. Les attributions ont changé, mais le personnel est resté le même; c'est encore le brigadier qui est chargé de la surveillance des écoles.

L'armée des Confins était la plus solide, la mieux ins-

---

(1) L'*opanke*, la chaussure nationale des Slaves du Sud, est formée d'une peau de mouton tannée, attachée aux pieds au moyen de lanières.

truite et la mieux disciplinée des armées autrichiennes. C'est dans ces régions limitrophes de la Turquie que se recrutaient ces soldats héroïques et grotesques à la fois par la singularité de leurs mœurs et de leurs costumes, ces terribles pandours qui valaient mieux que leur réputation, qui abattaient à cent pas la tête de pipe de leur camarade occupé à fumer, qui combattaient à pied et à cheval, dormaient dans la neige et se nourrissaient d'un morceau de pain de seigle arrosé de quelques gouttes d'eau-de-vie; ces fameux kaiserlicks et ces intrépides hussards de la Mort, dont la vue seule répandait la terreur sur les champs de bataille. Si l'Autriche put mater la Révolution de 1848, ce fut grâce à l'armée des Confins. On a calculé que les guerres de Hongrie et d'Italie avaient laissé trente mille veuves et soixante mille orphelins dans les colonies militaires du littoral croate et des bords de la Save. Ces chiffres disent avec éloquence de quelle manière ces hommes comprenaient les devoirs du soldat.

Laboureurs et soldats, les *Grenzer* ou Confinaires devaient à l'Etat le service militaire en échange des terres dont ils avaient la jouissance. Le régime était absolument féodal. L'empereur conservait le domaine direct, le colon avait le domaine utile, c'est-à-dire un fief perpétuel et irrévocable. Le Confinaire n'avait de paye qu'en temps de guerre ou de corvée.

Le matin on voyait les habitants des villages partir, divisés en deux bandes : les uns, sac au dos et fusil en bandoulière, s'en allaient à la frontière ; les autres, également en uniforme, mais la bêche ou le râteau sur l'épaule, allaient travailler aux champs, qu'ils cultivaient en commun. Le Confinaire devait à l'État une semaine sur trois. Il se rendait, avec sa provision de vivres, à son corps de garde, à sa *czadak*, espèce de cabane en planches souvent haut perchée sur pilotis. A l'époque des crues de la Save, il était comme enfermé dans cet observatoire. En hiver, les grand'gardes, le long des collines ou sur les plateaux couverts de neige, étaient fort pénibles. Mais le Confinaire ne se plaignait pas; cette vie agricole et guerrière avait pour lui sa poésie.

L'ennemi s'avançait-il à la faveur de la nuit, il allumait un petit baril de résine fixé au bout d'une perche, et, à ce signal, toute la frontière s'entourait d'un cordon de feu.

Dès l'âge de vingt ans, tout homme né dans la zone militaire était soldat pour la vie. Le père ne pouvait pas, sans l'autorisation du colonel, faire apprendre un métier à son fils. Ses filles étaient déshéritées de droit quand elles ne devenaient pas femmes de soldats. Il n'était pas rare de les voir prendre le mousquet pour se rendre sur la frontière turque et y faire leurs jours de garde à la place de leur mari.

Au lieu d'être partagé en cercles ou districts, le pays était divisé en régiments ou communes militaires; le colonel placé à la tête de l'état-major remplissait les fonctions de gouverneur et de juge absolu, ayant droit de vie et de mort.

La plus belle maison du village était celle de l'état-major; à côté se trouvaient la boulangerie du régiment et le magasin d'approvisionnements; puis, rangées des deux côtés de la route à une égale distance, comme des sentinelles, les maisons de bois destinées à loger la population militaire. L'aspect intérieur de ces habitations, composées seulement d'un rez-de-chaussée, est aujourd'hui encore des plus misérables : pas de meubles, peu d'ustensiles de ménage, souvent une seule pièce où couche pêle-mêle toute la famille.

Aussi les femmes des Confins ont-elles toujours eu un renom de grande légèreté.

« Il faut, a dit un voyageur qui visita, il y a quelque vingt ans, ces régions peu explorées, que le mal soit bien grand pour qu'il ait frappé les yeux dans ces provinces méridionales de l'Autriche et de la Hongrie, où les mœurs sont si faciles, où l'on est si indulgent pour soi-même et pour les autres.

« Les femmes, tout le long de la Save et de la frontière sèche, sont grandes, bien découplées, souvent jolies, parfois d'une rare beauté ; mais elles passent pour respecter fort peu le lien conjugal. Tout les prépare, dès l'adolescence, à se livrer au désordre. Elles prennent leurs premières leçons dans la grande chambre où, pendant l'hiver, chez les plus pauvres, tout le monde : enfants, jeunes filles et jeunes garçons, couples d'époux, vieux parents, dort ensemble. N'y a-t-il pas là de quoi singulièrement instruire la jeunesse et émousser la pudeur ? Ce qui est plus grave encore, c'est que les pères, les maris, les frères même, en temps de paix, sont souvent absents ; s'il faut faire campagne, ils partent pour de longs mois, et souvent ne reviennent pas au pays. Surtout quand il y a eu de grandes guerres, le nombre des femmes est, dans tout le territoire militaire, bien supérieur à celui des hommes, et beaucoup d'entre elles n'ont plus de soutien et de protecteur naturel ; c'est au milieu d'une telle population que sont lâchés, comme des enfants dans un verger, des centaines d'officiers dont la plupart, jeunes et célibataires, s'ennuient dans ce pays perdu et sont avides d'y trouver des distractions. Leurs fonctions les conduisent à se mêler de tout et à intervenir dans tous les débats de famille ; elles leur ouvrent ainsi la porte de toutes les maisons. Le pouvoir à peu près illimité dont ils disposent fait que l'on redoute leur colère et que l'on tient à s'assurer leur bienveillance. Est-il donc étonnant que les filles et les femmes, quand ces sultans au petit pied leur font l'honneur de les distinguer, ne songent guère à résister ? Il naît de ces liaisons beaucoup d'enfants naturels et adultérins, et le nombre en serait encore plus grand si les femmes, moins par peur de la honte que pour s'épargner une charge, ne recouraient souvent à l'avortement et à l'infanticide ! »

L'abolition du régime exclusivement militaire dans les Confins a-t-il amélioré les choses au point de vue moral ? Je ne le crois pas, si j'ajoute foi à tout ce que m'ont rapporté ceux qui ont de fréquentes occasions de se trouver mêlés à ces populations de races diverses.

La loi contraignait le Confinaire à être membre d'une association, à vivre dans une communauté, à la tête de laquelle était placé un patriarche ; ne pouvait être chef d'une communauté que celui qui avait passé l'âge du service actif.

Si un colon quittait le clan sans permission, on le ramenait de vive force, comme un vagabond, et on le punissait du fouet et de la prison. En cas de récidive, on le dégradait et on lui infligeait une servitude pénale, en faisant de lui une sorte de voiturier, de conducteur de chariots de vivres et de munitions. Les habitants des Confins n'en avaient pas moins des privilèges particuliers, entre autres celui de la liberté de conscience, qui attirait parmi eux beaucoup de chrétiens de Serbie et de Bosnie. Les catholiques avaient en outre le droit de se réunir en congrès et d'élire leur évêque.

La population totale des Confins militaires, cantonnée sur une étroite bande de terrain allant de l'Adriatique au renflement le plus oriental des Carpathes, comptait encore, au siècle dernier, plus d'un million d'âmes. Sur les bords de l'Una, de la Save et du Danube, douze mille sentinelles montaient jour et nuit la garde, formant comme une muraille vivante qui séparait l'Autriche de la Turquie et protégeait l'Europe contre la barbarie, la peste et les autres épidémies: Les marchandises infectées, venant d'Orient, étaient arrêtées par ce cordon militaire et sanitaire. — On a vu les Romains s'entourer déjà de semblables frontières pour se mettre à l'abri des invasions des Allemands, des Sarmates, des Daces et des Goths. Les Russes procèdent de la même manière en Asie. Les Confins militaires ont été institués en Autriche après la victoire des Turcs à Mohacz (1526), signal de cette guerre épique, qui attend son Homère chrétien et qui dura deux siècles, entre les Autrichiens, les Hongrois et les Ottomans.

Vers 1690, les armées turques qui dévastaient la Hongrie, ayant été refoulées au delà de la Theiss et de la Maros, la frontière militaire s'étendit le long de ces deux rivières; mais, soixante ans plus tard, pressée par les réclamations des Hongrois, qui ne voyaient pas d'un bon œil ces régiments de soldats slaves dans leur pays, Marie-Thérèse consentit à les licencier. Cent mille Serbes quittèrent alors les rives de la Theiss et de la Maros, et, sous la conduite de leur chefs, émigrèrent en Russie. Les Confinaires de Transylvanie, connus sous le nom de Secklers, c'est-à-dire gardiens, s'étaient dissous d'eux-mêmes, en 1748.

La population des Confins a conservé quelque chose de mâle et de guerrier dans son aspect et ses allures. Si nulle part, dans les provinces slaves de l'Autriche-Hongrie, on ne voit d'aussi belles femmes, nulle part non plus on ne rencontre d'aussi beaux hommes.

Grands, maigres, souples et élancés, ils sont d'une vigueur athlétique. L'intrépidité et le courage brillent dans leurs yeux d'un gris bleuâtre. Quelques-uns tressent les bouts de leur longue moustache, ce qui donne à leur physionomie un caractère plus étrange et plus farouche encore. Plusieurs d'entre eux descendent en ligne directe d'anciens chefs de brigands qui, fatigués de leurs expéditions hasardeuses, de leur vie de périls et d'aventures, ont mis un jour la frontière entre eux et leur patrie primitive. De tout temps, la Bosnie a produit ce qu'il y a de mieux en fait de bandits, défiant toute concurrence, même grecque et italienne. Leur nombre était surtout considérable dans cette province avant que l'Europe s'intéressât au sort des malheureux chrétiens, réduits par les musulmans au rôle de serfs et d'ilotes. Le raïa, injustement maltraité par le beg ou par le capitaine turc, s'enfuyait dans la montagne, le cœur débordant de haine et de vengeance, et se faisait heiduque, c'est-à-dire brigand.

Je me rappelle avoir lu, dans un journal allemand, des détails biographiques pleins d'originalité et de caractère sur un de ces anciens brigands bosniaques, devenu soldat autrichien dans un régiment des frontières. Il s'appelait Wutchko Paulowitch et était né dans un village près de Buzim. Son nom, redouté à cinquante lieues à la ronde, était un épouvantail pour les riches, mais aux oreilles des pauvres et des opprimés, il sonnait agréablement comme le synonyme de protection et de justice. Poursuivi maintes et maintes fois par les troupes du pacha de Travenick, Wutchko avait toujours si miraculeusement échappé aux balles, qu'on avait fini par le croire invulnérable. On mit en vain sa tête à prix; il avait pour lui toute la population des campagnes, qui l'avertissait au moindre danger.

De guerre lasse, le pacha, qui était superstitieux et partageait la croyance générale à l'endroit de l'invulnérabilité du heiduque, lui envoya un de ses agents : « Je suis chargé, dit-il au brigand, de te remettre ce sauf-conduit et de te prier de venir voir mon maître, qui désire te parler en ami. »

Paulowitch accepta l'invitation. Il se rendit à Travenick et fut introduit auprès du pacha, qui le fit asseoir à sa droite, sur un coussin, et lui offrit une pipe et du café.

— Qu'exiges-tu de moi, — lui demanda-t-il, après avoir causé familièrement avec lui, — qu'exiges-tu pour abandonner le vilain métier que tu fais et qui damnera ton âme?

Le heiduque réfléchit un instant avant de répondre, puis ses yeux brillèrent d'un éclat extraordinaire, et il parla d'une voix brève, vibrante.

Ce qu'il demanda, on ne le sut jamais. On apprit seulement que le pacha lui répondit :

— Mais si je vendais la Bosnie, l'Herzégovine, l'Albanie, la Macédoine, la Roumélie, Constantinople et même Médine et la Mecque, je ne pourrais point t'accorder ce que tu me demandes!

Paulowitch s'en revint de Travenick sans qu'on touchât à un seul cheveu de sa tête, et sans avoir aperçu l'ombre d'un turban. La seule chose qu'il avait promise au pacha, c'était de ne divulguer à personne le prétendu secret qui le rendait invulnérable. En échange, le pacha lui avait octroyé le privilège, pour lui et ses fils, de ne pas être obligé de cacher leurs armes ni de descendre de cheval, comme doit le faire tout raïa à l'approche d'un musulman.

— Ta famille, avait ajouté le pacha, peut venir vivre en paix dans ton village, et compter sur ma protection.

Quelques semaines s'écoulèrent. Wutchko Paulowitch, confiant dans la parole du Turc, avait installé sa femme et ses enfants dans son village, et s'en était allé à Segna trouver un de ses amis.

Instruit de son départ, le pacha de Travenick, qui n'attendait qu'une occasion favorable pour s'emparer de la famille du redoutable heiduque, arriva avec ses soldats, à marches forcées, cerna la maison et fit prisonniers ceux qui s'y trouvaient.

— Vous avez donc déjà oublié votre promesse ? lui dit la femme de Paulowitch d'un ton amer, avec une dignité méprisante.

— S'il fallait tenir ses engagements avec des bandits, cela nous mènerait un peu loin, répliqua le pacha. Allons, femme, apprête-toi à nous suivre.

— Seigneur, vous êtes maître de ma vie, mais il ne sera pas dit qu'Atanasia Paulowitch est sortie vivante de cette maison, — pour vous obéir.

— Pitié ! épargnez-nous, s'écria alors l'aînée des filles en se jetant aux pieds du pacha.

Malheureusement la beauté et la jeunesse de Mirka étaient bien plutôt faites pour exciter les convoitises et les mauvaises passions du musulman que pour le calmer. Il fixa sur elle sa prunelle d'épervier, il enserra de ses regards sa taille flexible, puis, brutalement, il donna ordre à ses gens de se saisir de la jeune fille, qu'il voyait déjà par la pensée dans son harem.

Mais, aux cris désespérés que poussa Mirka, les raïas accoururent avec des haches, des fusils et des fourches.

— Aux armes ! aux armes ! crièrent les gens du pacha qui, ne s'attendant pas à cette attaque audacieuse, étaient en train de piller la maison du heiduque.

Atanasia Paulowitch eut assez de présence d'esprit pour profiter de la première alarme et de la confusion qui s'ensuivit : elle se sauva avec ses enfants.

Elle réussit, en longeant les haies, à gagner la montagne. Arrivée à mi-côte, hors d'atteinte, elle s'arrêta un instant pour reprendre haleine et regarder ce qui se passait derrière elle ; le combat continuait ; mais les paysans, qui luttaient à armes inégales, perdaient de plus en plus du terrain. Elle les vit reculer et se retrancher derrière les clôtures des jardins.

Atanasia reprit sa marche, s'enfonça dans un petit bois, et quand elle parut sur le sommet de la montagne, elle se tourna de nouveau avec anxiété vers la vallée où l'on entendait encore un instant auparavant un grand vacarme de cris et de détonations.

Des larmes inondèrent ses yeux à la vue du spectacle qui l'attendait : les Turcs avaient livré le village aux flammes et se retiraient avec des chariots de butin et des prisonniers. Des tourbillons de fumée planaient dans l'air comme des nuages ondoyants, ils étaient si épais et si noirs que les rayons du soleil ne parvenaient pas même à les percer. La scène était d'autant plus lugubre qu'un silence de mort s'était fait tout à coup dans la vallée.

Il ne fallait pas songer à revenir sur ses pas. Deux ou trois *kavas* avaient été tués et les représailles ne pouvaient manquer d'être promptes et cruelles.

Atanasia Paulowitch marcha toute la nuit, tantôt traînant ses enfants, tantôt les portant, plus inquiète encore pour son mari que pour elle. Elle traversa l'Una à un gué qu'elle connaissait et se réfugia sur la terre autrichienne. On la reçut avec bonté, on lui donna une hospitalité pleine de sympathie, car beaucoup de récits, traits de courage ou de générosité, circulaient dans les

Confins sur le heiduque Wutchko Paulowitch, dont la réputation avait franchi la frontière. Les bonnes gens qui avaient recueilli la fugitive s'offrirent même pour se mettre à la recherche de son mari. Ils allèrent assez loin en Bosnie, espérant recueillir quelques indications rassurantes, mais tout le monde ignorait ce que le fameux heiduque était devenu.

Des semaines, des mois s'écoulèrent. Atanasia Paulowitch ne comptait plus revoir son mari, lorsqu'un beau jour se répandit la nouvelle que le pacha de Travenick avait été étranglé dans son divan par un heiduque, et que le trouble, l'émotion, le désordre causés par cet événement avaient été si grands que le meurtrier avait pu s'échapper.

— Ah ! c'est lui qui s'est vengé ! C'est Wutchko qui a fait le coup ! s'écria Atanasia, comme si une voix intérieure lui eût crié le nom de son mari.

Une semaine se passa, puis, un soir, un homme vint frapper à la porte de la petite maison qui abritait sous son toit la famille du brigand.

— Atanasia !
— Wutchko !

Ces deux exclamations se confondirent en un seul cri et un seul baiser : la femme du heiduque était de nouveau dans les bras de son mari, et les enfants de Paulowitch, qui, à sa voix, s'étaient précipités comme des petit lionceaux, avaient retrouvé leur père.

Il ne reprit pas sa vie de bandit ; il s'engagea, à l'exemple de beaucoup de heiduques bosniaques, dans un régiment des frontières et éleva ses fils comme un honnête homme. Ils apprirent à lire, à écrire, à compter, à parler l'allemand ; et quand ils furent en âge de servir, comme les Confins étaient devenus français, on les envoya tous trois à l'armée du Rhin. Les deux cadets moururent en braves sur la terre étrangère. L'aîné, revenu sur les bords de l'Una, y a fondé une famille, dans laquelle on conserve encore la croix de la Légion d'honneur, unique mais glorieux héritage du fils de Paulowitch le brigand.

IV

Carlstadt. — Partant pour la Bosnie. — Conversation avec un officier qui a visité ce pays. — Configuration du sol. — Forêts vierges. — Etendue et population. — Musulmans, chrétiens, juifs et tziganes. — La « Bosnie dorée ». — Habitations des paysans — L'intérieur du pays. — Hospitalité. — Pactes d'amitié. — Ignorance et superstitions. — Les Bosniaques musulmans ne sont pas Turcs. — Mariage. — Divorce. — Le raïa. — Les impôts. — La justice. — Le district de Novibazar. — Les points d'interrogation de l'avenir.

Carlstadt, où nous arrivâmes à midi après avoir traversé de vastes plaines qui roulaient jusqu'à l'horizon les ondes dorées de leurs champs de froment, est aussi situé dans les anciens Confins. La légende attribue à Charlemagne la fondation de cette ville qui porte le nom du grand empereur (1) et qui, autrefois, avait une importance commerciale considérable.

Une animation extraordinaire régnait dans le gare au moment où nous y entrions. Un convoi de troupes croates appelées à prendre part à l'expédition de Bosnie venait d'arriver ; officiers et soldats, profitant de l'arrêt du train, assiégeaient la buvette, dont les portes avaient été barricadées avec des tables derrière les-

---

(1) Carlstadt, c'est-à-dire la ville de Charles.

quelles de grosses sommelières débitaient de l'eau-de-vie et de la bière avec des cris discordants, les manches retroussées sur leurs bras nus, le visage baigné de sueur. Le train repartit aussitôt avec tout son attirail menaçant de canons et de fourgons, au milieu d'une foule de spectateurs qui semblaient tout surpris de voir tant de képis, de sabres et de fusils, et chez ceux qui les portaient, si peu d'enthousiasme.

— L'envahissement de la Bosnie est donc décidé? demandai-je à un officier qui s'était assis dans mon compartiment, à côté de moi.

— Et le traité de Berlin !

— Vous dites cela comme si le mandat que les puissances ont donné à l'Autriche n'était pas chose aussi facile à exécuter qu'à écrire.

— Les journaux de Vienne parlent d'une promenade militaire... Eh bien ! la Bosnie, monsieur, sera pour l'Autriche une sorte d'Algérie sur ses frontières. Nous nous emparerons avec beaucoup de peine de ce pays, et nous ne nous y maintiendrons que si les insurrections que notre présence n'empêchera pas d'éclater peuvent être réprimées à temps...

L'officier qui me parlait avait parcouru la Bosnie et l'Herzégovine l'année d'auparavant. L'occasion de recueillir quelques données intéressantes sur ces provinces encore si peu connues était trop belle pour que je la laissasse échapper.

— La Bosnie, me dit mon compagnon de route répondant à mes questions, est un pays qui ressemble par plus d'un côté à la Suisse. Sa population est belliqueuse et aussi jalouse de sa liberté que l'étaient les anciens Helvétiens. Traversée par les chaînons des Alpes Dinariques, cette province est défendue par une série de barrières et de remparts naturels. La plupart de ses montagnes sont encore entièrement boisées. Dans ces forêts presque vierges, où ne pénètrent que les ours et les chasseurs, les lianes s'enlacent à des arbres gigantesques, et laissent retomber jusqu'à terre de vastes tapisseries de verdure, illustrées à grands ramages de fleurs, de papillons multicolores et d'oiseaux. L'aspect grandiose de ces forêts vous transporte en imagination dans les solitudes magiques du Nouveau-Monde. Figurez-vous les troncs blancs des peupliers, les pylônes énormes et marbrés des chênes, les fûts fauves des sapins, les piliers noirs des lourds châtaigniers, se prolongeant à l'infini, formant des portiques et des propylées à jour, dessinant de leurs mille branches et de leurs rameaux touffus des voûtes, des berceaux, des arches profondes, des nefs au fond desquelles un rayon de soleil égaré brille comme l'étoile d'une lampe, des ogives mystérieuses, des colonnades gigantesques devant lesquelles, comme devant un sanctuaire inviolable, les broussailles, les ronces aux longues griffes, les plantes grimpantes aux volutes argentées, mettent des grilles de serrurerie végétale dont les dessins eussent émerveillé les vieux maîtres de Nuremberg.

— Et quelle est la population de la Bosnie?

— Comparativement à l'étendue du pays, la population est faible. On compte un peu plus d'un million d'habitants parmi lesquels 615,000 appartiennent à la religion musulmane, 450,000 à la religion grecque, 155,000 à la religion catholique et 3,500 à la religion juive. Ces derniers sont les descendants d'anciens exilés d'Espagne et de Portugal. Ils parlent encore assez couramment l'espagnol et l'italien. Il y a en outre 11,500 Tziganes qui ont conservé toutes les marques extérieures de leur origine indoue. Leur teint est basané comme du vieux cuir, leurs yeux noirs étincellent, leur figure ovale est encadrée de longs cheveux bouclés retombant en flots huileux sur leurs épaules, leur corps est bien musclé, maigre, très élancé. La langue qu'ils parlent offre un mélange corrompu de mots sanscrits. Ils mènent une vie vagabonde et nomade, affrontant joyeusement les intempéries des saisons sous leurs tentes de toile déchirée, exerçant le plus souvent le métier de voleurs et de brigands. Quelques-uns d'entre eux se sont cependant établis dans les villages comme armuriers et forgerons. Ceux-ci se disent musulmans, grecs ou catholiques, selon que l'exige leur intérêt. Les Turcs et les chrétiens ont pour les Tziganes un tel mépris qu'ils ne s'assoiraient, pour rien au monde, à la même table qu'eux. Que je vous dise encore que les bohémiennes bosniaques sont d'une rare beauté et savent avantageusement tirer parti de leurs charmes. Elles se font danseuses, bayadères, et vont distraire les begs et les pachas dans leurs harems ; on en rencontre aussi sur les places publiques dansant, un tapis sous les pieds, dans un costume pittoresque qui ne nuit point à la science de leurs poses. Longtemps les « Zaparis » ont été seuls à exploiter les richesses minières de la Bosnie. Mais ils se bornaient à traîner des toisons dans le lit des torrents pour en retirer les paillettes d'or qui s'y rencontrent en abondance.

— On dit que cette province est une Californie inexplorée.

— Les Bosniaques ont donné eux-mêmes à leur pays le surnom de « Bosnie dorée ». L'or, l'argent, le mercure, le sel y étaient déjà exploités du temps des Romains. On y trouve une quantité de mines de cuivre, de fer, de plomb, de houille, qui pourraient, ainsi que les nombreuses sources d'eau minérale coulant sans utilité, développer à un haut degré la prospérité matérielle du pays. — Tout est à l'état latent et primitif. Tout reste à faire. Qu'on gratte le sol : il en sort des moissons ou de l'or. C'est une terre inconnue, comme vous l'avez dit, et qui cache d'immenses trésors; un pays vierge, qui attend la fécondation du travail. D'immenses espaces sont encore en friche. Les paysans habitent des huttes d'argile recouvertes de chaume ou d'écorce de tilleul, composées d'une seule pièce où grouillent à la fois les porcs, les chèvres, les poules, les oies et les enfants. Au milieu, on voit un trou creusé dans la terre : c'est l'âtre. Pas de cheminée. La fumée sort par où elle peut. Pas de lit. En hiver, le raïa se couche près de son feu; en été, dans son jardin, sous une tente de feuillage, ou en plein champ, ayant pour couverture le ciel piqué d'étoiles et pour coussin ses deux bras. Dans les villages, on ne trouve ni boulangeries ni fours. Le pain se cuit sous la cendre. Le maïs et le blé noir se broient avec une petite meule à main, et la farine, mélangée à du lait, constitue, avec le fromage frais qui se mange à pleines poignées, presque l'unique nourriture des paysans bosniaques. Comme boisson, le *slivovitza*. Tout le terrain autour des habitations, même les plus pauvres, est planté de pruniers dont les fruits servent à la fabrication de cette eau-de-vie qui est pour le Slave ce que l'opium est pour le Chinois.

— Comment voyage-t-on en Bosnie?

— Difficilement, car les routes sont peu sûres. Si vous y allez jamais, ayez soin d'emporter vos armes, vos provisions, votre tente ou votre hamac. Dans les villages, impossible de se loger; et puis l'on marche dans les montagnes des journées entières sans rencontrer d'autres traces d'être vivants que celles des animaux carnassiers (1). — Le sol est très accidenté, coupé de gorges pittoresques, de ravins encaissés, de torrents qu'il est souvent difficile de franchir. Mais quelle joie, lorsque après de longues heures d'efforts on entend derrière un rideau d'arbres une voix humaine qui résonne et qui chante une *piesma*, — une chanson populaire! On écoute avec anxiété, à mesure qu'on approche, car c'est peut-être quelque brigand, quelque heiduque; mais non, la voix est une voix harmonieuse et douce, une voix de femme : c'est la fille ou la compagne d'un charbonnier qui se fera une fête de vous recevoir dans sa hutte. En Bosnie, l'hospitalité est tout orientale. Dès qu'on a partagé un repas avec son hôte, on est son ami. Il vous tutoie, il se considère comme responsable de votre vie. Aussi les meurtres et les assassinats ne se commettent-ils pas dans les maisons, mais sur les grandes routes, en plein champ ou dans les forêts. Un étranger, dormant dans une cabane ou une chaumière, n'est jamais frappé sans que son hôte le soit aussi avec lui.

« L'amitié comme l'hospitalité est chose sacrée. L'homme appelle son ami un frère; la femme appelle son amie une sœur. Les pactes d'amitié se font souvent à l'église, devant le prêtre, ou devant une nombreuse réunion de parents. On échange ses armes, et l'on se donne le baiser de paix. L'indissolubilité de ces

---

(1) On tue environ chaque année en Bosnie, d'après une staslistique officielle, 150 ours, 1,200 loups, 200 lynx, 600 blaireaux, 8,000 renards, 300 belettes, 10,000 lièvres, 3,000 chats sauvages et autant de martres dont les peaux sont envoyées à Seraïewo, pour être transportées de là soit à Trieste, soit à Leipzig. — Les begs se livrent encore au plaisir chevaleresque de la chasse au faucon.

unions a inspiré les poètes populaires. Il y a une chanson, entre autres, consacrée au souvenir de deux frères adoptifs qui tombèrent tous deux amoureux d'une belle prisonnière et qui, plutôt que de devenir des frères ennemis, préférèrent tuer la femme qu'ils aimaient.

« Il y a encore dans les mœurs de ce peuple un grand fonds de barbarie et de superstition. Les astrologues, les devins, les sorciers sont toujours consultés à l'occasion des naissances et pour les événements qui dépendent de l'avenir. La rencontre d'un hibou ou d'un paon est un pronostic de malheur. Tout le monde porte des amulettes, des talismans pour se garantir contre le mauvais œil ou contre certaines maladies. Les paysans n'ont foi que dans les empiriques et les guérisseurs qui, par exemple, pour rendre l'ouïe à un sourd, lui introduisent dans l'oreille le bout d'un cierge en cire jaune et allument l'autre bout.

« Vous pouvez penser dans quel état d'ignorance est resté le bas peuple. Succombant sous les soucis de l'existence quotidienne, les raïas (1) n'ont pas le temps de s'occuper de l'éducation de leurs enfants.

— Et le clergé? De quoi s'occupe-t-il?

— Le clergé boit, mange et dort; comment pourrait-il s'occuper de l'éducation des enfants? il ne sait pas lire lui-même. Les popes, choisis parmi la classe la plus infime des Grecs fanariotes, partagent leur temps entre les exercices extérieurs du culte et la garde des troupeaux. Il n'y a que les prêtres catho-

---

1) Ce nom, donné aux chrétiens des provinces slaves de la Turquie d'Europe, veut dire « troupeau ». Il est emprunté à la sourate 39 du Coran, verset 71, qui dit : « Au jugement dernier, les transgresseurs de la loi (les chrétiens) seront poussés par *troupeaux* vers la gehenne, etc. »

liques qui tiennent des écoles subventionnées par l'Autriche. — Quant aux musulmans, en dehors du Coran, ils estiment qu'il n'y a rien. L'enfant reçoit sa première éducation dans le harem, de femmes fanatiques et ignorantes ; puis on l'envoie à l'école élémentaire ou à l'école du Coran, où il n'apprend que fort peu de chose. Un Turc, élevé à Paris, a été pendant quelque temps à la tête de l'école de l'État de Séraïewo, mais ses projets de réforme faillirent susciter des troubles, il dut s'en aller. Les écoles musulmanes sont des écoles de haine contre les chrétiens, dont toutes les inventions, dans les branches de l'industrie et de l'art, sont représentées comme des maléfices du diable. Et cependant, notez bien ceci, — les musulmans bosniaques et herzégoviniens ne sont pas d'origine turque ; ce sont des aborigènes, d'anciens habitants du pays, — des Slaves, qui n'ont embrassé l'islamisme, lors de l'invasion de ces provinces par les Turcs, que pour conserver leurs privilèges et sauvegarder leurs biens. Vous ignorez peut-être que la Bosnie, comme l'Herzégovine, est peuplée d'une race homogène qui est la race slave.

« Les Bosniaques musulmans ont conservé intacte jusqu'à nos jours leur originalité ethnographique. Ils ne se sont point assimilés par le sang aux conquérants et aux vainqueurs. C'est un des traits caractéristiques des Slaves de savoir conserver leur individualité nationale au milieu des autres peuples, tandis que les Allemands, placés dans les mêmes conditions, perdent au contraire très vite leurs mœurs et leurs coutumes et oublient jusqu'à leur langue. Les Bosniaques mahométans n'appellent pas le sultan « padishah », mais « grand czar de Constantinople », et ils sont restés fidèles à presque toutes leurs anciennes habitudes chrétiennes. Ils portent encore avec orgueil leur nom de famille slave et ne parlent pas le turc; ils ont conservé pour patron le saint choisi par leurs ancêtres, de sorte qu'on chôme encore en Bosnie la Saint-Pierre, la Saint-Élie, la Saint-Georges. Un enfant tombe-t-il malade dans une famille mahométane, le père court au monastère voisin commander des messes. Si lui-même est atteint de la fièvre, il ira chez les moines grecs se faire lire l'Évangile sur la tête. A la tombée de la nuit, on voit souvent un jeune beg mener en secret un popé prier sur la tombe de son père.

— Les Bosniaques musulmans ont-ils adopté la polygamie?

— Non. Dans certains villages, ils laissent même leur femme sortir sans voile, comme les chrétiennes. Pour le Turc, la femme est, vous le savez, un objet de luxe. Il l'achète. Avant le mariage, s'il s'en est tenu aux prescriptions du Coran, il n'a pas vu la figure de celle qu'il épouse. En Bosnie, il existe une ancienne coutume, l'*aschyklyk*, ou service des dames, qui est certainement d'origine chrétienne et n'assimile point la femme à une marchandise. Quand les jeunes filles sont revenues de leur grande promenade, le vendredi (c'est le dimanche des musulmans), il est permis à ceux qui cherchent femme de courtiser celle qui leur plaît, en se tenant dans la rue, devant la fine broderie de bois qui orne les fenêtres des maisons turques, comme la grille d'un parloir. Les demandes en mariage se font comme en Turquie, par l'intermédiaire de deux amis ou de deux parents. La jeune fille, qui se tient derrière la porte close, ouvre quand elle a répondu affirmativement à la question : si elle veut suivre comme femme l'homme qu'on lui propose.

« Chose curieuse, c'est parmi les Slaves chrétiens

de Bosnie que le mariage a conservé un caractère sauvage et à demi barbare. La coutume d'enlever les filles est presque générale chez eux. Ces rapts s'opèrent à main armée et entraînent souvent l'effusion du sang. Si la jeune fille résiste, on la frappe à coups de bâton et on la tire par les cheveux. On l'entraîne au milieu des bois, et on la marie dans quelque hutte de charbonnier. Le pope, sous peine d'être battu, est contraint de célébrer ce mariage au gourdin.

« Chez aucun peuple, le divorce n'est aussi facile que chez les mahométans. Quand sa femme ne lui plaît pas, le musulman peut la renvoyer avec la moitié de son douaire. En Perse, on fait même des mariages pour un temps déterminé, — pour un jour — ou pour quelques heures seulement. En général, il suffit de prévenir d'avance l'épouse qu'elle va être répudiée. Les Bosniaques musulmans n'usent toutefois que rarement de ces privilèges que leur donne la religion. Il n'y a que la stérilité qu'ils considèrent comme une cause réelle de divorce, car dans ces rudes contrées, les mariages ne se font guère par passion, mais simplement pour avoir de nombreux descendants entre familles amies. Chez les musulmans comme chez les Serbes restés chrétiens, l'amour des enfants est si développé que les femmes qui n'en ont pas sont accusées par l'opinion publique d'être possédées du diable.

« Le Bosniaque mahométan exige de sa femme un grand respect du lien conjugal; si elle est surprise en adultère, elle périt dans d'affreux tourments, et son complice — si c'est un raïa — est lapidé.

« Remarquez que, jusqu'en 1852, le système féodal a été maintenu en Bosnie et en Herzégovine, dans toute sa rigueur. Ces deux provinces étaient sous l'autorité directe d'une noblesse militaire retranchée dans ses châteaux-forts et formée de tous les begs et capitaines, descendants des anciens magnats slaves qui occupaient le pays lors de sa conquête par les Turcs. Il y avait bien un vizir ou un pacha qui résidait à Travenick; mais il ne se mêlait pas des affaires intérieures. Son autorité était si faible du reste, qu'il ne pouvait même pas empêcher les petites guerres que les begs et les capitaines se faisaient entre eux, par manière de passe-temps.

« Les Slaves restés fidèles à la religion chrétienne, sont devenus les tributaires, les serfs, — les *raïas* — de cette chevalerie composée de renégats plus fanatiques que les vieux Turcs eux-mêmes. Les malheureux raïas — car toutes les réformes de la Porte sont restées lettre morte dans ces provinces reculées et toujours en insurrection — ne peuvent, encore aujourd'hui, ni se vêtir de riches habits ni posséder de belles demeures; il leur est défendu de porter les longues moustaches, ornement dont le Serbe est si fier. Ils sont tenus de cacher leurs armes en signe de respect pour leurs maîtres, et, quand un musulman passe, la loi les oblige à descendre de cheval pour lui céder le pas.

— N'est-ce pas à genoux que le raïa se présente devant les employés de l'État?

— J'en ai vu rester dans cette posture pendant toute la durée de l'audience.

« Les begs et les pachas ont le droit de se faire héberger chez le raïa, de prendre sa couche quand l'hôtesse est de leur goût, et ses chevaux, quand les leurs sont fatigués. Si un raïa répond, on le roue de coups. S'il s'oublie jusqu'à frapper, on le condamne à mort, tout musulman étant sacré, de par le Coran. C'est en plein XIXe siècle une condition pire que celle du juif au moyen âge.

« L'un de ces pachas turcs de Bosnie était surtout

redouté dans les villages chrétiens. On l'avait surnommé le taureau (*bik*). Quand il venait dans un village, on devait lui présenter trois des plus belles filles, qui étaient obligées de l'accompagner en chantant. Puis, par son ordre, tout le monde était forcé de danser, et le soir venu, le pacha partageait sa couche avec les trois belles filles.

« J'étais arrivé un jour chez un paysan des bords de l'Una. Assis sur un tronc d'arbre, devant sa cabane, il regardait d'un air sombre un petit enfant auquel sa mère apprenait à marcher. Je lui demandai la cause de sa tristesse.

« — Tu vois cet enfant, me dit-il.

« — Oui.

« — Eh bien ! c'est moi qui le nourris, et qui l'élève, et cependant il n'est pas à moi, c'est le fils d'un Turc.

« — D'un Turc ?

« — Oui, de Muktar-Pacha qui a été tué, gloire à Dieu ! Un soir, comme il passait par ici, il vit ma femme qui lui parut jeune et jolie. Il descendit de cheval, lui ordonna de le suivre dans la cabane, et passa la nuit avec elle. Moi, je m'enfuis dans la forêt pour ne pas les tuer tous les deux. Je ne revins que plusieurs mois après ; ma femme était grosse ; elle accoucha de ce Turc !

« La femme s'était approchée pendant que son mari parlait; tout à coup elle se détourna en sanglotant et se sauva dans la cabane.

« Pour le raïa, aucune sécurité de biens ni de personne. Il est à la discrétion de la bonne volonté de son maître, comme l'esclave noir des plantations. Bien plus, depuis les prétendues réformes de 1852, il est pressuré maintenant de trois côtés à la fois : par son seigneur, par la Porte et par les popes. Au premier, la dîme ; à la seconde, l'impôt ; aux troisièmes les taxes.

« L'impôt, comme le Protée de la Fable, sait prendre mille figures et mille formes pour dévorer le pauvre raïa qui a d'abord à payer l'*hazac*, l'impôt d'exemption du service militaire que doit tout individu non musulman ; puis le *vergui*, l'impôt sur les immeubles, frappant d'une taxe égale et la somptueuse demeure d'un riche beg et la misérable chaumière d'un raïa ; puis le décime, prélevé sur toutes les céréales dont l'estimation doit se faire sur pied (1) ; puis l'*herbatico*, qui est un droit de pâturage sur les montagnes ; puis le *porez*, impôt sur le gros bétail, en vigueur dans les régions où n'a pas encore été introduit l'impôt sur le revenu du travail ; enfin le *donuzia*, qui s'applique spécialement aux porcs, dont l'élevage est une des principales sources de commerce en Bosnie. L'impôt sur les légumes, les fruits des arbres, les olives, le sumac, s'acquitte en espèces, tandis que l'impôt sur le blé et le raisin se perçoit en nature, ce qui n'empêche pas le fisc de frapper d'une nouvelle taxe en argent le vin et le résidu qui produira l'eau-de-vie. Il en est de même pour le tabac, imposé d'abord comme plante, comme produit de la terre, puis imposé ensuite comme produit industriel.

« Les employés du fisc, que les habitants sont tenus de loger chez eux, à leurs frais, viennent trois ou quatre fois par an compter les feuilles de chaque plante

---

(1) En 1867, à l'occasion du voyage du sultan en Europe, on a encore augmenté cet impôt déjà si onéreux, car le gouvernement mettant aux enchères le droit de le percevoir, l'adjudicataire emploie tous les moyens possibles pour lui faire rendre de gros bénéfices. Il trompe le raïa en lui donnant des certificats en langue turque, et il trouve ainsi presque toujours le moyen de lui faire payer deux fois l'impôt.

pour vérifier si leur nombre correspond bien au chiffre inscrit sur les registres de l'impôt. Quand le fermier de la dîme fait attendre sa visite, les récoltes sont souvent compromises ou perdues. Aussi l'agriculture est-elle tombée à un niveau pitoyable. Vous savez, du reste, que la propriété héréditaire, libre, inaliénable, n'existe pas dans les provinces turques. C'est le cadi qui décide de tous les droits de ce genre.

— On m'a raconté que les chrétiens sont encore astreints à des journées de corvée pour l'État.

— Ce sont eux qui entretiennent les routes. Au temps de la moisson, on les oblige souvent à s'éloigner dix ou quinze jours de leur village, laissant derrière eux leurs femmes et leurs enfants sans ressources. — Le raïa possède-t-il un cheval, un chariot, l'État a le droit de réquisitionner l'homme, la bête et le véhicule au moindre mouvement de troupes. Après l'exploitation organisée par le fisc, l'exploitation à laquelle se livre le clergé semble douce. Les popes pratiquent la simonie avec un zèle que rien n'égale. Ils font payer l'entrée des églises comme l'entrée d'un théâtre ; ils taxent la confession et la communion ; à la mort du père de famille, le plus beau bœuf de l'étable revient de droit au pope ; à la mort de la mère, le pope se contente de la plus belle vache. Beaucoup d'enfants meurent sans baptême parce que les parents n'ont pu payer la taxe. — Les sièges épiscopaux sont accordés, de Constantinople, au plus offrant. Afin de conserver son poste, l'évêque doit, chaque année, envoyer de riches présents aux dignitaires turcs qu'il a corrompus et qui l'ont fait nommer. — Le métropolitain de Seraïewo soutire, tous les ans, à ses fidèles plus de 250,000 francs, dont la moitié, au moins, s'en va à Constantinople.

« Les popes payent une redevance à leur évêque, et

les autorités turques ont ordre de prêter main-forte au clergé quand il a affaire à des paysans récalcitrants. Des villages entiers sont ainsi pillés, sous prétexte de taxes religieuses, mais souvent on se trompe, et c'est alors des villages chrétiens qu'on dévalise.

« Je ne vous parlerai pas des tribunaux. Le témoignage des raïas n'est pas admis devant le cadi, qui juge d'après le Coran. Le proverbe serbe dit : « Pour le chrétien, pas de justice ! » Et le proverbe ne ment pas.

« Les exactions, les sévices, les injustices que les musulmans font subir aux chrétiens dans ces contrées où, comme l'a dit le comte Andrassy dans son mémorandum, l'antagonisme qui existe entre la croix et le croissant prend des formes si acerbes, ont provoqué une longue suite de révoltes. Les chrétiens se sont soulevés cinq ou six fois : en 1839, en 1856, en 1858, en 1862, en 1876, et aujourd'hui encore le pays est dans l'anarchie la plus complète.

« Deux cent mille raïas ont franchi la Save, depuis la dernière insurrection, afin de se soustraire à la vengeance et aux cruautés des musulmans. Vous en trouverez dans tous les villages de la Croatie et même en Hongrie, attendant de pouvoir rentrer chez eux sous la protection des baïonnettes autrichiennes. Autrefois ils se seraient faits heiduques, c'est-à-dire brigands. Les Turcs les empalaient. Mais ils allaient au supplice en chantant, afin de montrer qu'ils n'avaient pas peur et que, pour eux, la mort était préférable à la vie. On leur offrait leur grâce, s'ils voulaient se faire mahométans. Les heiduques riaient au nez de leurs bourreaux. Ces actes d'héroïsme sont célébrés en vers splendides, dans les chants populaires. Voulez-vous que je vous en cite quelques-uns ?

— Je vous en prie.

— Un jour, l'aga Bekir captura un célèbre heiduque, Radoïtza. Enfermé dans une prison avec ses vingt compagnons, celui-ci leur dit : « Demain, à l'aube, appelez l'aga, faites-lui croire que je suis mort; et peut-être il m'enterrera. »

« Emportez-le, dit le lendemain matin l'aga, et enterrez-le ! »

« Mais sa femme lui dit :

« Radoïtza n'est point mort, crois-moi, il feint de l'être pour s'enfuir. Allumez du feu sur sa poitrine pour voir s'il bougera. »

« On alluma du feu sur sa poitrine. Radoïtza ne fit aucun mouvement.

« La femme de l'aga reprit :

« Radé n'est pas mort; prenez un serpent, et mettez-le dans son sein. »

« On prit un serpent chauffé au soleil, et on le mit sur le sein de Radoïtza; mais il avait un cœur héroïque, il ne bougea ni n'eut peur.

« La femme de l'aga dit encore :

« Radé n'est pas mort, prenez vingt clous et les lui enfoncez sous les ongles. Peut-être il remuera, le brigand ! »

« On lui enfonça les vingt clous. Radoïtza ne bougea pas, ni ne poussa un soupir.

« Pour la quatrième fois, la femme de l'aga dit :

« Radé n'est point mort; que les filles forment un *kolo*, et qu'on place en tête la belle Haïkouna; peut-être lui sourira-t-il. »

« Les filles se rassemblèrent en ronde; la belle Haïkouna conduisit le kolo autour de Radé, et en dansant, elle sautait par-dessus lui.

« Haïkouna était la plus belle et la plus grande de toutes; c'était sa beauté qui animait la danse; le collier de son cou résonnait comme une douce musique, et on entendait le frémissement de ses pantalons de soie.

« En l'apercevant, le petit Radé la regarda de l'œil droit, et du gauche il sourit; ce que voyant, la jeune fille détache son mouchoir et le lui jette sur le visage, en disant à son père :

« Mon pauvre père, ne souille point ton âme d'un péché; le prisonnier est bien mort, qu'on l'enterre! »

« Mais la femme de l'aga s'écria :

« N'enterrez pas le brigand; mais jetez-le dans la mer, afin que les poissons le mangent. »

« On lança le heiduque dans la mer, mais c'était un habile nageur, il se sauva; et il revint délivrer ses frères prisonniers, puis il enleva la belle Haïkouna dont il fit sa femme, en l'appelant Angélia. »

— Ces *piesma* qui chantent les aventures et les hauts faits des heiduques, dis-je à mon interlocuteur, sont de ravissants petits poëmes, comparables aux romanceros du *Cid*.

— Souvent, reprit l'officier, le heiduque raconte comment il en est arrivé à se faire brigand :

« Père, dit-il, c'est une dure nécessité qui m'a poussé. Peut-être le sais-tu; quand Irène bâtit Smederevo, je fus appelé en corvée. Trois ans je travaillai, traînant le bois et les pierres avec mon chariot et mes bœufs, et pour ces trois années pleines, je ne reçus ni un denier, ni un para; je ne gagnai pas seulement des *opanké* pour mes pieds. Et cela, père, je l'eusse encore pardonné; mais, quand elle eut bâti la forteresse de Smederevo, elle recommença à construire des maisons, à en dorer les portes et les fenêtres, et elle établit sur le pays un impôt, par chaque maison, de trois litras d'or. Cela, père, fait trois cents ducats. Qui avait du bien payait, et qui payait restait. Pour moi, j'étais un pauvre homme ; je pris la pioche avec laquelle j'avais fait la corvée, et je partis pour me faire heiduque ; mais, ne pouvant me tenir dans le bas pays, je m'enfuis de l'autre côté de la Drina et m'enfonçai dans la rocheuse Bosnie.

« Comme j'arrivais près de Romania, j'aperçus le cortège d'une noce turque. Tous les invités passèrent tranquillement ; seul, le marié s'arrêta au milieu du chemin, et, attendant que je fusse à sa portée, il me frappa les épaules avec son fouet à trois lanières garnies de boules de cuivre. Trois fois, je lui donnai le nom de « frère en Dieu » ; trois fois je lui dis : « Au nom de ton bonheur, de la joie que je te souhaite, laisse-moi tranquillement passer mon chemin ; ne vois-tu pas que je ne suis qu'un pauvre homme ? » — Mais le Turc continua à me battre. Alors le sang me monta aux joues, une violente colère secoua mon âme, et levant ma pioche, j'en frappai le fiancé sur son cheval. Il tomba, et moi, sautant sur lui, je le frappai encore, jusqu'à ce que je l'eusse séparé de son âme. Je fouillai ses poches et j'en retirai trois bourses d'or que je cachai dans ma poitrine. Je détachai son sabre et je le mis à ma ceinture ; je laissai ma pioche auprès de son cadavre afin que les Turcs pussent l'enterrer ; je sautai sur son cheval, et je m'en fus tout droit vers Romania. — Les conviés turcs furent témoins de cette scène, mais pas un d'entre eux n'osa me poursuivre ; et voilà quarante ans que je règne en maître sur le mont Romania ; ma liberté vaut mieux que ma maison, père, car je garde le passage de la montagne ; caché derrière les rochers, j'épie les gens de Séraïevo, je leur enlève leur or et leur argent, et de leur drap et de leur velours, j'habille toute ma bande. — Je sais fuir, mais je sais aussi poursuivre ; et après Dieu, je ne crains personne ! »

Se faire heiduque, c'était s'acquérir un titre de gloire. Le véritable heiduque était probe autant que brave. Il accourait comme un vengeur, partout où l'appelait la voix du chrétien opprimé. Chaque bande avait sa forêt, sa retraite ordinaire ; la neige venue, elle se cachait dans les villages.

« Ecoutez-moi, mes amis, dit une chanson d'heiduques : l'été se passe, et le triste hiver arrive, les feuilles sont tombées, et il ne reste que des arbres nus. Où chacun de nous passera-t-il l'hiver ? Chez quel ami dévoué ?

« Ami Radé de Sokol, répond Paul de Sirmie, je passerai l'hiver à Ioug, la blanche cité, chez mon ami Drachko, le capitaine. Chez lui déjà, j'ai séjourné sept hivers, et j'y passerai encore celui-ci, avec mes soixante compagnons. »

« Sava, des bords de la Save, dit ensuite :
« Pour moi, j'hivernerai chez mon père, dans sa cave profonde, aux bords de la Save, et avec moi mes trente compagnons. Quand le triste hiver sera passé et le jour de la Saint-Georges venu, que la forêt sera revêtue de feuilles et la terre d'herbes et de fleurs, que l'alouette chantera parmi les buissons sur les bords de la Save, et qu'on entendra les loups dans la montagne, alors, frère, il sera temps de nous réunir au lieu où nous nous séparons aujourd'hui. »

« Ces chants populaires sur les heiduques sont tous marqués de la même originalité, empreints de la même saveur du terroir.

— Le rôle que nous assigne le Congrès de Berlin, reprit l'officier, après une pause, d'aller rétablir l'ordre et porter la civilisation chrétienne dans ce pays, est certainement grand et beau, mais ce n'est pas sans quelque appréhension que ceux qui connaissent ces contrées sauvages et l'esprit fanatique et belliqueux des Bosniaques musulmans voient l'Autriche s'engager dans une voie dont l'issue est encore le secret de l'avenir. Aussi jamais expédition n'a-t-elle été moins populaire que celle à laquelle vous assistez. La Hongrie est exaspérée. L'aventure dans laquelle nous lance le comte Andrassy, fidèle et dévoué serviteur de M. de Bismarck, et mandataire aveugle du Congrès de Berlin, ne trouve d'approbateurs que parmi les populations slaves de la monarchie, qui réclament l'émancipation de leurs frères bosniaques et herzégoviniens.

« Vous verrez que cette campagne sera longue et difficile. Elle coûtera à l'Autriche d'immenses sacrifices d'hommes et d'argent. La Bosnie est le véritable foyer du fanatisme musulman. Comment ces 400,000 descendants des janissaires bosniaques consentiraient-ils à se soumettre aux lois d'un État chrétien, eux qui, au commencement du siècle, se mirent en guerre contre le sultan Mahmoud parce qu'il voulait introduire quelques réformes chez eux! Ils l'appelaient avec mépris le « sultan giaour ». — Dans ces montagnes reculées, à l'abri de toute influence civilisatrice, l'Islam a conservé des racines vivaces et profondes et son caractère défiant et farouche.

« Nous n'irons pas cette année plus loin que Seraïewo. Le printemps prochain, nous nous mettrons en marche pour Novibazar, mais nous trouverons peut-être de nouveau à qui parler. La résistance des Albanais, des Myrdites et des Arnautes pourrait devenir le signal de soulèvements dans le pays conquis. Ces trois peuplades passent pour les derniers survivants des anciens Illyriens qui, au septième siècle, refoulés au Sud par les Slaves descendant du Nord, se sont fixés sur les hauts plateaux de la mer Adriatique et de la mer Ionique.

« La région alpestre qu'occupent les Arnautes — ils sont une centaine de mille — est restée fermée et mystérieuse. L'étranger ne pénètre dans ces contrées sauvages et inhospitalières que par hasard et au péril de sa vie. Vous savez que les Arnautes se divisent en Albanais Mulisors, c'est-à-dire habitants des montagnes, et en Myrdites, ou habitants de la Myrdita. Ce peuple a conservé intactes ses mœurs primitives. Il ne connaît pas d'autres lois que les lois héréditaires de ses clans.

« Indomptable, retranché dans ses montagnes comme dans des forteresses, c'est à coups de fusil qu'il reçoit les percepteurs turcs. L'Arnaute et l'Albanais, toujours armés jusqu'aux dents, sont physiquement taillés pour la lutte. A les voir, on dirait des athlètes ou des chefs de brigands. La phalange d'Alexandre était formée d'Arnautes. Ce sont eux qui ont conquis l'Égypte. Ils ressemblent à ce peuple de Scythes que Justin a poétisé et dont Hérodote nous a fait connaître la virile pauvreté. Dans leurs montagnes abruptes, la civilisation n'a pas encore amolli les âmes et éteint la flamme sublime des haines nationales que nous appelons dans notre beau langage le patriotisme. Parmi eux, pas de rhéteurs, ni d'avocats, ni de journalistes, ni de manieurs d'argent, ni de trafiquants d'aucune sorte, mais des citoyens, des hommes, des soldats ! Comment admettre que des populations aussi aguerries et indépendantes se soumettent docilement à l'Autriche ? Les vieillards comme les enfants de douze ans demandent à marcher les premiers au combat. Les estropiés même se font transporter derrière un rocher, derrière une pierre, où ils s'embusquent pour tirer sur l'ennemi, et ils estiment qu'il n'y a pas de plus grand honneur que de rester sur le champ de bataille.

« L'apaisement de ces provinces, qui ne comprennent rien à nos idées ni à nos mœurs, ne s'obtiendra que par le maintien d'une armée permanente, et encore n'y a-t-il rien à espérer de la génération actuelle. Aussi la question d'Orient n'est-elle pas résolue : elle n'est qu'entamée. L'Autriche, prise au collet par la main de fer de M. de Bismarck, sera obligée de marcher de l'avant. Elle ne peut plus désormais se dégager de la politique d'annexions orientales qu'inaugure pour elle la campagne de Bosnie. Après Novibazar, ce sera l'Albanie, et vous verrez l'Autriche s'étendre enfin jusqu'à Salonique, après s'être emparée aussi de la Thessalie. Le chemin de fer qui relie Salonique à Agram et à Vienne sera terminé en peu d'années; je n'ai pas besoin d'insister sur son importance stratégique. En refoulant l'Autriche du côté de la mer Ionienne, non seulement M. de Bismarck déplace le centre de gravité de la monarchie austro-hongroise, mais il désintéresse absolument cet État des choses allemandes, et il en fait une sentinelle avancée, qui aura pour mission d'empêcher de nouvelles conquêtes des Russes dans la Turquie d'Europe, et de monter la garde au profit de l'Allemagne. Une alliance qui sera un marché de dupes, car, dans la pensée du grand-chancelier, croyez-le bien, cette alliance que l'avenir rend inévitable, sera moins dirigée contre l'Orient que contre l'Occident. »

V

Départ de soldats croates. — Les Slaves du Sud et l'occupation de la Bosnie. — Les Yougo-Slaves. — Leurs aspirations nationales. — Villages croates. — Arrivée à Agram. — Première impression. — La ville haute. — L'Université. — La Diète. — La Croatie et la Hongrie. — Jellachich. — Ses débuts militaires dans les Confins. — Son rôle pendant la Révolution de 1848. — Lutte des Croates contre les Hongrois. — Le siège de Vienne. — Retraite de Jellachich. — Promenade aux environs d'Agram.

La causerie que j'avais entamée avec mon voisin ne m'avait pas empêché, durant le trajet, de saisir la physionomie du pays et d'assister en observateur curieux aux scènes douloureuses qui se renouvelaient à chaque gare.

Un ordre du ministère de la guerre venait d'appeler les hommes de la landwehr sous les drapeaux, et toutes les fois que le train s'arrêtait devant un village, c'étaient des adieux déchirants, un grand concert de lamentations et de pleurs parmi les femmes qui se séparaient de leur mari, les enfants de leur père, les sœurs de leurs frères, les vieillards de leurs petits-fils. Pauvres gens! On leur enlevait à la plupart leur seul appui et leur unique soutien! Les femmes slaves ont une manière démonstrative de témoigner leur douleur, qui leur est tout à fait particulière. Il me semble les voir encore se livrant à des gestes désespérés, tordant leurs bras, dénouant leurs cheveux, puis, au moment où le train s'ébranlait, se jetant comme affolées dans les bras les unes des autres en poussant un cri suprême, — un cri perçant de victime égorgée. Les soldats, entassés à la porte des voitures à bestiaux, restaient impassibles. Et cependant cette campagne de Bosnie, les Slaves du Sud l'appelaient de tous leurs vœux, eux qui, depuis trois ans, soutenaient l'insurrection bosniaque de leurs encouragements et de leurs deniers.

A la gare de Steinbruck, le grand évêque patriote Strossmayer avait rencontré quelques jours auparavant des conscrits croates qui partaient pour la frontière; il les bénit en leur disant : « Vous allez délivrer nos frères bosniaques, montrez-vous à la hauteur de votre tâche. » Puis, leur ayant distribué tout l'argent qu'il avait sur lui — il se rendait à l'Exposition de Paris, — il rebroussa chemin, renonçant à son voyage, faute de fonds pour le continuer.

On sait que les Yougo-Slaves (1) ou Slaves du sud de l'Autriche, ne cessent de s'agiter dans le but patriotique d'arriver à la réalisation de leurs rêves d'unité et d'ambition nationales.

« Les peuples romans et germaniques, a dit Kollar, le poëte du panslavisme, marchent dans une large voie toute frayée; nous, nous ne les suivons que d'un pas lent, sur un sol hérissé de difficultés. Mais nous sommes un peuple jeune, nous savons et nous voyons ce

---

(1) Les Serbes, les Croates et les Bulgares sont désignés sous le nom général géographique de Yougo-Slaves, mot formé de *Jugue*, seul, et de *Slave*, parce que ceux-ci sont séparés des Slaves du Nord par les Magyars et les Valaques.

que les autres ont fait ; les autres ignorent ce que nous devons être dans les annales de l'humanité... »

Les Slaves du Sud travaillent à faire de leur pays un royaume à moitié indépendant de l'Autriche, comme la Hongrie, et à former un État composé de la Slavonie, de la Croatie, de la Bosnie, de l'Herzégovine et même de la Bulgarie. Dans cette combinaison, basée sur une trilogie : les Allemands, les Hongrois, les Slaves (1), le dualisme austro-hongrois serait remplacé par le trialisme, si l'on peut employer ce mot nouveau pour exprimer une chose nouvelle. La ville d'Agram est la capitale idéale de cette unité fédérative, qui n'est pas une poétique utopie et qui se réalisera peut-être à l'heure lointaine encore, espérons-le pour la France, où la question d'Orient sera définitivement tranchée. Le mouvement a commencé par être purement littéraire.

(1) Rappelons au lecteur qu'il y a dans l'empire austro-hongrois dix millions d'Allemands, environ six millions de Hongrois, et *dix-sept millions* à peu près de Tchèques, de Ruthènes, de Croates, de Serbes, de Polonais, de Slovènes, appartenant tous à la race slave. Les Italiens sont au nombre de 620,000 et les Roumains de trois millions. Ces chiffres montrent combien M. Reclus a raison, dans sa *Géographie universelle*, de dire que « l'Autriche considérée comme État allemand est une mystification. » — Si un jour les Slaves du Sud parviennent à fonder isolément leur unité, l'Autriche et la Hongrie se trouveront séparées de la mer, et la route de l'Orient leur sera fermée. Le gouvernement de Vienne aurait peut-être pu, en groupant ces peuples en fédération, éviter la création de cet « Empire de l'Est » qui sortira vraisemblablement de la solution définitive de la question d'Orient, et qui engloutira l'Autriche. « La race magyare, s'écriait déjà, il y a trente ans, le grand patriote hongrois Eötvös, est comme un îlot perdu au milieu de l'Océan slave. » Les Allemands-Autrichiens subiront alors peut-être le même sort que les Slaves qui occupaient autrefois les provinces comprises entre l'Elbe et la Baltique, — « sur cette vaste terre, comme a dit le poëte Kollar, jadis berceau et maintenant cercueil d'une grande nation. »

On a d'abord unifié la langue. Une société s'est fondée, l'*Omladina* (la Jeunesse), pour faire une active propagande de livres et de journaux dans tous les pays slaves, elle a établi des cercles de lecture dans chaque ville, dans chaque village, afin que le goût et les idées de la littérature yougo-slave pénétrât partout, chez le bourgeois comme chez le paysan et l'ouvrier.

Les villages croates que longe la voie ferrée se composent de petites huttes qui ressemblent à distance, avec leur toit pointu, à des wigwams indiens. Le costume primitif des naturels est bien fait du reste pour vous rappeler les contrées les plus décolletées du globe : les femmes, je l'ai déjà dit, sont en chemise ; quant aux hommes, ils laissent la leur flotter sur leur pantalon de toile, mais comme chez la plupart elle est aussi courte qu'un gilet, il arrive que le ventre reste librement exposé à l'air. Dans les chants des rapsodes slaves, il est souvent question de guerriers « au ventre nu ». Au Monténégro, c'est un usage presque général de se découvrir le haut du ventre pour l'endurcir, et se rendre plus apte aux fatigues de la guerre. — Chaque pays a ses mœurs ; et ce qui est une chose toute naturelle ici, passe pour inconvenante un peu plus loin.

Nous traversâmes la Save, et Agram nous apparut au milieu de la plaine, découpant dans la limpidité tranquille du ciel les clochers et les tours de sa cathédrale entourée de murailles crénelées, comme une forteresse sainte, et couronnant la colline sur les flancs de laquelle s'étage pittoresquement la ville. Cette église semble avoir conservé l'aspect batailleur de ces évêques d'Agram qui quittaient souvent l'autel au milieu du service divin pour prendre le casque et la cuirasse, et monter, à la tête des fidèles, sur les remparts menacés par les hordes turques.

L'expédition de Bosnie prêtait aussi aux abords de la gare un aspect belliqueux. En gagnant la ville, nous vîmes des tentes, des baraquements, des cantines, des fourgons et des canons. Des sentinelles allaient et venaient, des estafettes partaient au milieu d'un tourbillon de poussière, des hommes, appelés la veille, arrivaient en colonne, conduits par un sergent; ils étaient nu-pieds, nu-tête, vêtus seulement d'une méchante chemise en lambeaux et d'un pantalon de toile rapiécé. C'était de leur part un calcul bien entendu que ce pauvre accoutrement dont un fripier n'aurait pas voulu : dès leur arrivée au camp, on les alignait devant des monceaux de chaussures, de pantalons, d'uniformes et de chemises neuves, qu'ils choisissaient selon leur taille. Le spectacle de ces paysans se transformant ainsi en soldats en plein champ, s'habillant de pied en cap comme s'ils sortaient d'un bain, amusait beaucoup les badauds, qui riaient en se communiquant leurs remarques.

Il était quatre heures lorsque nous entrâmes à Agram. Le premier aspect de cette ville est horriblement froid. Le masque de pierre des maisons semble impénétrable, et si quelques portes sont entre-bâillées, on dirait que c'est d'ennui. Les rues, presque sans animation, offrent un mélange peu intéressant de constructions modernes très prétentieuses et d'anciennes habitations, si petites, qu'on pourrait, semble-t-il, les emballer dans une caisse. Représentez-vous des façades de trois ou quatre mètres de haut sur autant de large, avec une porte et deux fenêtres. Mais heureusement, dans toute ville, il y a autre chose pour l'observateur que des murs et des moellons. « Cherchez la femme, » dit un axiome de police. — Cherchez l'homme, dirai-je aux voyageurs. L'homme a beau se cacher, on finit toujours par le trouver, et quel sujet d'étude plus vaste et plus profond que celui de l'âme humaine !

Une ruelle sombre et irrégulière conduit à la ville haute, qui est la ville primitive, encore entourée d'une partie de ses remparts.

Après la conquête de la Bosnie, les Turcs se répandirent comme une tache d'huile dans le bassin de la Save et dans toute la Croatie. Des bandes de musulmans erraient sous les murs d'Agram, qu'ils menaçaient sans cesse. C'est alors que les Croates se rattachèrent par le lien d'une union personnelle à Ferdinand d'Autriche, roi de Hongrie, et que ce sage monarque établit la ligne militaire dont nous avons déjà parlé, sur les bords de la Save et de l'Una, afin de mettre le pays à l'abri des incursions des Turcs. — Le palais du ban, le palais de la Diète, le palais archiépiscopal, la cathédrale, l'église Saint-Marc qui date du treizième siècle, l'Université, se trouvent dans cette partie ancienne de la ville.

L'Université d'Agram est célèbre dans l'histoire du slavisme. Elle a affranchi les Yougo-Slaves des universités allemandes. C'est à l'évêque Strossmayer, un des grands promoteurs de cette croisade intellectuelle, qu'on en doit la fondation. Ce riche et généreux prélat a également institué une société d'histoire et d'archéologie nationales qui distribue des subsides aux écrivains et aux artistes, et publie chaque année, à ses frais, comme la société *la Matrica*, des ouvrages en langue croate, opposant ainsi une barrière à l'invasion des livres allemands. — Agram a aussi une Académie des sciences et des belles-lettres qui s'occupe de la rédaction d'un grand dictionnaire croate. Enfin la capitale de la Yougo-Slavie possède une Académie de musique où se forment des chanteurs nationaux qui, chaque hiver, jouent des opéras originaux ou traduits en langue slave.

Cet idiome, qui n'a pas de voyelles aiguës, se prête admirablement au chant et à la musique. Entendre parler croate, c'est presque entendre chanter. Aussi le peuple a-t-il un goût inné pour la musique. A Agram, il y a trois ou quatre sociétés de chant, et dans les campagnes, nous verrons plus tard que les travaux se font en chantant. Dans les églises, pendant la messe ou les offices, tout le monde chante, mais en croate. C'est un privilège qui a été accordé par les papes aux habitants de ces frontières, en reconnaissance des luttes héroïques qu'ils ont soutenues contre les infidèles. Rien de plus beau, de plus solennel, de plus imposant et de plus touchant que ces mélopées lentes et graves, d'une pureté exquise, d'un vieux rhythme suave, rappelant l'époque de Louis XIII, et qui résonnent avec une majesté mélancolique sous les voûtes des sanctuaires, où les jeunes filles se tiennent agenouillées toutes ensemble, devant les autels ruisselants d'or, resplendissants d'un luxe oriental.

Le palais de la Diète, qui s'élève à côté de l'église Saint-Marc, est une grande maison badigeonnée de vert, ayant l'apparence peu élégante d'une caserne. La Diète croate, dont tout noble fait partie, rappelle les anciens États de Bourgogne et du Languedoc. Le droit d'y siéger s'acquiert avec la propriété de certaines terres. Je sais un Français qui possède aux environs d'Agram un domaine seigneurial auquel est attaché ce privilège; s'il renonçait à sa nationalité, il serait député à la Diète.

L'ouverture et la clôture de cette assemblée se font avec une pompe et un apparat qui rappellent le moyen âge. Le ban, qui préside la Diète, arrive dans une voiture dorée traînée par quatre chevaux caparaçonnés avec son cocher et ses domestiques en livrée bleue, coiffés de chapeaux à plumes, tout couverts de brandebourgs et tout étincelants de galons. Les magnats semblent eux-mêmes costumés pour une grande féerie militaire. L'attila chamarrée de brandebourgs dorés serre leur taille; sur leurs épaules, retenu par une chaîne d'or enrichie de pierres précieuses, flotte un manteau de velours garni de riches fourrures; le kalpak, avec la plume de faucon fixée au moyen d'une broche en brillants, les bottes ornées d'éperons d'or, le sabre recourbé en forme de cimeterre : trophée d'arme provenant de quelque champ de bataille, suspendu à une ceinture d'or incrustée de pierreries, complètent cet éblouissant habillement qui est le même que celui des magnats hongrois, qui l'ont emprunté aux Slaves, à leur arrivée dans le pays que ceux-ci tenaient avant eux.

La Croatie a profité, dans une certaine mesure, de l'accord survenu entre l'Autriche et la Hongrie en 1867. Tandis que les Roumains, les Serbes et les Slovaques attendent encore leur émancipation politique, les Croates jouissent d'une autonomie dont ils auraient mauvaise grâce de se plaindre. Les Hongrois, qui ont renoncé à les « magyariser », ne les entravent plus en aucune façon dans le développement de leur langue et de leur littérature nationales.

« Si nous étions sous la patte des Allemands, me disait un professeur de l'Université d'Agram, c'est alors que nous pourrions crier à l'oppression des nationalités ! »

Les Croates gèrent eux-mêmes, dans leur capitale, tout ce qui concerne l'instruction publique, la justice, les cultes et les finances locales. Ils n'ont de commun avec les Hongrois que les affaires commerciales et militaires, et tout ce qui a trait aux voies de communication. Le ban est investi des pouvoirs d'un chef d'Etat, responsable devant la Diète d'Agram. Quant aux députés que la Croatie envoie au parlement de Budapest, ils ont le droit d'y parler leur idiome. Le pacte de 1867 n'a maintenu entre les deux pays que le lien historique qui les unit depuis la fin du onzième siècle.

Il ne faut pas quitter la ville haute sans aller voir le Musée des antiquités et le Muséum d'histoire naturelle. La faune croate est une des plus riches que je connaisse. Combien j'ai regretté de n'avoir pas eu le temps d'aller chasser sur les bords de la Save l'ibis noir, l'échasse blanche, le cygne noir, la spatule blanche, la macreuse, la grèbe huppée, le pélican et l'aigrette blanche.

On trouve également en Slavonie l'ours et l'aigle impérial. Le jeune archiduc Rodolphe, qui est un chasseur passionné, est venu l'an dernier, en compagnie du professeur Brehm, avec lequel il prépare une Monographie des aigles, leur donner la chasse dans les Confins.

On sait que l'aigle impérial, plus faible que l'aigle fauve et moins agile que l'aigle doré, niche sur les arbres, dans le voisinage des lieux habités et souvent même sur le sol. Sur les bords de la Save, il se nourrit d'oiseaux aquatiques, qu'il prend en revenant sur eux sans relâche jusqu'à ce qu'ils n'aient plus la force de plonger. Il s'élance aussi sur le faucon auquel il arrache sa proie.

Dans la cité basse, groupée au pied des deux collines sur lesquelles s'élèvent, d'un côté, l'église Saint-Marc, avec son toit bariolé de tuiles de couleur, et de l'autre la cathédrale, enfermée dans son enceinte crénelée, flanquée de quatre grosses tours, tout indique une nouvelle ville en formation. Les boutiques prennent des airs de magasin, les rues sont bordées de trottoirs, les places sont transformées en jardins anglais ou ornées de quelque monument.

Au milieu de la place Jellachich, sur laquelle se tient le marché, s'élève la statue de bronze du fameux ban; il étend encore son épée d'un air de menace vers la Hongrie, comme s'il voulait montrer à ses compatriotes que là est l'ennemi.

Disons quelques mots de la fortune extraordinaire de cet homme, qui est resté la personnification vivante de l'idée nationale des Slaves du Sud.

Jellachich naquit en Bosnie, à Buzim, le 16 octobre 1801. Son grand-oncle, le baron Knesevich de Sainte-Hélène, le fit élever à l'école militaire du Thérésianum, à Vienne. A dix-sept ans, il entra avec le grade de lieutenant dans un régiment de uhlans, puis il alla passer quatre ans en Italie, et revint dans son pays prendre le rude service de la garde des Confins, où il se distingua surtout dans les fréquentes rencontres qu'eut son régiment avec les brigands bosniaques. Jellachich s'élançait le premier et ne revenait que le dernier. Au combat de Pesvid, il fit des prodiges, se défendant seul contre une douzaine de bandits.

Une autre fois, près de Bihac, la petite troupe qu'il commandait, attaquée à l'improviste des deux côtés, dans une étroite vallée, vit sa retraite coupée. Jellachich se mit alors à la tête de ses hommes, et, à coups de pistolet et de sabre, il réussit à leur frayer un passage et regagna la frontière sain et sauf, grâce à la vigueur de son poignet et à la vitesse de son cheval.

La bande avec laquelle il avait eu à faire passait pour une des plus aguerries et des plus redoutables de Bosnie; elle avait pour chef un ancien boucher musulman de Bihac, dont l'histoire est particulièrement empreinte de la marque sauvage des mœurs de ce pays.

Un jour d'été, un Turc était venu dans la boutique du boucher acheter de la viande ; mécontent du morceau que celui-ci lui donna, il le lui jeta à la face.

Furieux de cet affront, le boucher se précipita sur son coreligionnaire et lui coupa, au poignet, avec son couteau, la main qui l'avait offensé.

Plainte fut portée devant le cadi. Comme le boucher était riche et le fisc pauvre, on l'emprisonna, puis on lui confisqua son argent et sa maison.

Rendu enfin à la liberté, le boucher ruiné acheta un fusil et des munitions et s'en alla, dans la montagne, joindre les brigands. Il devint chef de bande, et ne tarda pas à étendre le cercle de ses vols, de ses pillages et de ses meurtres, jusque dans les Confins militaires. Son audace ne connaissait pas de bornes. Une nuit, pendant un violent orage, il conduisit sa bande à l'assaut d'un blockhaus aux portes même de Carlstadt. Une sentinelle donna heureusement l'éveil, sans quoi la petite garnison eût été tout entière égorgée. Les échelles par lesquelles montaient les assaillants furent renversées dans les fossés avec les hommes qu'elles portaient.

C'est à la suite de cette tentative hardie que Jellachich se mit à la poursuite de la redoutable bande, et que, tombant dans une embuscade, il dut, comme nous l'avons dit, se sauver précipitamment.

Cette vie militaire des Confins, entourée de périls, pleine d'imprévu, fertile en aventures et en mésaventures, plaisait à l'imagination ardente du jeune Jellachich, poète à ses heures. Pendant son stage dans l'armée des Frontières, il composa un recueil de vers qui circula d'abord à l'état de manuscrit parmi ses camarades et qui, plus tard, fut imprimé à Vienne. Le soldat y chantait l'arrivée du cavalier au village après les longues chevauchées dans la plaine brûlante, l'hôtesse rieuse qui accourt sur le seuil de l'auberge, avec le grand verre de vin couleur d'ambre ou couleur de rubis, les nuits passées sur la frontière, derrière un rocher ou dans un tronc d'arbre, à l'affût du brigand bosniaque ou du contrebandier turc, les joyeuses veillées d'hiver dans la salle commune, la danse du *kollo*, l'été, sur les gazons, à l'ombre des grands chênes, les aventures et les exploits des compagnons d'armes partis pour les guerres lointaines et revenus couverts de blessures ; le patriote y célébrait les beautés de son pays, la grandeur passée de sa patrie, et, les yeux tournés vers l'avenir, il saluait en paroles de feu la résurrection du peuple slave.

En 1842, Jellachich fut promu au grade de colonel. Le premier, il abolit dans les régiments qui étaient sous ses ordres les peines corporelles, le schlague infamante qu'on appliquait avec si peu de mesure dans toute l'armée autrichienne. Insinuant, sans rudesse dans les manières, il savait gagner le cœur de tous ceux qui l'approchaient et il avait sur ses soldats un prestige irrésistible. Courtisan habile, parlant cinq ou six langues, il possédait à la fois le secret de captiver les peuples et les rois.

Cette douceur apparente cachait une grande énergie. Alors qu'il n'était que capitaine, il s'était déjà distingué par un trait d'indépendance et de fermeté qui mérite d'être relaté :

Un feld-maréchal de la vieille école, venu pour inspecter un régiment, au lieu de commencer son inspection s'était attablé dans une auberge. On était en hiver, et les soldats se morfondaient à attendre dans la neige. Au bout d'une heure, Jellachich perd patience, licencie ses hommes et s'en va rédiger un rapport contre le feld-maréchal, son supérieur. Cet acte, d'une hardiesse inouïe sous un gouvernement autocratique, le rendit plus populaire dans l'armée que s'il eût gagné une bataille.

L'année 1848, si fertile en événements, arriva. La révolution éclata à Vienne comme une bombe. Grande fut l'émotion que causa cette nouvelle à Agram, et quand on vit les Hongrois profiter seuls des embarras de l'Autriche, — leur affranchissement devenir en quelque sorte la servitude des autres peuples, — l'agitation fut extrême. Aussi, lorsque la Diète révolutionnaire s'ouvrit à Pesth, aucun député croate n'y parut.

M. Gay, qui s'était mis à la tête du mouvement slave, tournait depuis longtemps ses regards vers ce jeune et brillant officier des Confins qui s'appelait Jellachich. L'occasion lui parut favorable, il le fit nommer par la Diète slavo-croate à la première dignité du pays, celle de ban (1).

Cette élection fut le signal de la rupture avec la Hongrie. « La Croatie, s'écria Kossuth, est en état de révolte ; le nouveau ban n'a pas encore comparu à Pesth, malgré l'ordre qui lui a été donné. »

Le ministère hongrois demanda à l'empereur la destitution de Jellachich. Le souverain, qui craignait une ligue générale des Slaves, défendit alors au ban de tenir la Diète qu'il avait convoquée à Agram.

Sur ces entrefaites, une nouvelle révolution éclata à Vienne. Pendant ce temps la capitale de la Croatie était

---

(1) Le mot de *ban* veut dire lieutenant royal ou gouverneur général.

en fête. L'installation de Jellachich, qui était le vrai représentant des sentiments du pays vis-à-vis du gouvernement hongrois, se faisait avec une pompe inusitée, au milieu d'une foule enthousiaste, des députés de la Croatie, de la Serbie et des délégués de tous les comitats slaves du Sud. Jellachich fut consacré par l'évêque de Carlovitz. — Après avoir solennellement ouvert la Diète, il se rendit, pour se justifier, à Inspruck, où l'empereur s'était réfugié et l'attendait.

Il fut introduit auprès de Sa Majesté, entourée des princes de la famille impériale et des hauts fonctionnaires de la couronne.

C'était devant un tribunal que le nouveau ban comparaissait.

L'empereur lui reprocha d'avoir désobéi, il blâma ses projets. Mais Jellachich, d'une voix ferme et tranquille, comme un homme qui se sent appelé à remplir une mission sainte, ne cessait de lui répéter :

— Je demande pardon à Votre Majesté, mais je veux sauver l'empire. Les autres vivront s'ils veulent quand il sera tombé, mais moi, je ne vivrai certainement pas.

Il parla pendant trois quarts d'heure, renouvelant sans cesse, en son nom et au nom de ses compatriotes, la promesse et le vœu de mourir pour l'Autriche.

Il croyait avoir triomphé de la résistance impériale, il repartit plein d'espoir. Mais, arrivé à Linz, étant entré dans une auberge, il lut dans un journal qui lui tomba par hasard sous la main, le décret qui le déclarait traître à la patrie et le privait de ses honneurs et dignités.

Le coup était rude.

A son retour à Agram, Jellachich n'en fut pas moins reçu comme un triomphateur.

Le soin d'aplanir les difficultés entre la Hongrie et

la Croatie fût alors confié à l'archiduc Jean, et Jellachich se rendit à Vienne pour prendre part à des conférences qui n'aboutirent pas.

— Nous nous reverrons sur la Drave, lui dit avec hauteur, en le quittant, le président du ministère hongrois, le comte Bathiany.

On sait que la Drave sépare la Hongrie de la Croatie.

— Non, répliqua Jellachich, vous n'avez pas besoin de vous déranger, je viendrai vous trouver sur le Danube.

Ces mots étaient les avant-coureurs de l'orage.

Les Croates firent de nouveau à leur ban une réception magnifique.

Jellachich se montra à la fenêtre de son palais et harangua le peuple; il dit en terminant : « Je veux une Autriche forte, puissante, libre et indépendante. Vive notre belle patrie ! »

La foule entonna l'hymne national croate, et, le lendemain, la Diète votait des dépenses et des levées extraordinaires.

La guerre à la Hongrie était déclarée.

Kossuth, de son côté, n'était pas homme à reculer; quoique malade, il se fit transporter dans la salle de la Diète de Pest ; soutenu à la tribune par deux hommes, il en appela aux sentiments guerriers et si profondément patriotiques de ses concitoyens : « Point d'illusions, s'écria-t-il, les Magyars sont entourés d'ennemis; ils sont seuls au monde contre la conspiration des souverains et des peuples qui les environnent. L'empereur de Russie nous cerne par les principautés, et jusqu'en Serbie, nous trouvons partout sa main et son or. Dans le nord, des bandes armées de Slaves cherchent à rejoindre les révoltés de la Croatie et se préparent à marcher contre nous ; à Vienne, les courtisans et les politiques calculent le jour où l'on pourra remettre aux fers les Magyars, les anciens esclaves : race indisciplinée et rebelle. O mes concitoyens, c'est ainsi que les tyrans ont toujours appelé les hommes libres ! Vous êtes seuls, je vous le répète, voulez-vous combattre ? »

— Oui ! oui ! Nous combattrons jusqu'à la mort pour la liberté et la patrie, répondirent les députés d'une voix unanime.

Et immédiatement un décret fut voté, autorisant l'émission de 200 millions de papier-monnaie.

Le gouvernement impérial protesta contre cette émission, la déclarant irrégulière et nulle.

Kossuth répondit en faisant décréter par la Diète la peine de mort contre quiconque refuserait le papier-monnaie hongrois (1).

L'armée de Jellachich, après avoir passé la Drave, arriva au château de Kesthely où, en 1809, avait déjà logé l'état-major français. La route va de là, en longeant la forêt de Bakony et le lac Balaton, jusqu'à Albe-Royale, et d'Albe-Royale à Pest. Jellachich s'arrêta à une journée de la capitale.

L'approche de l'armée croate exaltait les esprits à Pest, remuait toutes les passions révolutionnaires. On donna à Kossuth des pouvoirs illimités. Mais tout se fit au nom du roi, sans que le mot de république fût prononcé. Kossuth, dans une de ces harangues imagées et brûlantes dont il a le secret, adjura les députés de venir avec lui, « la pelle à la main, travailler aux fortifications de la ville, déplacer les pavés, élever les barricades, tandis que les femmes feraient

---

(1) Je possède un de ces billets : c'est un carré de papier rose, sans autre ornement que la signature de Kossuth.

chauffer au haut des maisons de la poix et de l'huile bouillante pour les jeter sur l'ennemi. »

On rappela cinq ou six mille hommes du Bas-Danube ; les jeunes gens de Pest, la garde nationale, les députés se réunirent à ces troupes; des paysans accoururent, armés de faux, et, poussés par un souffle d'ardent patriotisme, tous ces hommes qui, pour la plupart, allaient au feu pour la première fois, marchèrent comme de vieux soldats à la rencontre des Croates.

Le choc eut lieu à quelques heures d'Albe-Royale, près des marais de Valencze.

De part et d'autre, on lutta avec l'animosité d'une haine implacable. Le combat fut long, acharné, sanglant. A la fin de la journée, l'action était encore indécise, quand le général Moga, se mettant à la tête de ses intrépides hussards hongrois, s'élança contre la cavalerie croate et la culbuta dans les marais.

Les Croates abandonnèrent précipitamment le champ de bataille, et Moga et Jellachich conclurent une trêve de huit jours. Le ban se replia sur Raab, pour se mettre en communication avec Vienne et attendre les renforts qu'on lui avait promis. Mais au moment où les troupes auxiliaires voulurent quitter la capitale, la populace les en empêcha. Une troisième révolution avait éclaté dans les rues de Vienne ; le vieux général Latour, issu d'une famille française, avait été lâchement assassiné, (1) et l'empereur s'était enfui à Schœnbrunn.

« Le danger est bien plus grand à Vienne qu'à Pest ! » s'écria Jellachich en apprenant ces tragiques événements; et, sans perdre une minute, il marcha sur la capitale, et apparut à ses portes au moment où l'on croyait son armée en déroute.

---

(1) Voir *Vienne et la vie viennoise.*

Jellachich était maître de la situation. Il tenait dans sa main le sort de l'empire. Un autre que lui en eût profité. Il pouvait créer l'unité des Slaves, faire de l'Illyrie, de la Croatie, de la Slavonie, de la Dalmatie, de l'Istrie, de la Carniole et de la Carinthie, un État indépendant. Mais il ne voulut point se détacher de l'Autriche au moment du danger et lui arracher des concessions par des menaces, en lui mettant l'épée sur la gorge. Son ambition, dit-on, fut alors de régénérer le vieil empire caduc. Un historien va même jusqu'à lui attribuer ce mot : « Si l'Autriche n'existait pas, il faudrait l'inventer. »

Le prince Windischgraetz, chargé par l'empereur de sévir contre la ville insurgée, était venu renforcer avec ses troupes les troupes croates. Rien de plus pittoresque que le spectacle de ce vaste camp qui s'élevait sous les murs de Vienne et offrait un mélange indescriptible de types et d'uniformes les plus divers. Il y avait là des cuirassiers bohémiens, armés de pied en cap comme les chevaliers du moyen âge ; des Italiens en uniforme blanc, des Valaques venus des Carpathes, n'ayant qu'un pantalon et une chemise de toile ; des chasseurs tyroliens, avec leur lourde carabine, leur chapeau pointu orné de plumes de coq de bruyère, leur veste soutachée de rouge, et la culotte laissant la jambe à demi nue ; des femmes, des enfants, des vieillards, des prêtres, et jusqu'à des comédiens. On eût dit un nouveau camp de Wallenstein. Jellachich vivait, au milieu de ses soldats, à la manière d'un Souvaroff. Le spectacle était si étrange et si curieux que, le soir, les belles Viennoises, pour se distraire, venaient le regarder aux feux des bivouacs.

Il n'y avait pas seulement, dans l'armée croate, des confinaires aux grands manteaux doublés de rouge, des pandours armés de longs fusils incrustés d'or et d'argent pris sur les Turcs, portant la cartouchière constellée de têtes de clous jaunes, des cavaliers en brillant uniforme, armés du yatagan et de la longue arquebuse à riche marqueterie, la taille serrée dans une veste étroite brodée d'or, ornée de quatre rangs de boutons, et tombant sur la poitrine en forme de cuirasse, le surtout à capuchon flottant sur les épaules, le pantalon bleu clair, collant et bariolé de dessins de diverses nuances, recouvert jusqu'aux genoux de bas parsemés de bandes rouges, et coiffés de bonnets de fourrure terminés en pointe d'où retombaient deux longues mèches de cheveux tressés ; — il y avait aussi des femmes croates en costume de guerre, veste brune brodée d'arabesques, bas verts ou rouges ; ces femmes avaient voulu suivre leurs maris ; il y avait enfin des milliers de paysans slaves venus se grouper sous les drapeaux de Jellachich en lui disant dans leur langage familier : « Petit père, nous voulons partir pour aller te chercher à Bude la couronne de Saint-Étienne ; et si tu veux, nous te suivrons jusqu'au bout du monde. »

Ces volontaires étaient en haillons, mais ils marchaient en chantant, la flamme au cœur, comme les soldats de 93.

En se dirigeant sur Vienne révoltée, voici les couplets qu'ils improvisaient et qui montrent l'idée fantastique que ces paysans se faisaient de la cité impériale :

« L'empereur est assis au sommet de la tour de Saint-Étienne, dans la ville d'or, la ville de Vienne. Vive la ville d'or, vive la vieille Vienne !

« Veut-il donner un ordre et faire marcher une armée, il frappe la coupole de son sceptre et toute la ville retentit.

« Vive la ville d'or, vive la ville de Vienne! »

Les préparatifs du siège avancèrent rapidement; l'attaque, commencée le 28 octobre, amena deux jours après la capitulation de la place. Le lendemain, les Hongrois, sur lesquels on comptait à Vienne, arrivaient en toute hâte au secours de leurs alliés. Leur approche fut le signal d'une nouvelle lutte. On se battit des deux côtés à la fois. Mais la bravoure de l'armée magyare ne résista pas à l'élan des Croates de Jellachich, qui avaient cette fois leur revanche à prendre. Battus à Schwechat, les Hongrois repassèrent la Leitha en désordre, et, le 2 novembre, le ban victorieux faisait son entrée dans Vienne reconquise, au milieu des ovations. Pendant tout le temps de son séjour à Vienne, devant le palais qu'il habitait, se tenait du matin au soir une foule d'hommes et de femmes qui l'attendaient pour le saluer de leurs vivats à son passage.

Mais si la capitale était pacifiée, la Hongrie était encore en pleine révolte. Bien que Ferdinand eût abdiqué en faveur de son neveu François-Joseph, les Magyars n'avaient pas voulu reconnaître le nouvel empereur. Le prince Windischgraetz se préparait à entrer en Hongrie avec cinquante mille hommes et deux cents pièces de canon; le général Schlick s'avançait des frontières de la Pologne; le général comte Nugent devait aller opérer au nord de la Drave, avec seize mille hommes; les Serbes occupaient le banat de Temeswar; le général Puchner gardait la Transylvanie avec huit mille hommes; et Jellachich se mettait en mouvement pour aller préserver de l'insurrection les provinces méridionales de l'empire (1).

(1) Pimodan, *Souvenirs des campagnes d'Italie et de Hongrie.*

A toutes ces troupes bien armées et bien disciplinées, la Hongrie ne pouvait opposer qu'une vingtaine de mille hommes. Le gouvernement de Pest se transporta à Debreczin, au cœur du pays madgyar, et, pendant que Windischgraetz perdait un temps précieux dans la capitale de la Hongrie, Kossuth organisait la défense avec un talent et une activité dont on trouve peu d'exemples dans l'histoire.

On n'avait pas de poudre ; on en fit. On n'avait pas de canons ; on en fondit. Il y avait chez ce peuple un élan sublime d'héroïsme.

Kossuth créa les régiments de la légion étrangère et les fameux bataillons de *Honveds* ou Défenseurs du pays, — nom que la milice hongroise a conservé aujourd'hui.

En Transylvanie, le général Bem avait improvisé une petite armée de dix mille hommes qui faisait des prodiges. Elle battit le ban Jellachich et l'obligea de reculer. Bem annonça sa victoire dans une lettre qui ne contenait que ces trois mots, modèle d'harmonie imitative :

Bem Ban Bum ! (1)

Enfin les Autrichiens, démoralisés par toute une série de défaites et de désastres, ayant perdu à Isaszeg plus de six mille hommes, trois mille deux cents prisonniers et sept drapeaux, harcelés dans leur retraite par les terribles *czikos*, — ces cavaliers hongrois armés de lacets et de lanières garnies de plomb, durent se retirer vers la frontière et implorer l'assistance des Russes.

Jellachich revint dans les Confins militaires épuisés d'hommes, et qui n'offraient pas même les ressources

(1) C'est-à-dire Bem a battu le ban.

suffisantes pour l'approvisionnement des restes de son armée, que décimaient le typhus et les autres maladies. Assailli chaque jour par les bandes hongroises, il attendit de longues semaines avant de reprendre les hostilités.

Le 4 juillet 1849, comme il s'était avancé avec une armée de quinze mille hommes au-devant de forces beaucoup supérieures, il fut battu dans les plaines d'Hagyes. En vain il s'élança trois fois, le sabre au poing, à la tête de ses soldats ; il ne put entamer les bataillons hongrois.

Pour encourager les siens, il se tint longtemps, immobile et impassible, exposé directement au feu de l'artillerie.

Le major comte Hompesch étant venu se placer devant lui, il l'écarta du geste, en lui disant :

— Je ne veux pas de bouclier entre moi et l'ennemi.

Jellachich, vers le soir, dut abandonner le champ de bataille.

Il y avait juste un mois que les armées russes étaient entrées en Hongrie, par la Galicie et la Transylvanie. Après avoir d'abord subi des échecs, elles remportèrent enfin la victoire de Villagos, qui fut le signal de la déroute. Au mois de septembre, le général moscovite Paskevitch put écrire au tzar : « La Hongrie est aux pieds de Votre Majesté. »

Jellachich s'en retourna à Agram, comblé, malgré ses insuccès de la dernière heure, de la faveur impériale.

Quand les événements du Monténégro faillirent amener une rupture entre la Turquie et l'Autriche, Jellachich fut nommé commandant en chef du corps d'observation réuni sur le Danube.

Jellachich, tombé depuis dans une mélançolie noire,

est mort sans avoir obtenu pour son pays l'indépendance et les libertés qu'il rêvait.

Cet homme, que ses ennemis ont représenté sous des traits barbares, avait une figure d'une expression pleine de douceur, les yeux brun clair, la physionomie attentive et fine, le front élevé, couronné de cheveux noirs, épais et lustrés. Sa parole était éloquente et persuasive, et, dès qu'il s'animait, son regard devenait pénétrant et impérieux. Tout en lui respirait la franchise, le courage, l'énergie. « Mais ce n'était pas dans un salon, a dit un de ses officiers, c'était sur le champ de bataille qu'il fallait le voir, au milieu de la fièvre et de la fumée, quand il s'élançait à la tête des bataillons, quand sa voix mâle dominait le bruit du canon et qu'il entraînait ses soldats. »

Sur le piedestal de sa statue, pas d'inscription pompeuse ; on lit simplement ces mots, en lettre d'or :

Jellachich Ban. 1848.

L'histoire de cet homme est inscrite dans tous les cœurs croates. Je n'ai pas même pu me procurer sa biographie imprimée.

Si Agram n'est pas riche en monuments et en édifices, si ses rues sont monotones et silencieuses, quelles promenades charmantes, par contre, à ses portes ! Le parc Massimir est un bois de Boulogne grandiose, avec des allées séculaires baignées d'ombre, de vastes pelouses veloutées, d'un vert humide, émaillées de fleurs qui forment comme de grandes broderies de tapis.

Derrière la ville haute s'ouvre la jolie vallée de Saint-Xavier, au fond de laquelle les faubourgs d'Agram égrènent leurs maisonnettes blanches et carrées comme dés dés. Le chemin décrit un demi-cercle au milieu des bosquets et des vergers, puis pénètre dans une seconde vallée, celle de Tuskanac. Çà et là, sur des collines riantes, piédestaux de verdure, s'élèvent d'anciennes ruines féodales dont il ne reste plus que des pans de murs déchiquetés, comme des fragments de mâchoires monstrueuses d'animaux fossiles. Dans le lointain le Sleimen dresse sa croupe hérissée de sapins noirs.

Le soleil était doux, l'air bleu, et il y avait sur les haies un charmant mélange de fleurs épanouies et de boutons entr'ouverts. Aux arbres pendaient des fruits naissants, encore dans leurs langes cotonneux. On était à cette époque de l'année qui est comme le dernier couplet de la chanson du printemps, et qui rappelle la transition de l'adolescence à la jeunesse. L'été va commencer. La nature a la beauté d'une mère qui sent tressaillir en elle le fruit de ses entrailles. Une teinte plus sérieuse est répandue sur les prés et leurs hauts herbages; les feuilles, qui ont atteint leur entière croissance, luisent d'un beau vernis bronzé.

J'étais seul. Le crépuscule lentement tombait comme une poussière grise, et j'avais machinalement ralenti le pas. Qui n'a savouré le charme intime de ces promenades solitaires, à la tombée de la nuit, au milieu d'un paysage inconnu, aux abords d'une ville où l'on arrive pour la première fois? On regarde autour de soi avec des yeux attendris, on écoute les oiseaux comme pour comprendre ce qu'ils se disent, et on leur adresserait la parole, s'ils ne s'envolaient à votre approche. Puis, tout à coup, le regard se noie dans les profondeurs pâlissantes de l'horizon, et c'est la patrie qu'on revoit, la famille absente, Paris si animé, si vivant, si brillant à cette heure, alors que les boulevards s'encombrent d'une foule bigarrée, que les voitures passent rapides comme la Fortune, que les bureaux d'omnibus ressemblent à des ruches qui essaiment, et que, du milieu des ponts, on voit le soleil se coucher sur les collines du Trocadéro, en faisant surgir dans la brume dorée, sur les bords de la Seine, le merveilleux mirage d'une cité orientale avec ses minarets élancés et ses hautes tours blanches, qu'on prendrait pour un grand vol de colombes arrêtées dans l'azur. — Heures du soir, douces heures de nostalgie et de rêverie après la journée de travail et de fatigues, vous ouvrez la porte d'ivoire des illusions et des songes, et vous emportez l'âme sur les petits nuages roses qui filent comme des voiles dans l'océan du ciel !

La nuit était tombée. Un souffle plus embaumé, plus pénétrant, venait des champs, comme si les fleurs délaçaient dans l'ombre leur corsage parfumé. Une mélancolie caressante sortait des bruits mourants et des adieux des êtres et des choses se disposant au sommeil. Les coupoles des arbres, un instant auparavant bourdonnantes de chansons comme la tête d'un poète, étaient silencieuses et formaient çà et là de gros paquets noirs, informes. Les haies, couvertes de draperies de liserons et d'aristoloches, semblaient tendues d'un crêpe. Dans les hautes herbes, quelques vers luisants allumaient leur petite lanterne, comme des personnes prudentes ou des amoureux transis. Tout à coup la porte d'une *gostina* (cabaret) s'ouvrit et deux ombres se détachèrent du seuil éclairé.

La porte se referma, tout rentra dans la nuit ; mais, sous les arceaux de la forêt, une voix vibrante s'éleva, puis une seconde voix plus douce, plus pénétrante, s'unit à la première, et il en résulta un duo délicieux. On aurait dit une fauvette et un rossignol qui chantaient.

Que disaient ces deux voix? Une de ces vieilles chansons populaires, toujours jeunes et toujours nouvelles comme l'amour lui-même :

« — O fillette, ô Miliva, — assieds-toi à mon côté. — Nous ne sommes point des sauvages, — et nous savons où l'on s'embrasse :

— Les veuves entre les yeux, et les fillettes entre les seins ! »

Les deux voix s'éloignaient à mesure que je marchais. Et au ciel les pâles étoiles semblaient cligner leurs paupières d'or pour suivre les amoureux dans les petits sentiers des bois, où il est si doux de cheminer à deux aux premières heures de la vie et aux dernières heures du jour.

En bas, au pied de la colline, les toits d'Agram montaient comme une marée argentée, et, au bout du chemin, entre les branches mortes d'un arbre, les deux cornes recourbées de la lune se dressaient comme une apparition diabolique.

VI

Le dimanche à Agram. — Costumes des paysans et des paysannes.
— Les élégantes. — La fête des eaux. — Deux magasins. — Condition de la femme chez les Slaves du Sud. — Les *Sokoli*. —
Le beau Franciscain et la jolie bottière. — Plaisirs du dimanche.

Le dimanche était venu ; j'étais encore à Agram.
Cette ville à la physionomie froide et vulgaire devient sympathique à mesure qu'on la connaît, et l'on finit par se trouver avec une sensation de bien-être que je ne saurais dire, au milieu de sa bonne et honnête population. Le Slave du Sud est vif, intelligent, très doux, très poli, cordial, et plein de prévenance envers l'étranger. Je dois ajouter qu'il met autant de soin à rechercher la compagnie des Français qu'il en met à éviter celle des Allemands auxquels il a donné le surnom de *nemet,* c'est-à-dire de muets, de têtes de bois.

Il y a quelque dix ans, il était aussi dangereux de se promener en chapeau gibus dans les rues d'Agram que dans les rues de Pest. M. Louis Léger raconte qu'après deux jours passés à Agram, il dut abandonner cette coiffure que les Slaves regardent comme le symbole de la germanisation et qui le rendait non seulement ridicule, mais attirait sur lui les lazzis des gamins.

Il faut entendre les Français établis dans le pays, —

il est vrai que presque tous y ont fait des fortunes considérables, et que s'ils n'étaient pas indulgents ils seraient monstrueux d'ingratitude, – il faut les entendre se louer des excellents rapports qu'ils entretiennent avec tout le monde. Ils se plaisent à dire qu'ils ont trouvé en Croatie une seconde patrie, et qu'ils veulent y vivre le plus longtemps possible. Comment ne pas aimer un pays où les femmes sont si belles et si peu vêtues, où la vigne est si féconde, la terre si fertile, les écus si vite amassés, où il y des journaux grands comme la main, des députés qui parlent croate, où enfin les concerts d'amateurs, les emprunts turc et grec sont inconnus, et où les visites, même de cérémonie, se font en chapeau de paille et en veste de nankin?

Dans les contrées primitives, dans les villes qui tiennent encore du village, les jours de semaine n'ont pas de relief et sont ordinairement plats et ennuyeux. On rencontre des gens sales, mal vêtus, éreintés de travail. Mais vienne le dimanche, la transformation est complète ; c'est un changement de chemises à vue. Heureux serait le voyageur qui pourrait s'endormir chaque lundi dans sa malle pour ne se réveiller que le samedi soir ! Comme il verrait l'humanité sous un aspect plus riant, plus gai, plus pittoresque, et surtout plus propre ! Le dimanche la jeune fille met sa plus jolie robe, — je devrais dire sa plus belle chemise, puisque je suis en Croatie; elle se pare de tous ses atours, se fait pimpante, piquante, agaçante, coquette. Le matin, les églises retentissent de chants pieux; le soir les cabarets résonnent d'hymnes bachiques; après la messe, on s'attable autour d'un joyeux festin; après vêpres, on danse.

Ce sont des scènes charmantes, pleines de contraste et de couleur, comme dans un opéra-comique de bon aloi : ici, paysans et paysannes tourbillonnent aux accords d'un orchestre rustique, à l'ombre des ormes verts ; là, ils boivent du vin clairet sous la tonnelle d'un jeu de quilles ; plus loin, assis sur un tronc d'arbre, devant leur maisonnette, on voit les vieux au chef branlant, qui discutent sur le prix de l'avoine ou s'entretiennent de la nouvelle servante du curé. — Tous sont endimanchés, galamment attifés. On se croirait encore à l'époque des gros baillis à trogne purpurine, des ponts-levis aux culottes et aux châteaux-forts, des châtelaines et des troubadours. Ces costumes, ces chants, ces danses n'appartiennent pas à notre siècle prosaïque et niveleur ; les costumes sortent de quelque antique bahut aux peintures naïves ou aux sculptures bizarres ; les chants parlent de choses pleines de tendresses qui ne sont plus aujourd'hui ni dans les cœurs ni sur les lèvres ; les danses sont soumises à des règles surannées et obéissent à des rhythmes lents et solennels. C'est tout un passé, chaud de tons comme les vieilles tapisseries du xvime siècle, qui ressuscite pour un jour devant vos yeux enchantés.

Agram aussi était méconnaissable.

Les rues avaient été balayées ; les cuivres des portes brillaient comme de l'or ; des pots de fleurs et des sourires de jeunes filles embellissaient les fenêtres ; un souffle de printemps semblait avoir dégelé et épanoui la ville qui me semblait si triste la veille, et que maintenant je sentais vivre, j'entendais rire et parler ! Les devantures des boutiques juives flamboyaient, pareilles aux buissons bibliques du Sinaï ; des équipages passaient au grand trot, traînés par de petits chevaux fringants et échevelés. Autrefois les nobles seigneurs des environs ne venaient à Agram qu'en voiture attelée de douze chevaux, ou couchés à la manière des rois francs, dans un chariot tiré par dix paires de bœufs. Les cloches des églises sonnaient à folles volées, et de la chambre de mon hôtel, je voyais défiler, comme une longue procession, les paysannes vêtues de leur chemise flottant comme un surplis et coiffées de leur mouchoir rouge comme une barrette.

Quelle gaieté dans tous ces costumes! Quel régal d'appétissantes couleurs! Les yeux sont en paradis. Et comme sous ce beau soleil aux reflets ambrés, la soie des foulards prend des cassures chatoyantes, les boutons d'argent miroitent, les fausses pierreries des colliers étincellent, la chair de la gorge et des bras est dorée!

Quelques femmes ont la taille serrée dans une espèce de veste fourrée, une *cabanitza*, d'un ton saumon clair, toute ramagée de découpures en cuir et relevée de broderies formant des arabesques et des fleurs.

Les femmes mariées seules ont le privilège de porter cette veste avec des manches.

On conseillait un jour à une jeune paysanne atteinte de la poitrine de mettre pour l'hiver des manches à sa pelisse :

— Mais que diraient les jeunes gens ? s'écria-t-elle d'un air indigné. Ils me mépriseraient!

Se montrer avec des manches eût été en effet afficher la perte de sa virginité.

Ce qui distingue encore ici la jeune fille de la femme mariée, c'est la coiffure.

Les femmes mariées, contrairement à un privilège qui, chez nous, est réservé spécialement aux maris, portent des « cornes, » et les jeunes filles de longues nattes enrubannées que relie entre elles, vers le milieu, un petit ruban. Le lendemain du mariage, elles relèvent leurs tresses, les entortillent sur le sommet de la tête autour des deux baguettes appelées « cornes » et qui servent en même temps à soutenir le mouchoir qui est la coiffure des femmes.

On sait le rôle que la chevelure a joué chez tous les peuples ; flottante, elle était le symbole de l'indépendance ; cachée ou rasée, n'est-elle pas encore aujourd'hui chez les religieux, un signe de renoncement, d'esclavage divin ?

Un foulard aux couleurs éclatantes, porté à la main ou noué à la ceinture, une paire de bottes, des colliers de corail à quadruple rang et des petits miroirs épinglés à la taille, — voilà tout l'arsenal de coquetterie d'une paysanne croate. — Pendant la semaine, la Croate marche nu-pieds pour économiser sa chaussure. A la campagne, on rencontre à tout instant des femmes qui s'en vont à la messe, le dimanche, portant leurs bottes à la main ou sur l'épaule ; elles ne se chaussent que sur le seuil de l'église, et se déchaussent en sortant.

Une jeune paysanne qui a des bottes est rangée parmi les élégantes. Mais quel que soit le prix que puisse avoir à ses yeux cette chaussure enviée, la Croate ne l'achète point, à l'exemple des jeunes filles russes, au prix de ses faveurs.

Il y a plus d'un point de ressemblance entre le costume des Slaves occidentaux et celui des Russes. En Russie, les femmes mariées portent un bonnet dont la forme varie selon la province, mais, de même que chez les Slaves du Sud, nulle part il ne leur est permis de laisser leurs tresses flotter librement sur le dos. Le paysan russe porte aussi la chemise par-dessus le pantalon. Cependant, le jour où le moujick entre au service d'un seigneur en qualité de domestique, il a le droit de faire rentrer sa chemise. — Le touloupe russe est également une sorte de veste fourrée comme la pelisse commune aux femmes et aux hommes en Croatie, en Slavonie et en Hongrie.

Quant aux paysans, leur costume est celui-ci :

Un petit chapeau, rond de calotte, aux ailes étroites et relevées, orné de plumes multicolores, de petits miroirs et de galons ; une chemise aux manches bouffantes, aux poignets brodés, au plastron étoilé de gros boutons d'argent. La chemise est serrée à la taille par une ceinture de cuir et flotte en mille plis sur le pantalon, ce qui a fait dire à un savant voyageur allemand qui avait oublié ses lunettes, que les paysans croates portaient des jupons blancs. Un gilet de drap bleu, galonné dans le dos de soutaches jaunes ou rouges, et orné par devant de triples rangées de boutons de métal, prend la taille et tranche sur la blancheur de la chemise. De larges culottes de toile aux bords frangés descendent jusqu'au-dessous du genou sur la botte reluisante. Un sac en tapisserie, — une « torba » — formée de longs flocons en laine rouge, suspendue à une bretelle de cuir historiée, complète l'habillement. Cette torba que le paysan porte toujours en bandoulière, remplace les poches absentes de son pantalon.

Je fus interrompu dans mes études de costumes par l'arrivée dans ma chambre d'une de ces jolies caméristes qui sont une des spécialités des hôtels austro-hongrois où elles jouent le rôle de colombes familières. Elle aussi s'était coquettement pomponnée comme pour fêter le jour du droit du seigneur. Un bonnet plus blanc que l'innocence encadrait sa figure espiègle, aux grands yeux bleus de pervenche. Elle portait sur sa robe claire un tablier de soie mauve aux reflets argentés, gorge de pigeon ; et ses bas finement tirés sur une jambe adorable se montraient indiscrètement sous son jupon court et à travers les losanges de ses hautes bottines.

— Monsieur ne va donc pas voir la fête ? me demanda-t-elle.

— Quelle fête ?

— Mais la fête des eaux.

— La fête des eaux ?...

— Oui. — Monsieur n'a pas lu dans le journal qu'Agram allait aussi avoir une fontaine ? Agram avait une cathédrale, une université, une diète, mais Agram n'avait pas de fontaine... On a tant cherché, qu'enfin on en a trouvé une. Elle vient de bien loin, par exemple, et elle en a fait des manières avant de se laisser mener sur la place Jellachich. Voilà bien deux ans, monsieur, que les ingénieurs travaillent. Mais ils la tiennent. Elle doit couler à dix heures. Toute la ville sera sur la place.

— Certes oui, je veux aussi avoir l'honneur de voir couler la première goutte d'eau de votre première fontaine, répondis-je en prenant ma canne et mon chapeau, comme le monsieur de la chanson.

Descendu dans la rue, j'emboîtai le pas derrière deux jeunes paysannes qui se dirigeaient du même côté que moi, en se donnant la main. Elles s'arrêtèrent devant un magasin de nouveautés dont l'étalage était orné d'un mannequin à tête de femme, vêtu d'une longue robe à traîne ; cette toilette dut leur paraître du dernier grotesque, car elles se prirent à rire à gorge déployée, d'un rire fou, — comme nous ririons d'elles chez nous, si elles s'avisaient de venir se promener sur nos trottoirs dans le trop simple appareil de leur costume national.

Au bout de la rue elles s'arrêtèrent de nouveau devant la boutique d'un marchand de tabac qui joignait à son commerce de pipes et de cigares celui des objets de curiosité. Elles s'extasièrent devant une serviette brodée de feuillages fantastiques, or et vert, aux branches violettes supportant des fleurs rouges aux étamines d'or. Ces dessins éblouissants tenaient de la magie; on aurait dit qu'ils avaient été tracés par la baguette d'une magicienne.

Quant à moi, je couvais de regards brûlants de convoitise de magnifiques bouquins d'ambre cerclés de turquoises et de perles, des calices et des ciboires en vermeil, — profanés peut-être par la lèvre de quelque bandit, des sabres turcs à la lame recourbée et ornée de versets du Coran. Je m'enivrais à la vue de tapis asiatiques dont les vives couleurs avaient poétiquement pâli sous le souffle du temps. Il y en avait un surtout, qui était superbe, formé d'un dessin pareil à une baie mauresque ouverte sur un ciel incendié par la pourpre d'un beau soir; des colonnettes légères et ténues comme des fuseaux, se dressaient sur des socles qui semblaient incrustés de marbres de diverses couleurs, comme les mosaïques de Venise; la bordure était fauve, tigrée, de composition et de ton barbares.

Un autre de ces tapis ressemblait à une verrière de cathédrale gothique, avec ses losanges, ses roses, ses arabesques de teintes si tendres, si suaves, si délicatement gaies.

Mon regard se baignait avec des sensations toutes physiques dans ces nuances si douces, fraîches et limpides comme les flots d'un lac que caressent les rayons du soleil couchant.

Ah! les beaux rêves que font naître ces tapis d'Orient avec leurs mélodies muettes de couleurs! Pas une fausse note dans ce merveilleux concert de nuances; tout est rhythmé, harmonieux, d'un charme pénétrant, d'une sobriété de moyens surprenante, d'une richesse d'invention inouïe. En voyant ces petites fleurs jaunes sur un fond bleu transparent, ne croiriez-vous pas que vous avez sous vos pieds un morceau de nuit étoilée découpé dans le ciel de Smyrne ou de Bagdad, la ville des colombes et des roses? En suivant ces arabesques et ces feuillages multicolores qui s'enchevêtrent, s'enlacent amoureusement, ne vous semble-t-il pas lire le sélam de quelque odalisque qui s'ennuie et soupire,

> L'œil sur la mer profonde,
> Tandis que, pâle et blonde,
> La lune ouvre dans l'onde
> Son éventail d'argent?

Il y a dans chaque couleur de ces tapis quelque chose qui éveille les idées ou qui berce la rêverie. Ces tisseurs turcs, auxquels le Coran interdit la reproduction de la figure humaine, travaillent sans modèle, au gré de leur fantaisie, et il faut qu'ils soient de grands artistes et de vrais poètes pour exprimer ainsi, par la simple combinaison des nuances habilement assorties, des pensées et des sentiments qui parlent aussi bien à l'âme et aux sens que les plus éloquentes compositions musicales.

Les deux paysannes avaient disparu pendant que j'étais transporté en plein Orient, à cent lieues d'Agram et de sa fontaine.

Je suivis le trottoir et j'arrivai sur la place Jellachich qu'égayaient les vêtements bariolés et pittoresques de la foule, où la note blanche dominait. Je me sentais honteux de me promener en veston étriqué au milieu de ces paysans et de ces paysannes dont le costume est à la fois si simple et a tant d'ampleur. Ces gens comprennent bien mieux que nous le confort, et savent se mettre à l'aise avec une décence qui rappelle l'âge d'or. Voyez une paysanne relever sa longue chemise sur sa jambe bronzée du soleil comme la jambe d'une statue antique. Elle le fait avec tant de grâce, d'élégance, elle y met une coquetterie si peu cherchée, si naïve et si innocente, qu'on regarde tout cela, comme un beau morceau de sculpture.

Les femmes étaient si nombreuses que la tente de feuillage élevée au centre de la place, en face de la fontaine, semblait entourée d'un mur fraîchement blanchi à la chaux. Il y avait là quelques têtes de jeunes filles qui eussent été dignes de prendre place dans les tableaux des maîtres de l'École vénitienne. Leur doux visage, leurs joues veloutées et brillantes comme la pêche mûre, leurs yeux bleus aux paupières frangées de longs cils, respiraient une candeur de madone.

La Croate a les traits fins, les attaches souples, la bouche colorée, le teint mat quand il n'est pas encore brûlé du soleil, le nez régulier, le visage allongé. Un sourire d'une mélancolique tendresse adoucit ce qu'il y a de triste dans la physionomie générale. Mais nulle part la beauté et la jeunesse ne semblent plus fragiles et ne se flétrissent plus vite. A peine mariée, la jeune fille est une fleur fanée. En s'associant à l'homme, elle prend des travaux en commun la charge la plus lourde ; elle descend à l'humble rang de domestique et de servante. C'est elle seule qui porte les fardeaux, qui fait les plus rudes et les plus grossiers ouvrages ; elle mange dans l'assiette de son mari en se tenant debout derrière lui, elle le sert à table comme un maître redouté, et ne boit que lorsque celui-ci lui offre son propre verre.

« Chantons, dansons, dit un chant populaire de femmes, — tant que nous n'avons pas un mari ; — car lorsque nous en prendrons un, il faudra laisser nos chansons au dressoir — et raccommoder des pantalons et des chemises. » — Le chansonnier aurait pu ajouter : Il faudra que nous nous fassions bêtes de somme.

Obéir et se taire, travailler et souffrir, telle semble être la destinée de la femme dans les provinces de la Yougo-Slavie.

« La maison menace ruine, dit un proverbe commun aux Slaves du Sud, quand la quenouille commande et le glaive obéit. » — « Les femmes, dit un autre proverbe, ont les cheveux longs et le jugement court. Elles sont l'herbe : les hommes sont la tête. »

Interrogez par exemple un Monténégrin sur le sexe de son enfant ; si c'est une fille, il vous répondra d'un ton honteux ou plein de dépit : « Pardonnez-moi, ce n'est qu'une fille. »

La naissance d'une fille est regardée comme une calamité, un châtiment du ciel, chez tous les Slaves du Sud.

Dans la capitale de l'Herzégovine, à Cettinje, où règne cependant un prince élevé à Paris, quand un étranger entre dans une maison, les femmes viennent humblement lui baiser la main. L'homme s'est fait la part du lion ; une malheureuse femme, hors d'elle-même, menace-t-elle son mari ? Les lois monténégrines la punissent de mort. Qu'un homme ne soit pas satisfait de son mariage, la loi l'autorise à renvoyer sa femme. Une femme qui vole son mari est punie de la prison pour la première fois ; s'il y a récidive, on lui donne la bastonnade ; son mari peut se séparer d'elle, mais elle n'a pas le droit de se remarier. — Quand il y a des garçons, les filles n'ont aucun droit à l'héritage paternel.

Dans ces provinces, jadis soumises aux Turcs, les hommes en s'affranchissant, non seulement n'ont pas affranchi la femme, mais ils l'ont réduite à une condition plus dure que celle des femmes des harems qui, elles du moins, ne voient pas leur jeunesse flétrie à vingt ans et ne succombent pas sous un travail au-dessus de leurs forces.

Comme je flânais au milieu de la foule, tout à coup les airs d'une joyeuse fanfare retentirent à l'extrémité de la place. Il y eut parmi les curieux un brusque mouvement de flux et de reflux, et je me sentis emporté par le flot. Je vis alors défiler le cortège de la fête : derrière la musique marchait la société de gymnastique des « Sokoli » (1), puis venaient diverses sociétés de chant, les autorités municipales, le corps des sapeurs-pompiers et les ingénieurs. Le ban arriva ensuite dans son équipage de féerie, comme le Chat-Botté, avec des laquais devant et derrière, un cocher poudré, emplumé, galonné, botté et éperonné ; le général de place vint aussi en voiture, et l'éloquence coula sous la tente de verdure en flots si pressés et si abondants, que la fontaine en eut l'eau à la bouche, et n'y tenant plus, jaillit en belles gerbes qui retombèrent en volutes et en spirales, au milieu des applaudissements et des bravos de tout le monde.

La musique joua de nouveau ; le ban et le commandant de place remontèrent en calèche, et le cortège s'en retourna en traversant la place dans toute sa longueur à la grande joie des paysannes qui ouvraient de grands yeux étonnés à la vue des Sokoli, vêtus d'une chemise rouge et coiffés d'un feutre mou à l'aile relevée et ornée d'une plume de faucon, l'oiseau symbolique des Slaves. Un dolman gris suspendu sur l'épaule par une cordelière et des pantalons gris de fer complétaient le costume de ces jeunes gens.

1) Jeunes faucons.

La foule s'était dispersée. Sur la place autour de la fontaine enguirlandée, il n'y avait plus que quelques groupes de paysannes. On m'avait dit qu'à Agram, je trouverais les premiers cordonniers du monde, et comme j'étais par hasard devant un magasin de chaussures qui me semblèrent à ma fantaisie, j'entrai.

O Sterne, ô bon Yorik, que n'ai-je ta plume pour peindre la petite scène qui se passa dans la boutique de l'aimable marchande de souliers !

Si je ne m'étais pas rappelé les cordonniers d'Agram, et si j'avais continué mon chemin, le jeune moine et la jeune fille qui se trouvaient côte à côte eussent tranquillement achevé de manger leur glace, et n'auraient pas été interrompus dans le plus doux des entretiens que puisse avoir un moine avec une jolie femme, après celui de lui entendre raconter ses péchés..

Le moine et la jeune fille se levèrent et m'accueillirent par un gracieux salut.

J'ai encore leur figure devant les yeux : le moine, qui portait l'habit de saint François, ressemblait à Hercule devenu ermite ; il était bâti comme un chêne, et le vermillon de la santé illuminait ses joues. La jeune fille pouvait avoir dix-huit à vingt ans ; c'était une belle et robuste créature, une Omphale au sourire fin et sensuel.

— Vous désirez, monsieur ? me demanda-t-elle en abandonnant la soucoupe que sa main potelée soutenait conjointement avec celle du moine.

— Mademoiselle, je voudrais une paire de souliers.

— Veuillez vous asseoir.

Elle m'indiqua le petit canapé sur lequel je l'avais trouvée en entrant, avec le Franciscain, et elle m'aida à me déchausser. Un frisson me monta de l'orteil jusqu'à la pointe des cheveux quand un de ses doigts — par mégarde — me toucha le pied.

Elle passa derrière le comptoir, ouvrit une vitrine et choisit plusieurs paires de souliers qu'elle me pria d'essayer. Pendant ce temps, le beau moine achevait la glace en regardant gracieusement la bottière. Il nous guidait de ses bons avis et parlait d'un ton paternel.

— Ils vous chaussent bien, monsieur, ils vous chaussent bien, répétait-il.

Il me sembla qu'il avait raison. Satisfait de mon emplette, je donnai mon adresse à la jeune fille, et je sortis avec un sourire d'elle que j'aurais volontiers payé autant que ses chaussures. Je regrettais, je l'avoue, de n'être pas pour le quart d'heure dans la robe monacale de son compagnon, et pensant à toi, ô bon Yorik, je répétai à part moi ce que tu disais dans une circonstance à peu près analogue, chez la charmante gantière parisienne :

« Assurément, assurément, homme ! il n'est pas bon pour toi de rester seul. Tu te dois aux relations sociales et aux compliments gracieux, et j'en appelle en témoignage le perfectionnement qu'en reçoit ta nature. »

L'après-midi, la population bourgeoise d'Agram envahit les jardins-brasseries de la ville et de la banlieue ; réunie sous les arbres d'une *gostiona*, les familles dégustent à frais communs la bière viennoise, dans de grands brocs portant de larges faux-cols de mousse blanche. Quelle guirlande de figures épanouies, heureuses, rieuses ou rêveuses, de têtes blondes et de têtes grises, — de jeunes muguets et d'épis penchés, autour de ces longues tables vertes, placées sous les arbres ou à l'ombre d'une charmille ! Ici, un vieux couple retrouve au fond de son verre ses jeunes souvenirs, et semble remonter en souriant les flots du passé sur les mélodies berceuses des anciens airs. Plus loin, des officiers, les mains appuyées sur la garde de leur sabre, regardent autour d'eux, le cou tendu et immobile comme celui d'une girafe. Au fond du jardin, soulevant par un geste gracieux le rideau de chèvrefeuille d'une tonnelle, des jeunes filles, en robe de mousseline, se penchent, enlacées, en clignant de l'œil, pour voir toute une bande de commis endimanchés qui arrivent en se dandinant, le pommeau de leur badine aux lèvres..

Ces brasseries champêtres, remplies de parfums de fleurs et de fumets de rôtis, émaillées de bonnes d'enfants et de guerriers dépouillés de leur sabre, peuplées de bons bourgeois qui ont leur habit et leur figure du dimanche, offrent des tableaux d'une diversité et d'une animation très amusantes. La population de la ville tout entière se mêle ici sans distinction de classe, de rang, de fortune, de profession et de métier, de nationalité ou de caste, — dans le même besoin de gaieté hebdomadaire et dans l'étanchement de la même soif dominicale, criant d'une commune voix aux sommeliers et aux sommelières, comme dans les vieux mélodrames : « A boyre, pages, à boyre, la langue me pèle faute d'humidité ! » On se croirait dans l'Allemagne du Sud ; mais Méphistophélès serait fort embarrassé de répéter ici ce qu'il disait à Faust en lui montrant les étudiants dans la taverne de Leipzig : « Encore une minute d'attention, et tu vas voir la bestialité dans toute sa candeur. »

Pendant tout le temps de mon séjour à Agram, je n'ai rencontré ni un ivrogne, ni un mendiant.

VII

M. Quiquerez, ex-peintre particulier de S. A. le prince du Monténégro. — Son séjour et ses aventures dans la Montagne Noire. — La Marovska-Illica. — Une auberge rustique. — Le champ de la foire. — Cuisine tzigane. — Le *Kolo,* danse nationale des Yougo-Slaves. — La belle Militza.

J'étais dans le pays de l'imprévu.

Le lendemain, lundi, j'avais la surprise d'un marché aux bestiaux, qui avait attiré dans la capitale croate tous les paysans des environs et tous les Juifs du pays. Quelle occasion plus favorable de passer en revue les types et les costumes? Arriver dans une ville un jour de marché ou de foire, ou dans un village un dimanche ou un jour de fête, c'est une de ces bonnes fortunes qui sèment de roses le chemin du voyageur et mettent des sourires et des rayons tout autour de lui.

Avant d'aller sur la place du marché, je me rendis chez un jeune peintre croate dont j'avais fait la connaissance la veille. Ma visite avait un but intéressé : j'espérais décider M. Quiquerez à m'accompagner, et obtenir de lui des renseignements qui m'aidassent à bien saisir le caractère du pays et celui des habitants.

Je trouvai M. Quiquerez travaillant à l'esquisse d'un

8.

tableau historique, dans un petit atelier décoré avec goût d'armes monténégrines et de tentures orientales. Aux murs étaient accrochées quelques toiles excellentes, des portraits dénotant une main sûre et un remarquable talent de coloriste.

— Vous avez là, dis-je à M. Quiquerez, des types d'une beauté énergique.

— Ce sont des chefs monténégrins et des prisonniers turcs.

— Vous avez été dans la Montagne Noire?

— J'ai été peintre de la cour du prince Nicolas.

— Diable !... Vous connaissez alors beaucoup Son Altesse?

— Nous étions comme les deux doigts de la main.

— Et vous avez pu vous séparer sans douleur?

— Que voulez-vous? On ne reste pas toute sa vie peintre particulier de Son Altesse le prince du Monténégro, avec un traitement de 50 francs par mois.

— Vous étiez nourri, je suppose?

— Non, j'étais logé... Oh! j'avais toute une maison pour moi seul, mais comme le prince ne loge pas en garni, il n'y avait pas de meubles.

— Et comment faisiez-vous?

— Je couchais par terre; ma boîte à couleurs me servait d'oreiller.

— Au moins, vous êtes décoré, car c'est une vie de camp que vous meniez-là.

— Non, monsieur, car je n'ai pas voulu attendre ma décoration. J'étais au bout de mon rouleau, et j'en avais assez. Songez un peu! J'avais peint le prince à pied, à cheval, le prince jouant au billard, ouvrant son parlement assis à l'ombre d'un tilleul ou sur une pierre, priant, le jour de Pâques, devant le tombeau ouvert de son grand-oncle, chassant l'ours et le chacal, prenant d'assaut une forteresse turque, écoutant racler de la gusla, montrant à l'empereur d'Autriche, sur une terrasse de Cattaro, les pics des montagnes qui dominent la Bocca enduits de pétrole enflammé; enfin je l'avais peint commettant le plus grand délit dont un Monténégrin puisse se rendre coupable envers les habitudes traditionnelles du pays, — j'avais peint Son Altesse se promenant en public avec sa femme.

— Les Monténégrins ne sont plus musulmans, que je sache?

— Non, non, monsieur, puisque leur principale industrie est de couper la tête aux Turcs; mais à l'endroit des femmes, ils sont restés musulmans; ils les regardent comme des êtres inférieurs dignes tout au plus d'aller faire paître leurs troupeaux dans la montagne, de ramasser du bois et de bourrer leur chibouck. En me demandant de le peindre au bras de sa femme, le prince avait son plan : il espérait ramener ses sujets à des sentiments plus chrétiens envers leurs épouses, mais on s'est moqué de lui.

— Ces intéressants portraits sont exposés dans le palais du prince?

— Oui, monsieur, ils ornent une salle spéciale du *Bigliardo*.

— Du Bigliardo? répétai-je croyant avoir mal entendu.

— Oui, monsieur, les Monténégrins ne désignent plus que sous ce nom le palais du prince, depuis que Son Altesse y a fait installer un billard. C'est un événement qui restera historique et qu'on chantera sur la gusla dans les âges futurs, que l'arrivée de ce meuble à Cettinje, où on l'a pris tout d'abord pour un lit à quatre places... Aujourd'hui le sénat se réunit dans la salle du Bigliardo, et on vote la guerre ou les impôts entre deux carambolages.

— Vous me donnez envie d'aller jouer une partie de billard avec le prince.

— Prenez garde! L'étiquette veut que ce soit lui qui gagne toujours en jouant avec les étrangers. Ça lui paie son tabac... Mais je n'ai pas fini ma propre histoire... Après avoir peint Son Altesse dans deux ou trois douzaines de poses choisies, je dus peindre ses huit enfants : un garçon et sept filles dont la dernière était encore suspendue au goulot maternel; puis je fus astreint à peindre le président du Sénat, Bojo Petrovitch qui touche le plus gros traitement après le prince, — quatre mille francs; je peignis aussi les douze sénateurs avec leur chibouck, en hautes bottes, en tunique de flanelle blanche, le gilet rouge et brodé croisant sur la poitrine, tout un arsenal de kandjars au manche incrusté de pierres précieuses, de revolvers et de pistolets plaqués d'argent, étalé sur le ventre; je peignis enfin les quatre ministres et le secrétaire du prince, le métropolitain Ilarion jouant aux cartes et s'en faisant six cents florins de rente; le chef de la musique de la ville, Schultz, gros Allemand aux favoris en nageoires de phoque, qui pervertit les échos de la Montagne Noire en leur apprenant à répéter les valses de Strauss et les refrains de la *Fille de Mme Angot*... J'avais donc épuisé le Monténégro et je voulais m'en aller. — « Non, pas encore, me dit le prince, j'entends que ma galerie soit complète. » — « Mais, Altesse, vous avez plus de cent cinquante portraits. Vous savez que chez vous on ne peut pas peindre les femmes. » — « Tu ne partiras pas, entends-tu! reprit le prince avec feu. La semaine prochaine, nous allons de nouveau aller cueillir quelques têtes; tu prendras ta boîte à couleurs d'une main et ton fusil de l'autre, et tu me bâcleras une collection de tableaux de bataille

d'après nature. » — « Mais, Altesse, répondis-je, il est bien mal aisé d'exécuter des tableaux sous le feu de l'ennemi. Je crois que cela ne s'est jamais fait. »
— « Eh bien, tant mieux; on dira qu'il n'y a que le peintre du prince du Monténégro capable de peindre et de combattre en même temps. »

J'étais désespéré. Le prince me fit garder à vue. Bon gré malgré je dus suivre l'armée. Quatre jours après, je rapportais une toile percée en dix endroits par les balles turques. « C'est parfait! comme c'est nature! comme l'impression est bien rendue! s'écria Son Altesse enthousiasmée, tu n'auras pas besoin de peindre les balles. » Dans l'espace de deux mois, j'assistai à trois batailles et à vingt-quatre combats, que je peignais d'après nature; mais je profitai du premier échec des troupes du prince pour m'enfuir.

— Je vois que vous avez emporté votre costume, dis-je à M. Quiquerez, en soulevant une longue tunique en flanelle blanche suspendue au mur.

— Oui, et voici mon fusil et mes pistolets. Au Monténégro, un homme qui sort sans armes est aussi déshonoré que s'il se promenait avec sa femme.

L'heure s'avançait; je fis part à M. Quiquerez de mon intention d'aller voir la foire.

— Mais je vais vous accompagner, me dit-il.

Deux minutes après nous étions dans la Marovska-Illica, large rue bordée d'un côté de grandes constructions modernes, et de l'autre de maisons basses et si petites qu'elles pourraient tenir dans une boîte de jouets de Nuremberg. D'un caractère primitif, percées de deux fenêtres seulement, elles sont restées ce qu'elles étaient, alors qu'Agram était une forteresse chrétienne opposée à l'envahissement des Turcs, et que les maisons devaient en quelque sorte se pelotonner et s'accroupir derrière les remparts.

Dans cette rue l'animation était extrême.

A chaque pas nous étions arrêtés par des attelages que conduisait un cocher à cheval, aux culottes bouffantes, coiffé d'un petit chapeau chamarré de plumes multicolores, par des troupeaux de bœufs, de vaches et de moutons, par des bandes de porcs qu'un paysan chassait devant lui, le fouet à la main, la pipe à la bouche, son parapluie rouge sous le bras ; en tête une truie laissant pendre jusqu'à terre la dentelle de ses mamelles, marchait en grognant, environnée de sa progéniture en robe de soies roses, aux petits pieds chaussés de bas blancs tachetés de noir. Plus loin, c'était une femme à la chemise relevée sur ses jambes, et qui suivait, armée d'une gaule, une procession d'oies dressant leur cou de serpent et sonnant de la trompette.

Au bout de la rue, nous nous arrêtâmes devant une auberge fort originale, qui avait conservé presque intacte sa vieille apparence rustique, et dont la cour était encombrée d'un curieux assemblage de chars, de chariots et de véhicules divers, les brancards en l'air, dressés comme une forêt de mâts. Les écuries s'allongeaient à gauche ; on voyait par leurs portes ouvertes une longue file de chevaux agitant leur queue en guise de chasse-mouches. Des palefreniers nu-tête et nu-pieds, les manches de la chemise relevées sur leurs bras poilus, aux veines saillantes, les pantalons retroussés au-dessus du genou, entassaient avec des fourches du fumier fumant. Les chevaux qui n'avaient pu trouver place dans les écuries étaient attachés par le licou aux ridelles des chars et mangeaient du foin. Les bœufs s'étaient couchés et ruminaient devant les débris d'un tas de feuilles de maïs vertes. Des poules picoraient autour d'eux, tandis que des pigeons plus timides allaient et venaient d'un air impatient le long du toit, couvant d'un œil glouton les grains de blé répandus aux pieds des chevaux. Au milieu de la cour s'élevait un puits à roue de bois, surmonté d'un auvent à l'ombre duquel, assises sur un vieux bassin creusé dans le tronc d'un chêne, des jeunes paysannes mangeaient du pain et du fromage de brebis, tandis qu'une jeune mère donnait le sein à un enfant qu'elle portait dans une pièce de toile nouée autour de ses épaules.

Un peu plus loin, annonçant le voisinage de la foire, se dressaient à la queue leu-leu, des baraques échafaudées en une nuit, des voitures peintes en vert ayant un escalier orné de pots de fleurs et conduisant dans l'antre de planches de quelque sibylle tzigane. On voyait aussi là une ménagerie composée de deux singes, de trois perroquets et d'une baleine empaillée; un tir au pistolet; une femme géante, en robe de mousseline bleue, la taille entourée d'une ceinture en filigrane d'argent aux agrafes dorées, la tête surmontée d'un diadème de plumes de paon, les épaules et la gorge couvertes d'une palatine en peau de lapin qu'elle ôtait au moment de la quête, après avoir montré son mollet ceint d'une jarretière tricolore, comme un maire de son écharpe. Groupés devant un panorama, des paysans et des paysannes prenaient un plaisir d'enfant à regarder tourner sur un orgue des petites marionnettes en papier maché, les hommes en habit noir, les dames en crinoline et en gants blancs, avec des éventails roses.

Pas de parade aux gestes risqués, pas de boniments excentriques, émaillés de mots gras, relevés de gros sel ; pas d'oripeaux tragiques, d'empereurs romains drapés dans leur toge et culotant leur pipe, de paillaisses en maillot couleur chair ruisselant de paillettes et s'escrimant dans les lazzis et les gaudrioles. Rien de notre blague latine, de tout le joyeux et tintamarresque tapage de nos exhibitions foraines. On dirait que les Slaves s'amusaient à froid, en dedans.

Le courant de la foule nous entraîna vers une immense place qu'encombrait une cohue de gens qui criaient, juraient, gesticulaient, et d'animaux qui beuglaient, mugissaient et grognaient ; c'était une de ces places de foire comme Breugel sut si bien les peindre. Les couleurs des costumes faisaient autant de tapage que le tumulte des voix de tous ces gens qui s'escrimaient dans des duels d'intérêts. Sur le côté gauche de la place, on voyait des centaines de chevaux : juments pacifiques avec leurs poulains cabriolants et espiègles comme de jeunes chèvres ; étalons fougueux, à l'œil étincelant, hennissant en secouant avec orgueil leur noire crinière. Devant un groupe de maquignons juifs à barbiche rousse, des paysans, armés de fouets, faisaient courir des rosses presque grises. La race chevaline croate a des qualités de force et de résistance qui la font rechercher. Dans les vallées de la Mur et la Drave, on élève des chevaux de race hongroise, et le commerce des poulains est considérable.

Le long de la frontière turque et surtout dans les Confins militaires supérieurs, on trouve la petite race d'origine barbe, tout à fait appropriée à ces contrées âpres et rocheuses. Les haras de Belovar et des anciens régiments de Brod et de Gradisca fournissent d'excellents chevaux pour la remonte de la cavalerie.

Sur le côté droit de la place, une vaste ondulation de croupes brunes et blanches ressemblait à des vagues frangées d'écume : c'étaient des milliers de vaches, de bœufs et de moutons couchés ou debout, allant et venant, seuls, accouplés ou en caravane. Les agneaux appelaient leur mère, dont on les avait séparés; des bergers à demi-sauvages, à la chevelure inculte, vêtus d'un manteau et d'une chemise en lambeaux frottée de suif, la tête surmontée d'un bonnet en peau de mouton, les jambes enveloppées de bandelettes, se tenaient çà et là dans une immobilité de statue, appuyés sur leur long bâton. Au loin on entendait des troupeaux d'oies qui semblaient sonner du clairon comme celles du Capitole, et des canards qui criaient comme des tuyaux d'orgue détraqués.

Nous passâmes devant une longue file de paysannes se tenant derrière des sacs ouverts, remplis de semence de lin, de chanvre, de colza. Le lin et le chanvre se cultivent uniquement pour les besoins domestiques, car c'est la femme qui, dans ces provinces, confectionne tous les vêtements de la famille. Sur les bords de la Save et dans les Confins militaires, les femmes tissent également des tapis presque aussi merveilleux que les tapis turcs, et brodent ces serviettes qui épanouissent leurs fleurs à jour, aux feuilles d'or et aux pétales de soie.

Sur des chars très bas, dont les bœufs dételés étaient voluptueusement couchés dans la boue, des femmes toutes blanches dans leur chemise aux manches bouffantes et serrée à la taille par une ceinture rouge, débitaient de longues chaînes d'oignons pareilles à des guirlandes de gros boutons de roses.

Nous descendîmes une petite rampe, et nous nous trouvâmes dans la partie la plus pittoresque de la foire, la seule qui nous intéressait en réalité.

Des cantines en planches grossières et des guinguettes installées sous des tonnelles faites de branches d'arbre, s'étendaient comme l'aile inachevée d'une rue, et s'ouvraient sur une vaste prairie bariolée d'énormes parasols de couleur sous lesquels se tenaient des marchandes de *slivovitza*, drapées dans de grandes dalmatiques ramagées de broderies rouges, et d'arabesques voyantes. Des vases d'une forme étrange, pleins d'un liquide brun qui représentait de la soupe, étaient placés sur des foyers improvisés, en terre glaise. Un peu plus loin s'agitait toute une armée de cuisiniers et de bouchers ambulants. Tandis que ceux-ci égorgeaient les bêtes vivantes, ceux-là surveillaient la cuisson des moutons et des cochons empalés dans un pieu, que des gamins loués à la journée tournaient en mesure au-dessus des feux ardents qu'entretenaient des femmes; des générations entières de jeunes porcs, pleins de vie et d'espérance, futurs lauréats d'un concours agricole, sont enlevées ainsi aux joies de la famille et d'une douce existence.

Quand l'animal était cuit à point, que sa graisse le revêtait d'une belle cuirasse dorée et appétissante, le cuisinier l'enlevait, le déposait sur une planchette, et le découpait à coups de hache. Les paysans accouraient alors en jouant des coudes pour se disputer les morceaux; ils se cotisaient pour acheter un gigot ou une épaule; en un clin d'œil ce rôti de 150 kilos avait disparu, et les cantines d'alentour se remplissaient subitement de bruit de mâchoires et de chocs de verres : tant il y avait de monde qui dévorait de la viande à belles dents, sans couteau ni fourchette, sur le pouce.

Les plus raffinés mangeaient des morceaux de filet de porc cuits à la brochette devant un feu très vif. M. Quiquerez alla acheter une de ces grillades, et découpant une assiette dans notre pain, nous nous mîmes à déjeuner à l'exemple de nos voisins, et avec autant d'appétit. On appelle en langue du pays ces morceaux de porc, empalés dans une aiguille de bois, des « rôtis de Tziganes ». C'est une des meilleures et des plus succulentes choses que j'aie mangées dans mon voyage. Tout le temps que dura la foire d'Agram, je vins régulièrement prendre mes repas dans ces guinguettes populaires, au milieu des paysans et des paysannes, des gens du peuple et des soldats, qui, pour rompre un peu la monotonie de leur vie, l'émaillaient de grillades et y jetaient quelques pieds de cochon.

Tandis que M. Quiquerez dessinait dans mon album de curieux croquis, j'essayais d'entamer des conversations avec les petits vendeurs de *svira* qui rôdaient autour de nous. Les svira sont des flûtes ou flageolets à sept trous et à deux branches, qui se jouent avec les deux mains. Tout pâtre croate porte une svira à sa ceinture. Les troupeaux sont habitués à marcher aux sons de cette lente et mélancolique musique.

Le soir, le spectacle de cette partie du champ de foire était particulièrement gai et animé. Les flammes des cuisines en plein vent dansaient des sarabandes de feux follets ; les porcs et les moutons qui tournaient lentement, à demi cachés par la fumée, sous la surveillance de vieilles femmes à profil de sorcière, prenaient un vague aspect d'enfants à la broche ; des silhouettes fantastiques enveloppées dans de longues dalmatiques aux plis raides, ou serrées dans une pelisse, s'agitaient au milieu de la nuit pailletée d'étincelles. On apercevait vaguement, à demi noyées dans la pénombre, des esquisses grossières et mal ébauchées d'attelages endormis ; et, au delà du champ de foire, au milieu d'un pré que la lune glaçait d'argent, reluisaient sur leurs affûts les canons fauves d'un parc d'artillerie destiné à la guerre de Bosnie.

Les cabarets improvisés étaient pleins de gens de la ville. Des familles d'employés et de petits artisans dévoraient des côtelettes de porc, dont la graisse se figeait à leurs doigts ou étoilait la table de taches de suif.

Devant les tentes de feuillage régnait une animation de fête, et l'on dansait le *kolo*.

Le kolo est la danse nationale des Slaves, comme la *czardas* (tchardach) est la danse nationale des Hongrois.

Le mot « kolo » signifie roué, c'est-à-dire ronde. On exécute cette danse en rond; au milieu du cercle se tient un joueur de cornemuse (*gaidé*), ou de flageolet. Les deux sexes se mêlent librement, en se tenant soit par la main, soit à l'aide d'un mouchoir noué à la taille de la jeune fille. Quelquefois un des danseurs va poser un coussin devant une des danseuses pour lui demander un baiser; quand le baiser a été accordé, la jeune fille prend le coussin et va le placer à son tour devant un des danseurs. Le kolo n'a ni la fougue ni la gaîté de la czardas; c'est un ensemble de pas divers, et qui ne serait même qu'un simple mouvement assez monotone d'avance et de recul, si les danseurs et les danseuses ne l'animaient en chantant des rondes comme les enfants chez nous. La plupart du temps ces chansons sont improvisées; il faut voir alors le jeu de physionomie des chanteurs, les regards pleins de malice ou de flamme qu'ils jettent à leurs danseuses, et les attitudes coquettes et espiègles que savent prendre celles-ci.

Parmi les chansons qui se disent en chœur, en voici une qui caractérise admirablement et la danse et le sentiment poétique des Slaves du Sud. Il y a comme un reflet doré de l'Orient dans ces strophes charmantes :

« Militza avait de longs cils, — qui ombrageaient ses

joues vermeilles, — ses joues et son blanc visage. — Pendant trois jours je l'avais regardée sans pouvoir jamais — voir à loisir ses yeux, — ses yeux noirs et son blanc visage. — Je rassemblai alors le kolo des filles — (et du kolo était la jeune Militza) — pour avoir occasion de regarder ses yeux. — Tandis que le kolo se dansait sur l'herbe, — le ciel d'abord serein s'obscurcit, — les éclairs brillèrent à travers les nuées : — Les filles levèrent toutes les yeux vers le ciel ; — Militza seule les a devant soi inclinés vers l'herbe verte.

« D'une voix douce, alors lui disent les filles : — O Militza, notre compagne, — es-tu folle, ou sage par dessus toutes, — que tu as les yeux fixés sur l'herbe verte, — et que tu ne les lèves point avec nous vers le ciel, — où les éclairs sillonnent les nues?

« Mais la jeune Militza leur répond : — Je ne suis ni folle ni sage par dessus toutes : — Je ne suis point non plus le feu qui rassemble les nuages, — mais une fille qui regarde devant soi. »

Presque toutes ces chansons populaires arment d'une petite pointe ironique leur couplet final. C'est comme un éclat de rire argentin qui trouble tout à coup le recueillement de la forêt; c'est la griffe qui sort de la patte de velours, l'aiguillon de l'abeille, l'épine de la rose parfumée.

VIII

Les chants populaires slaves. — Rencontre d'un vieux « guslar ».
— Le voïvode Daïtchim. — Le Pacha de Zagorié et la belle Ikonia. — Mirko, le neveu du pendu. — Histoire d'un aveugle assassin.

Les poésies populaires slaves se divisent en poésies domestiques ou féminines, qui se chantent ordinairement à deux voix, avec des reprises en chœur; et en chants héroïques que les hommes déclament en s'accompagnant de la gusla, comme les Hébreux s'accompagnaient de la harpe. Ces chants sont les premières sources de l'histoire du peuple yougo-slave, la chronique de sa vie sous la domination étrangère. Réduits en servage par le Turc, les Slaves de Serbie, de Bosnie, d'Herzégovine, du Monténégro, prirent la gusla pour confidente de leurs douleurs et de leurs espérances, et cherchèrent la consolation des choses présentes en chantant la grandeur passée de la patrie et les exploits de ses héros légendaires. Si l'idée de l'unité nationale reste vivante dans le cœur des Slaves du Sud, c'est grâce aux chants populaires.

Hérodote raconte que déjà les anciens habitants de la Serbie déclamaient jour et nuit leurs poèmes nationaux sous leurs huttes recouvertes de fumier.

Plus d'un de ces chants primitifs s'est transmis de bouche en bouche, et s'est conservé jusqu'à nos jours. Un de ces poèmes, bien plus ancien que les chants d'Homère, nous apprend que dans les réunions de braves on lançait dix faucons sur une troupe de cygnes, et que le guerrier dont le faucon atteignait avant les autres un des oiseaux, avait le droit de chanter le premier les exploits de sa nation.

Ces poèmes, d'une sobriété et d'une vigueur antiques, sont remplis d'invocations aux astres, à la nature; les héros y parlent aux étoiles et à leurs chevaux, aux sources et aux vents, aux abeilles et aux plantes, qui leur répondent. Cette poésie est si païenne d'idées et de sentiment, que le clergé grec lui a fait la guerre comme à un des derniers vestiges d'idolâtrie. C'est ainsi que les vieilles rapsodies bohêmes, polonaises et russes ont disparu. Les Slaves du Sud dépendant des patriarches d'Orient, moins vigilants et moins rigoristes, ont pu seuls conserver leurs chants héroïques primitifs.

Autrefois chaque commune, et même chaque famille un peu aisée, avait son « guslar, » — son joueur de gusla, — pour égayer les réunions et les festins. En Serbie et dans le Monténégro, on voit encore la gusla suspendue, dans chaque hutte, à la place d'honneur, à côté du fusil et du yatagan pris aux Turcs. Ce n'est qu'en Slavonie et en Syrmie qu'on rencontre de pauvres aveugles qui s'en vont, à l'exemple d'Homère, chanter leurs rapsodies le long des chemins, en demandant l'aumône.

J'avais beaucoup entendu parler des guslars, j'avais lu des traductions françaises et allemandes de leurs chants, et j'avais vivement été frappé de la grande allure et de la sévère beauté de cette poésie qui coule de source comme le torrent de la montagne. Aussi pris-je un intérêt tout particulier à entendre le vieux rapsode que le hasard m'avait fait rencontrer à la foire d'Agram.

J'allais souvent le voir le matin, accompagné d'un interprète, et je le faisais chanter. Mais, je dois le dire, — et cet aveu m'est pénible, — je n'ai pas eu la bonne fortune de recueillir de sa bouche une seule rapsodie nouvelle ou inconnue. Celles que j'ai entendues et que je me suis fait traduire figurent toutes dans les recueils de poésies populaires slaves de M. Vuk, de Mlle Voïart, de M. Cyprien Robert et de M. Dozon.

Autour du vieux guslar se pressaient des auditeurs attentifs dont le cercle grandissait sans cesse ; et sans cesse le chanteur était invité à recommencer ses chants. La sueur inondait son front et coulait sur ses joues maigres et bronzées. Ses yeux, voilés d'une pellicule blanchâtre, cherchaient le soleil dont ils n'avaient pas à redouter l'éclat. Le guslar n'avait jamais vu ni le ciel, ni la terre, ni les hommes, et ses chants n'étaient pas nés des nuages qui passent, des sources qui bondissent à travers les hautes herbes, ou murmurent dans le mystère des bois ; ce n'était pas non plus l'éclat d'un sourire sur des lèvres de pourpre, l'harmonieuse démarche d'une jeune fille élancée comme un roseau, qui les lui avaient inspirés. Ses rapsodies ne parlaient que de luttes héroïques, de combats singuliers entre Turcs et chrétiens.

« Dans la blanche ville de Salone, chantait-il, le voïvode Daïtchim est malade depuis neuf ans. La nouvelle qu'il est incurable se répand au loin, et les ennemis de sa patrie reprennent aussitôt courage. Les corsaires africains, conduits par l'Arabe Huso, arrivent sous les murs de Salone. Huso dresse sa tente au bord de la mer, et donne le choix aux habitants de Salone ou de venir se mesurer avec lui, ou de lui payer chaque jour tribut.

« Les hardis Iunaks n'osent entrer en lice avec Huso, et préfèrent lui envoyer chaque jour ce qu'il demande : des bœufs, du vin en abondance, des ducats et des jeunes filles encore vierges. Chaque fille de Salone est obligée de se rendre à son tour sous la tente de l'Arabe.

« Arrive enfin le tour d'Hélène, sœur de Daïtchim le malade. Assise au chevet du lit de son frère, elle verse des larmes brûlantes qui tombent sur le front du malade.

« — Pourquoi pleures-tu, ma sœur? Crains-tu après ma mort de manquer de pain blanc, de vin vermeil, ou de fils d'or pour les mêler à la soie sur ton métier à broder? » — Hélène répond : « Mon pauvre frère, je sais bien que tu me laisseras des richesses en abondance; mais je pleure de me voir forcée d'aller passer la nuit dans les bras de cet horrible corsaire que tout le monde déteste. » — « O ville pourrie de Salone, s'écrie Daïtchim, il n'y a donc pas dans tes murs un seul homme de cœur pour aller combattre un monstre avide seulement du sang des jeunes filles? Ainsi on ne me laissera pas mourir en paix? »

« Il appelle son épouse Angélia, et lui demande si son coursier Douro est encore vivant. « Il vit, répond la belle Angélia, et je le soigne comme mes yeux. — Prends-le donc par la bride, dit le malade, et va-t'en le faire ferrer chez mon ami Pétro. J'irai ensuite défier l'Arabe, dussé-je ne pas revenir. »

« La belle Angélia obéit. Les gens de la ville qui la voient menant Douro par la bride se disent : « Le voïvode Daïtchim a fini par mourir, et voilà que sa veuve s'en va vendre son cheval au marché. » Arrivé chez le maréchal Pétro, elle lui dit : « Ton ami Daïtchim te salue ; il te prie de lui ferrer son cheval, et il payera sa dette en revenant de combattre l'Arabe. »

« Pétro répond : « Je ne ferrerai pas son cheval avant de m'être payé d'abord moi-même en baisant tes grands yeux noirs. »

« A ces mots, la belle Angélia s'emporte comme un feu vivant. Elle reprend Douro, le ramène non ferré à l'écurie, et s'en va conter à son époux sa mésaventure. « N'importe, s'écrie le malade, selle-moi mon cheval non ferré, et apporte mes armes. Et toi, ma sœur, enveloppe-moi la poitrine et les reins avec des tissus de laine bien épais, pour qu'on ne voie pas ressortir mes os. »

« Les deux femmes firent ce que le malade ordonnait ; puis Angélia aida son époux à se hisser sur Douro, et le coursier, reconnaissant celui qu'il avait autrefois porté dans tant de combats, bondit de joie et fit jaillir du feu des pavés. Daïtchim est bien vite arrivé devant la tente de l'Arabe, qu'il provoque par d'amères insultes ; mais, terrifié de revoir tout d'un coup vivant le héros qu'il croyait mort, Huso n'ose entrer en lice.

« Il offre à Daïtchim paix et amnistie, et jure de ne plus jamais revenir sous les murs de Salone. Le malade Daïtchim ne veut rien entendre, et il force l'Arabe à se mettre en défense. Huso lance le premier sa massue contre Daïtchim. Accoutumé aux habiles manœuvres, Douro, voyant venir la massue, se couche ventre à terre.

« L'arme puissante vole par-dessus la tête de Daïtchim et va se briser contre les rochers. A son tour, Daïtchim fond sur le noir Arabe et d'un coup il lui tranche la tête. Avec le bout de son sabre, il en arrache les yeux qu'il enveloppe dans un mouchoir de soie. Puis il rentre à Salone.

« Arrivé devant la forge du maréchal Pétro, il lui

crie : « Approche ici, Pétro, que je te paye de ton travail ! » Et comme Pétro sortait, en riant, de sa forge, Daïtchim le malade lui fend la tête, disant : « Voilà ce qui t'appartient, pour avoir voulu embrasser la femme d'autrui. » Avec la pointe de son sabre, il arrache également les yeux de cette tête, les enveloppe dans son fin mouchoir et rentre à la maison.

« Sa sœur et sa femme se précipitent au-devant de lui. A l'une il jette les deux yeux de l'Arabe, pour lui montrer qu'elle n'a plus rien à craindre ; à l'autre il présente les yeux de Pétro en lui disant : « Il n'essayera plus de t'embrasser ! » Et cela dit, Daïtchim le malade s'affaissa sur son cheval et tomba mort ».

Y a-t-il une ballade du Cid plus vigoureuse et plus belle que cette « piesma » yougo-slave ?

Écoutez encore celle-ci, dont les allures barbares et même sauvages contrastent poétiquement avec la magnificence orientale du fond et des détails ; on dirait un conte des *Mille et une Nuits* :

« Le pacha de Zagorié écrit une lettre, et l'expédie vers la plaine de Grahovo pour être remise aux mains du Knèze Miloutine : « Knèze de Grahovo, lui écrit-il, prépare-moi un logement splendide, fais nettoyer trente chambres pour mes trente braves ; pour moi, fais décorer la blanche tour, et que là soit ta chère fille, ta chère fille, la belle Ikonia, afin qu'elle reçoive les caresses du pacha de Zagorié. »

« La lettre va de mains en mains jusqu'à ce qu'elle arrive à la plaine de Grahovo, aux mains du Knèze Miloutine. En la lisant, les larmes lui tombent des yeux, et sa fille Ikonia, qui le voit, lui demande humblement :

« O mon père, Knèze Miloutine, d'où vient cette lettre, — que le feu consume ! — pour qu'en la lisant tu verses des larmes ? Quelle nouvelle si triste t'apporte-t-elle ? »

« — Ma fille, ma belle Ikonia, répond le Knèze, la lettre vient de la plaine de Zagorié, du pacha maudit. Le pacha veut venir loger chez nous, il me demande trente chambres, avec trente jeunes filles pour ses trente braves ; pour toi, il te veut avoir dans la blanche tour, afin de t'y donner ses caresses, moi vivant! Voilà pourquoi je gémis et je verse des pleurs.

« Mais la belle Ikonia lui dit : O mon père, Knèze Miloutine, fais nettoyer les trente chambres et prépare un souper splendide ; ne t'inquiète point des jeunes filles, je me trouverai trente compagnes ; et puis moi, je serai dans la blanche tour.

« Ikonia ayant instruit son père, prit un encrier et du papier, et écrivit cette lettre sur son genou à son pobratime, Grouïtza Novakovitch : « Aussitôt que ces fins caractères te parviendront, frère, choisis dans ta bande trente jeunes compagnons qui soient beaux comme des vierges, et viens avec eux vers la plaine de Grahovo, dans notre blanche maison. »

« Et la lettre écrite, elle l'envoie en hâte à Grouïtza. Aussitôt qu'il la reçoit, le Heiduque fait un appel dans sa bande, et rassemble trente jeunes compagnons, tous plus beaux que des vierges, puis il prend son fusil léger, se met tout droit en marche vers la plaine de Grahovo, et au coucher du soleil, atteint la maison du Knèze Miloutine.

« La belle Ikonia l'attendait ; elle lui ouvre ses bras et le baise au visage; à ses trente compagnons elle baise la main, puis les introduisant dans la blanche tour, elle ouvre de grands paniers, en tire des habits de fille dont elle revêt les trente Heiduques, après quoi elle les conduit dans les trente chambres.

« — Frères, vous tous mes compagnons, leur dit alors Grouïtza, que chacun de vous demeure dans sa chambre ; puis quand viendront les gens du pacha, baisez-leur le bord de l'habit et les mains, détachez leurs armes brillantes, et servez-leur le vin et l'eau-de-vie. Mais prêtez l'oreille : quand mon fusil retentira dans la blanche tour, c'est que j'aurai tué le pacha ; que chacun de vous, alors, tue son homme ; et tous, accourez vers moi pour voir ce qu'il est advenu du pacha. »

« La belle Ikonia les emmène et leur assigne à chacun une chambre. Puis elle revient à la tour, et tirant ses plus beaux habits, elle en revêt Grouïtza l'adolescent.

« Elle lui passe une fine chemise brodée d'or ; elle lui met des pantalons, et une veste sur laquelle il y a trois mesures d'or ; au cou, elle lui attache trois colliers, et, par dessus, un rang de perles ; aux jambes elle lui met des guêtres chamarrées d'or, et des babouches d'argent massif aux pieds ; et, pour compléter le costume, elle lui couvre la tête d'une riche coiffure ; puis se mettant à le considérer, elle lui dit : « Tu es beau, mon frère, plus beau que moi qui suis une fille ! »

« Comme ils parlaient ainsi, on entendit résonner le pavé de marbre ; c'est le pacha de Zagorié qui arrive. Au bruit, la belle Ikonia va s'enfermer dans la dépense, tandis que Grouïtza reste dans la blanche tour, attendant le pacha.

« Peu de temps se passe ; et le voici qui monte : devant lui marche le Knèze Miloutine portant une lanterne ; derrière lui viennent les trente braves.

« Grouïtza Novakovitch va à leur rencontre, et baise la main et l'habit du pacha.

« Celui-ci lui rend le baiser entre ses yeux noirs, et

dit à Miloutine : « Retire-toi, Knèze, avec mes braves, et fais-leur servir un souper comme il convient. Pour moi, je ne veux rien manger. »

« Alors le Knèze retourna sur ses pas ; et ayant conduit les trente braves dans leurs chambres, il leur fit donner un souper convenable.

« Mais si tu avais vu le pacha ! Il commença par ôter ses riches habits, et Grouïtza arrangea les coussins ; puis quand le pacha se fut mit à l'aise, il se laissa tomber sur la couche en disant à Grouïtza Novakovitch :

« Viens ici t'asseoir, belle Ikonia ; passe avec moi la nuit sur ce lit, et tu seras la femme d'un pacha. »

« Grouïtza s'assit sur les doux coussins. Mais si tu avais vu le pacha ! Aussitôt il se met lutiner Grouïtza, à lui passer la main sous les bras, à l'embrasser sur la joue, à le mordre aux épaules. Il veut découvrir son sein pour le baiser, mais le Heiduque n'était pas fait à ces caresses ; le voilà qui saute sur ses pieds légers, qui saisit le pacha par sa barbe blanche, et commence à lui dire à voix basse : « Arrête, débauché, pacha de Zagorié ! Je ne suis point la belle Ikonia, mais Grouïtza Novakovitch ! »

« Puis, tirant un poignard de sa ceinture, il l'enfonce dans le cœur du pacha, court à la fenêtre et tire deux coups de fusil pour donner le signal à ses compagnons.

« A peine les Heiduques l'eurent-ils entendu que, saisissant leurs sabres tranchants, ils tuèrent les trente Turcs, leur prirent ce qu'ils avaient de précieux, et coururent trouver leur chef pour voir ce qu'il avait fait du pacha.

« Or, il l'avait tué, et lui était assis, buvant du vin que lui servait la belle Ikonia.

« Alors les Heiduques ôtèrent leurs vêtements de filles et remirent leurs habits; puis ils s'assirent à une table servie et mangèrent un souper splendide.

« Mais voici venir le Knèze Miloutine portant six cents ducats, qu'il remet à Grouïtza :

« — Prends, mon fils, lui dit-il, il y en a la moitié pour toi et la moitié pour tes trente compagnons. »

« Après lui vient la belle Ikonia, portant trente chemises dont elle fait présent aux trente Heiduques. A Grouïtza, elle donne des habits dorés et une aigrette toute d'or. Ensuite elle les congédie et les renvoie vers son père d'affection, Starina Novak, pour lequel elle avait préparé un cadeau de cent ducats ; envoyant en outre à son oncle Radivoï le sabre du pacha : « Voici, frère, dit-elle, des cadeaux pour m'avoir assisté dans cette calamité. »

« Puis elle échange avec Grouïtza un baiser au visage. Grouïtza part vers le mont Romania, et la vierge rentre dans la blanche tour ». (1).

Quelle fougue héroïque, quel mouvement, quelle beauté lyrique dans ce petit poëme populaire, qui est un admirable chef-d'œuvre de sentiment et de composition! Comme cette poésie exprime bien le caractère belliqueux et fier des Slaves du Sud, nés pour la guerre, les exercices de la force et du courage, robustes de corps et d'âme, de taille un peu ramassée, mais solides comme un tronc d'arbre, d'un esprit décidé, entreprenant, chevaleresque, simples dans leur vie et familiarisés dès l'enfance avec la mort par leur lutte séculaire contre le Turc !

(1) Ce chant a été aussi recueilli par M. Dozon, chancelier du consulat général de France à Belgrade. Nous avons suivi sa traduction.

En Croatie et en Syrmie, naître aveugle, c'est naître guslar, c'est-à-dire rapsode.

Comme la profession de guslar ne consiste pas seulement aujourd'hui à redire les vieilles piesmas héroïques, mais aussi à composer des chants nouveaux, surtout des chansons de circonstance, on s'y prend de bonne heure pour développer le sentiment poétique du jeune aveugle ; à dix ans, on lui achète une gusla, on le conduit le matin dans la forêt voisine, et on l'y laisse jusqu'au soir, au pied d'un sapin, assis sur la mousse. L'enfant écoute le murmure mélancolique du vent dans les branches, les rumeurs vagues qui sillonnent la profondeur des bois, les chants des oiseaux, les bruissements des feuilles et des insectes ; puis, bientôt, pénétré de la grande poésie de la nature, il s'étudie à reproduire sur sa gusla tous ces bruits harmonieux, pleins de poésie et de mystère.

Enfin, quand il sait faire vibrer sous son archet des sons qui remuent l'âme et font rêver le cœur, on le mène à l'entrée d'un bourg ou d'une ville, à côté d'un vrai guslar, de qui il apprend alors les vieilles rapsodies héroïques, en l'écoutant à son insu. S'il a bonne mémoire, le voilà, au bout de l'année, guslar à son tour ; et désormais il gagnera sa vie en allant, de marché en marché et de village en village, chanter les fastes glorieux de la patrie, les hauts faits des ancêtres, les combats héroïques contre l'ennemi héréditaire, les ballades de la plaine et de la montagne, du laboureur et du brigand ; et il improvisera aussi pour les festins de noce et de baptême des chansons satiriques, qui enrichiront le répertoire des jeunes filles du village.

— C'est dommage, me dit le jeune étudiant de l'Université d'Agram qui me servait d'interprète auprès du vieux rapsode, c'est dommage que Mirko ne soit pas venu.

— Pourquoi ?

— Parce que vous auriez vu un type de guslar bien curieux. On l'appelle Mirko, le neveu du pendu.

— Ah !... Son oncle a été pendu ?

— Oui ; c'était aussi un guslar.

— Mais je suppose qu'on ne l'a pas pendu pour le simple plaisir de voir la mine qu'il ferait avec une corde au cou.

— C'était un assassin.

— Un aveugle assassin ? Voilà une histoire qui doit être dramatique ; comme je voyage pour recueillir des faits intéressants, je vous déclare que je ne vous quitterai pas que vous ne me l'ayez racontée. Venez ; allons nous asseoir dans ce cabaret à l'ombre de ses branches vertes, nous y serons à l'aise ; vous parlerez, vous boirez, et j'écrirai.

— A votre service.

Nous allâmes nous attabler un peu à l'écart, car il y avait là des paysans qui mangeaient des têtes de porc et des quartiers d'agneau ; nous nous fîmes servir une bouteille de vin, et ayant allumé nos cigares, mon compagnon vida un verre pour s'éclaircir le gosier, et commença ainsi :

— Mirko est né sur les frontières de la Bosnie, près de la petite ville de Novi, dont le nom revient si souvent dans nos ballades nationales. Il avait seize ans lorsque son père mourut. Son oncle, qui était aveugle, et par conséquent guslar, le fit venir auprès de lui et lui apprit à jouer de la gusla. C'est à la fin tragique de ce vieillard de soixante-cinq ans que Mirko doit son surnom de « neveu du pendu » et sa célébrité populaire

Il y a soixante ans, un *zwanzig* (1) valait chez nous ce que valent aujourd'hui cinq ou six florins, car nous n'avions alors ni chemins de fer, ni bateaux à vapeur, ni aubergistes allemands, ni théâtre, ni usine à gaz. Il y avait à peine des routes. Dans les Confins militaires, où le sol est peu fertile, l'argent était si rare qu'il pouvait passer, comme dans l'opéra de *Robert-le-Diable*, pour une chimère. De nos jours encore, sur les bords de la Save les échanges se font en nature pour bien des choses. La paysanne qui achète un mouchoir neuf paye le marchand en lui donnant un panier de fruits ou quelques douzaines d'œufs.

A l'époque dont je parle, une pièce de monnaie était un trésor.

Or, c'est pour avoir voulu posséder un zwanzig que l'oncle de Mirko devint assassin et fut pendu.

Le pauvre homme n'était cependant pas méchant! Il avait déjà supporté bien des hivers, n'ayant pour se couvrir qu'un manteau en guenilles; mais, hélas! les guenilles elles-mêmes s'en allaient en lambeaux, et il fallait songer à se procurer un autre vêtement pour la saison prochaine, à moins de se résigner d'avance à mourir de froid.

C'est alors que le vieux guslar osa faire un rêve insensé. Il rêva de posséder, une fois dans sa vie, un zwanzig, afin d'avoir de quoi s'acheter un manteau.

Quand il avait gagné quelques kreutzers, il les employait ordinairement à remettre ses « opanke » en état, ou à réparer son chapeau déchiré par les vents et battu par les pluies. Le plaisir d'entendre sonner deux ou trois petites pièces de cuivre dans sa poche était bien rare, attendu que les paysans le payaient aussi

(1) Deux francs, vieille monnaie

en nature : les uns d'une poignée de blé ou de maïs, les autres d'un morceau de pain, quelquefois — c'étaient les plus généreux — d'un peu de lard.

Le lard se vend. L'idée vint au pauvre vieux de mettre de côté tous les morceaux qu'on lui donnerait, et d'aller un jour à la ville offrir sa provision pour un zwanzig. « A quoi me sert, se dit-il, d'avoir un peu de lard dans l'estomac, si cet hiver je dois geler de froid ? »

L'automne venu, l'oncle de Mirko, ayant recueilli une quantité de lard suffisante, pria une petite fille de son village de le conduire à la ville prochaine.

Le vieux guslar se réjouissait d'avance comme un enfant de revenir avec son zwanzig dans le creux de la main. La jolie pièce blanche prenait dans son imagination les proportions grandioses et brillantes d'un ducat d'or. Ce zwanzig était pour lui le premier et le dernier mot de la richesse ; quoique les héros de ses chants roulassent tous sur l'or et jetassent les ducats à pleines mains. Il sentait déjà sur ses épaules sa dalmatique toute neuve qui tenait son dos au chaud, et il riait dans sa barbe des rafales de neige et de pluie.

— Sommes-nous encore loin de la ville? demandait-il à chaque instant à la petite fille.

Ils étaient en vue du clocher de l'église, quand ils rencontrèrent un jeune homme des Confins qui leur demanda où ils allaient si vite.

— Je vais vendre la provision de lard que j'ai là, répondit l'aveugle en montrant sa « torba » à la poche rebondie et nouée avec des ficelles.

La petite fille portait aussi des morceaux de lard dans son panier.

— Combien veux-tu de ton lard? fit le Confinaire.

— Un zwanzig! répondit le vieillard d'une voix que l'émotion faisait trembler.

— C'est beaucoup!... Fais voir ton sac.

L'aveugle le dénoua.

— On ne te donnera jamais cette somme au marché, dit le jeune homme qui soupesait, tout en parlant, le panier de la fillette.

— Ah! tu crois, balbutia l'aveugle qu'envahissait subitement un sentiment de crainte. Mais j'en ai vingt livres; ce n'est pas cher.

— Sans doute, si le lard était beau; mais le tien a été ramassé de tous côtés. Cependant, si tu n'étais pas trop pressé pour ton argent...

— Je voudrais m'acheter un manteau....

— En ce cas, tu peux attendre encore deux mois... On aura alors distillé les prunes; le *slivovitza* sera vendu, je pourrai te payer...

— Tu me donneras un zwanzig! s'écria le guslar, dont la figure s'illumina de nouveau d'un vaste rayonnement de joie.

— Oui, je te donnerai un zwanzig.

— Prends mon lard.

Le Confinaire rentra chez lui, heureux de son marché; et l'aveugle, plus heureux encore, s'en revint à son village.

Novembre arriva, et avec lui les premiers froids. L'oncle de Mirko se fit conduire chez son débiteur et lui rappela sa promesse.

— Ah! quel malheur, s'écria le jeune homme, la récolte des prunes n'a rien donné, le slivovitza est si mauvais que personne n'en veut et que nous sommes obligés de le boire nous-mêmes; patiente jusqu'à l'hiver prochain, je te payerai sans faute.

— J'aurai bien froid, mais je prendrai patience, répondit l'aveugle, et il s'en retourna ; et tout l'hiver, il grelotta de froid sous ses guenilles.

Novembre et la neige étaient revenus.

Le guslar se présenta de nouveau chez son débiteur.

— J'avais un peu de blé, lui dit le jeune homme, mais la Save a inondé mon champ, mon blé est perdu ; je t'en supplie, attends encore jusqu'à l'an prochain ; cette fois, je te payerai sans faute.

— Mon sang n'est plus assez chaud pour me réchauffer, répondit l'aveugle ; mais puisque la Save a détruit ton champ, je souffrirai et j'attendrai.

Ah ! qu'il regrettait de n'avoir pas porté son lard à la ville ! Mais ce zwanzig lui semblait toujours une si grosse somme, qu'il prit patience sans trop murmurer. A la fin de l'hiver, son manteau ressemblait à une toile d'araignée déchirée.

De nouveau les vents d'automne avaient emporté les dernières dépouilles des arbres, et la gelée avait blanchi les prairies.

L'oncle de Mirko se sentit grelotter.

Il se fit conduire dans la maison du jeune homme des Confins ; mais celui-ci lui dit : « J'ai perdu ma femme et je suis ruiné ; j'irai moi-même t'apporter ton argent aussitôt que je le pourrai. »

L'aveugle s'en revint sans insister, mais avec la résolution bien prise que ce délai serait le dernier.

L'hiver se passa, l'été se passa, l'automne était revenu. Le vieillard n'avait eu aucune nouvelle de son débiteur, lorsqu'un jour il apprit que celui-ci devait se remarier avec une jeune fille qui lui apportait bien des zwanzigs en dot.

Il se rendit sans tarder auprès du Confinaire :

— Paye-moi, lui dit-il. Je sais que tu as de l'argent.

— Laisse-moi tranquille, lui répondit le paysan.

— Voilà trois hivers que j'ai froid, voilà trois ans que j'attends, continua l'aveugle; je n'attendrai pas davantage.

— Vieux fou, s'écria l'autre en lui fermant sa porte au nez; vieux fou qui cours pendant trois ans après un zwanzig!

L'oncle de Mirko se retira. Mais, le jour de la noce du jeune homme, il alla se poster à l'entrée du village, au bord de la route; et lorsque le jeune époux passa, il le reconnut à la voix et lui dit : « Paye-moi, si tu veux que le ciel bénisse ton mariage. »

Le paysan se mit encore à rire et repoussa brutalement le vieillard.

Des cris joyeux, des détonations de pistolet annoncèrent peu après le passage de la noce. Au moment où le cortège se disposait à franchir le seuil de l'église, l'aveugle surgit tout à coup, et se mettant en travers de la porte : « Je ne te laisserai pas entrer, dit-il à l'époux, que tu ne m'aies payé ce que tu me dois. »

Les garçons de la noce écartèrent le vieux guslar, et le cortège entra.

Le soir, au moment où le nouveau marié se levait de table pour emmener sa femme de la maison paternelle dans la sienne, l'aveugle reparut.

— Où est Franjo? demanda-t-il.

Mais les convives, que le vin rendait gais, au lieu de lui répondre, se mirent à le plaisanter :

— Tu l'as si bien vu sur la route, et quand il est entré à l'église; — tu dois le voir maintenant aussi bien que nous.

L'aveugle marcha en tâtonnant au milieu des éclats de rire, et saisissant tout à coup Franjo par la ceinture, il s'écria : « Ah! cette fois, je te tiens! »

Et se penchant à son oreille, il lui dit d'une voix

énergique et brève : « Franjo, paye-moi mon zwanzig... ta femme en a beaucoup... Paye-moi... tu le peux maintenant. »

Le Confinaire riposta par une moquerie.

— Paye-moi, répéta alors l'aveugle d'une voix sombre, ou je te tue !.

— Ah! la bonne plaisanterie!... La bonne...

Franjo n'acheva pas sa phrase; le guslar, exaspéré, hors de lui, le saisit à la gorge de la main gauche, et, prenant de la droite un pistolet qu'il tenait caché dans sa torba, il le déchargea à bout portant sur le jeune homme, qui tomba raide mort au milieu de la chambre.

Cette scène s'était passée avec la rapidité de l'éclair.

L'oncle de Mirko n'essaya pas de fuir; ce qui, du reste, lui eût été bien difficile.

Il se laissa conduire sans plainte et sans résistance devant le capitaine de la compagnie, qui l'envoya, sous bonne escorte, à la prison de l'état-major.

Son procès fut court. Le guslar avouait tout. D'après le code, il y avait bien des circonstances atténuantes; mais les militaires ne les admettent pas. Le pauvre aveugle fut pendu.

Le peuple donna alors à son neveu Mirko, qui avait hérité de ses chants et de sa gusla, le surnom d' « Objessenowitch.», c'est-à-dire neveu du pendu.

IX

Départ d'Agram pour l'intérieur. — Un cocher croate. — La pluie et le beau temps. — Arrivée au château de Biskra. — Vue d'intérieur. — L'hospitalité croate. — Le vin de mon hôte. — Terres vierges. — Le jeu et la noblesse. — Réveil. — Le clergé croate. — Dans le jardin du château. — Visite au clan Borovès. — Organisation des clans croates. — La « moba: » — Moissonneurs et moissonneuses. — Usages et coutumes. — Fêtes. — La Suisse croate. — Les bains de Krapina. — Superstitions. — Justice.

Un voyage resterait dépourvu de charme et d'originalité si l'on ne quittait pas de temps en temps les chemins de fer et les routes battues pour s'enfoncer au cœur du pays, dans des contrées un peu reculées où les touristes pressés et les étrangers ne vont guère ; où notre civilisation n'importe pas encore ses clysopompes et ses chanteuses de café-beuglant, mais où l'on retrouve les vieilles coutumes, les anciennes habitudes, qui conservent à un peuple son caractère particulier et son cachet national.

Les chemins pierreux et défoncés, les voitures détraquées, les attelages à demi sauvages, les rivières passées à gué, l'auberge rustique avec la botte de foin qui vous sert de lit dans la grange ; l'obstacle, la fatigue, l'imprévu, l'émotion, les aventures : voilà les vrais plaisirs du voyage, et les voyages comme je les comprends! Il ne faut pas qu'un itinéraire soit réglé d'avance comme un registre de banquier; il faut savoir ouvrir l'aile au vent qui souffle et se laisser emporter tantôt à gauche, tantôt à droite, au petit bonheur des grands chemins. Le vrai voyageur, a-t-on dit, est comme l'amant passionné : il dédaigne les portes ouvertes à tous, puisqu'il passe par les fenêtres.

M. Quiquerez avait été invité à aller avec ses sœurs passer quelques jours dans un château, à Biskra, à six ou sept lieues d'Agram.

— Voulez-vous venir avec nous? me dit-il en me voyant le lendemain apparaître sur le seuil de son atelier, où je venais chaque jour admirer les rapides progrès de sa grande esquisse.

— Avec le plus grand plaisir, mais ne suis-je pas indiscret?

— Quand on porte un nom français, on est toujours le bien venu chez des Français.

— Si c'est chez des Français que vous allez!...

— Chez des Français établis depuis trente ans dans le pays, et qui ont toujours pratiqué l'hospitalité comme de vrais Croates.

— Quand partons-nous?

— Dans une heure; on a envoyé la voiture pour nous chercher.

Je regagnai en toute hâte mon hôtel, je bourrai de quelques chemises mon sac de touriste, je fis remplir ma gourde; et, le bâton en main, j'étais prêt.

Nous prîmes place dans un de ces antiques cabriolets presque aussi vastes qu'une chambre à coucher. M. Quiquerez occupait la gauche, ses deux sœurs le centre, et moi la droite.

Un cocher aux larges épaules, vêtu d'une dalmatique

brune, à pèlerine bordée de galons rouges, nous bouchait la vue comme un haut et solide paravent.

Je me livrais à des contorsions de clown pour saisir quelques bouts de paysage, apercevoir la cime d'un arbre, le toit d'une maison; ce fut au prix des torticolis les plus douloureux que je pus distinguer ici un champ de blé qui délayait son or au milieu d'une prairie toute verte, là une vieille tour en ruine dont les pierres se détachaient d'elles-mêmes, comme les dents se détachent de la mâchoire d'une tête de mort.

Nous étions à mi-chemin, lorsqu'une formidable averse s'abattit sur nous.

Cette fois un concert de bénédictions s'éleva derrière les épaules de notre cocher, lesquelles nous garantissaient de la pluie comme un mur de casemate vous garantit de la mitraille. Et notre humeur était d'autant plus gaie que l'automédon croate jurant, sacrant, ruisselait comme un sujet de fontaine.

Enfin la pluie cessa, mais le ciel resta comme tendu d'une immense toile grise ; on voyait la queue de l'averse s'agiter toute noire dans un lointain confus. Tout à coup les arbres qui nous apparaissaient, par intervalles assez rares, changèrent de couleur : ils devinrent roses, violets, jaunes, comme si un vol de perroquet se fût abattu sur leurs branches. Notre conducteur ayant écarté le coude, je m'expliquai ce phénomène de coloration en apercevant un arc-en-ciel qui dressait sa voûte multicolore au-dessus de la vallée, comme un pont de pierreries.

Un petit vent qui s'éleva balaya le ciel, et les nuages s'envolèrent comme un grand triangle d'oies sauvages disparaissant à l'horizon. Le soleil montra sa face radieuse de triomphateur, et ses rayons puisèrent dans un écrin invisible des diamants, des rubis et des émeraudes qu'ils suspendirent à chaque feuille, à chaque tige, à chaque brin d'herbe, comme pour une fête nuptiale. Les oiseaux recommencèrent à chanter, les abeilles à bourdonner, les papillons à voltiger, les mouches et les insectes à tourbillonner en faisant étinceler leurs ailes argentées et leur corselet d'acier. Il y avait comme un frémissement de vie nouvelle dans la nature : une résurrection partielle qui ressemblait à un retour amoureux du printemps, tant la végétation était verte et paraissait fraîche; les parfums des fleurs étaient pénétrants et suaves, les mélodies des oiseaux émues et attendries, le soleil caressant.

— Voici Biskra, s'écria tout à coup M. Quiquerez en poussant un cri de joie et en levant en l'air son chapeau pointu.

En me penchant hors de la voiture, je vis, adossé au pied de collines tapissées de vignes, un grand château qui détachait en vigueur sa façade blanche, style de la Renaissance, sur un fond de verdure sombre. On eût dit que ses hautes fenêtres, flamboyantes de soleil, étaient dévorées par un incendie.

Nous nous engageâmes dans une longue avenue d'arbres dont les rameaux touffus s'entrelaçaient et formaient une sorte de voûte.

Quelques rayons glissaient, pareils à des serpents d'or, à travers les interstices des branches; et illuminaient d'éclairs ce chaos d'ombre bleuâtre et mystérieux, plein de formes brouillées et flottantes, comme une forêt à l'heure du crépuscule. Le château, avec son pavillon central, flanqué de tourelles aux deux ailes, illuminé par le soleil couchant qui étendait un tapis jaune à ses pieds, se dressait au bout de l'avenue dans un flamboiement d'autel, une vibration de couleur chaude. Il me semblait que j'arrivais à une résidence princière, comme celle qu'habitait la Belle-au-bois-dormant ; et que le bruit de notre voiture la faisait tout à coup sortir de son sommeil séculaire.

L'illusion se prolongea quand je vis un grand et beau vieillard, aux longs cheveux bouclés, à la barbe blanche comme la neige et tombant presque jusqu'à la ceinture, descendre le vaste escalier de pierre et venir au-devant de nous, la tête nue, les mains cordialement ouvertes.

M. Quiquerez me présenta.

— Vous êtes ici chez vous, me dit M. X. en me saluant d'un magnifique salut, à la manière du grand siècle.

Nous montâmes au premier étage, et nous nous trouvâmes sur un péristyle dont la colonnade, se prolongeant jusqu'à l'extrémité des deux ailes du bâtiment, s'ouvrait sur un petit jardin intérieur et sur la montagne ; des poules, des pigeons, des dindons, se promenaient autour de nous avec une familiarité de petits-maîtres. Un paon perché sur le mur, entre deux colonnes, étalait sa queue, semée d'yeux de velours, semblable à un parterre de pensées. Un chien, bon enfant, courait après les mouches en essayant de les happer ; et plus loin épris, comme ceux de La Fontaine, d'un amour tendre, deux pigeons se becquetaient.

Après avoir réparé le désordre de notre toilette, nous fîmes notre entrée au salon, où nous attendaient les dames. Je fus désolé de la coupe moderne de leurs toilettes ; dans ce salon, meublé à la mode de 1760, il leur eût fallu des robes de soie à fleurs et à ramages, des manchettes de blonde, des souliers à talons rouges et le petit manteau de soie de couleur discrète. Soudain la porte s'ouvrit, et une jeune fille de quinze ans, en robe blanche, apparut portant sur un plateau des verres et des bouteilles. Je crus cette fois que la Belle-au-bois-dormant venait réellement de se réveiller.

— Ma fille, me dit M. X.

Je me levai et lui présentai mes hommages.

Il y avait chez cette charmante enfant un délicieux mélange du type français et du type italien (M. X. a épousé une Italienne). Figurez-vous une tête fine et rêveuse, coiffée d'admirables cheveux d'un ton d'ébène ; des yeux noirs comme le jais, ombrés de longs cils projetant une ombre légère sur des joues roses et veloutées ; des dents aussi éblouissantes de blancheur que les lèvres l'étaient de santé. Sa taille svelte et bien prise avait une élégance toute parisienne. Elle nous versa elle-même, avec une grâce naïve, du slivovitza, qu'elle vint ensuite nous présenter.

Le slivovitza se boit généralement avant le repas ; c'est l'absinthe slave, avec l'abrutissement en moins. Le résidu des prunes qui servent à faire le slivovitza est employé pour la fabrication du raki. Le raki est du slivovitza populaire. Une fois mariée, la paysanne croate a le droit de boire du raki ; et souvent elle ne se marie qu'en vue de ce privilège. On vend cette eau-de-vie de bas étage jusque devant la porte des églises. Des marchandes s'installent chaque dimanche derrière des tables improvisées, avec cinq ou six bouteilles de raki ; et les femmes, à l'entrée et à la sortie de la messe, en absorbent de grands verres tout d'un trait.

On annonça que le dîner était servi.

Nous entrâmes dans la salle à manger, au moment où deux servantes croates apportaient, sous les yeux de l'intendante italienne du château, l'une le potage fumant et l'autre un pain immense.

— Si vous étiez dans une maison croate, me dit M. X., vous entendriez les convives parler à la fois latin, slave, français, allemand et italien. Avant de commencer le repas, le maître de la maison vous offrirait le *bilicum,* c'est-à-dire le verre de l'hospitalité. C'est le plus grand de la maison. Et après le potage, le chef de la famille se lève pour porter la santé de son hôte et se féliciter de le voir à son foyer; il lui ouvre sa maison pour toujours : « Ma maison, dit-il, est à vous; dans quelque circonstance que ce soit, vous y trouverez une place : s'il n'y a qu'un lit, il sera pour vous; s'il n'y a plus qu'un morceau de pain, il sera pour vous; s'il n'y a plus qu'une bouteille de vin, elle sera pour vous. Vous êtes notre ami : acceptez la clé de notre maison, afin que vous puissiez y entrer toujours et à toute heure. »

— On parle de l'hospitalité écossaise, fis-je; il me semble que l'hospitalité croate est encore plus large et plus complète.

— Oh! oui... Quand la clé de la maison vous a été présentée sur une assiette, continua M. X., il faut que vous répondiez au discours du maître du logis. Puis on nomme par acclamation un régisseur ou maître de table (*magister mensæ*), qui préside à la suite du repas. Le maître de table n'a qu'une seule préoccupation : trouver des prétextes pour faire boire les convives le plus souvent possible. On boit à François-Joseph, au pape, au ban, à la patrie, au passé de la Croatie, au présent de la Croatie, à l'avenir de la Croatie. Au début du repas, la table est souvent chargée de vingt à trente bouteilles de vin, qui se renouvellent à mesure qu'elles se vident. Quand vient le dessert, on « fait des mariages », afin que les hommes ne boivent pas seuls. Le maître de la maison se lève, et s'adressant à son hôte il lui dit : « Je vous marie avec ma femme; je n'ai qu'un regret : c'est qu'elle soit vieille et ne puisse guère vous servir. »

Là dessus, la gaité redouble, on vide les verres à la ronde à la santé des époux, et l'on finit par marier tout le monde ; on vous marie même avec des personnes absentes... Mais prenez donc encore une aile de poulet, me dit M. X., en me présentant lui-même le plat.

— Il est tendre comme une caille, votre poulet.

— Ah! c'est que mon intendante les élève comme des sujets destinés à lui faire beaucoup d'honneur. — Du vin, permettez-moi de vous verser du vin ; vous oubliez que vous êtes en Croatie.

— Mais il me semble que je fais une cour assidue à toutes ces bouteilles ; du reste, votre vin mérite qu'on le boive, il est exquis.

— N'est-ce pas? fit M. X. avec un mouvement d'orgueil.

— On n'en boit pas de meilleur dans les premiers restaurants de Paris.

— C'est du vin du pays, — du vin de mes vignes. Je dois vous dire que la Zagorjé — c'est ainsi qu'on appelle notre contrée, — est particulièrement favorable à la culture de la vigne. Malheureusement nous manquons de débouchés et nos meilleurs crûs sont presque inconnus.

— Le paysan boit-il son vin?

— Non, il va le vendre à Agram. Comme boisson ordinaire, il préfère le raki.

— Mais voilà quinze jours que je suis en Croatie, fis-je remarquer à M. X., et je n'ai pas rencontré un seul ivrogne.

— On ne voit que bien rarement des paysans ivres en plein jour ; mais le dimanche soir, ils émaillent le bord des routes et des chemins, dans les poses les plus variées.

— Cette passion des paysans pour l'eau-de-vie doit

avoir des effets regrettables au point de vue de la prospérité nationale?

— Ah! monsieur, le paysan croate pourrait être l'homme le plus heureux de la terre ; il serait même plus heureux que les paysans de Virgile, — car le poète nous dit qu'ils ignoraient leur bonheur, — s'il avait plus d'initiative, s'il était plus industrieux, plus laborieux. Il demande à peine à la terre le blé dont il a besoin ; et dans les années mauvaises, il mourrait de faim sans le voisinage providentiel du château. Avant que la neige ait complètement disparu, le paysan vient déjà emprunter des fèves et des pommes de terre, qu'il paye en journées de travail au printemps. Il y a même des paysans qui se voient réduits à manger de l'herbe, — certaines herbes, s'entend, qu'ils connaissent et qui sont très abondantes en suc nourricier. Le jour où la Zagorjé, cette Mésopotamie croate, sera cultivée comme elle le mérite, non seulement elle deviendra une Californie agricole, mais un petit paradis terrestre.

— On m'a dit qu'il y avait encore en Croatie et en Slavonie beaucoup de terrains en friche.

— Dans les Confins militaires, il y a encore 5031 kilomètres carrés de terres vierges ; et entre la Save et la Drave s'étendent d'immenses marais qu'on pourrait dessécher à peu de frais, en réglant le cours de l'eau. Un Français, M. Lemaître, a conquis une immense propriété près d'Essek, sur des marais aussi malsains que stériles. Là où il récolte aujourd'hui du blé et du maïs, on pêchait auparavant des carpes de quinze à vingt livres. Des colons allemands, tchèques, polonais, slovaques, ont suivi son exemple, et sont arrivés à un bien-être voisin de la richesse. C'est ici qu'on aurait dû envoyer des émigrés alsaciens et lorrains. Ils se seraient trouvés au milieu d'une population sympathique; et ils auraient fait de ce pays une contrée fertile et verdoyante comme leur ancienne patrie. Et que de richesses minières dont ils auraient pu tirer parti!

On trouve de l'or dans les quartz, entre Nasice et Gradisca. La Drave charrie des sables aurifères. Les orpailleurs des environs de Drnje en retirent, presque sans travail, pour plus de 12,000 francs par an. L'argent se trouve dans presque toutes les malachites. Il y a des gisements de fer, de cuivre et de plomb, ainsi que des bancs de soufre très abondants, dans les comitats d'Agram et de Varasdin, ainsi que dans les Confins militaires. Dans le comitat de Krizevac, la marne est entièrement imprégnée de naphte et de pétrole. On se borne à recueillir l'huile de naphte, que les paysans emploient pour graisser les roues de leurs chars. Enfin des fouilles récentes ont mis à nu d'épaisses couches de charbon de terre qui n'attendent que du travail, de l'intelligence et des capitaux pour être exploitées (1).

Le dessert transforma la table en vaste corbeille de fruits. Des abricots gros comme des pommes s'élevaient en pyramide dorée; des figues, qui semblaient recouvertes de peau de chagrin, s'étalaient sur des feuilles de vigne; et des framboises rouges et jaunes brillaient dans des coupes de cristal, comme un entassement de topazes et de rubis. Les mûriers, les orangers, les figuiers, les grenadiers poussent en pleine terre dans le bassin abrité de la Zagorjé.

M. X. nous proposa alors de boire une rasade à la

---

(1) La journée d'un ouvrier se paye en Croatie 20 sous. Un petit cheval croate coûte 225 francs. Une paire de bœufs, de 400 à 450 francs. Une vache, 120 francs. Une génisse, 35 à 40 francs. Un âne, 5 francs!

France, et le dîner s'acheva dans des discussions de toute sorte qui ne furent pas trop indigestes.

A dix heures, nous nous levâmes de table et nous allâmes nous coucher. J'occupais avec M. Quiquerez une belle et vaste chambre dont le mobilier et les nobles portraits redisaient l'ancienne splendeur du château.

Cette résidence quasi royale appartenait jadis à la famille Orchich, qui la laissa en héritage à deux frères devenus d'irréconciliables ennemis. A la mort du cadet, l'aîné vendit le château et la terre au comte Erdödy, qui s'y suicida. Il avait écrit à son frère qu'il s'ôterait la vie si, dans cinq jours, il n'avait pas reçu l'argent nécessaire au payement de ses dettes de jeu.

Le courrier qui apportait la somme demandée arriva une heure trop tard.

Le jeu a été de tout temps la passion dominante de la noblesse croate.

On m'a cité à ce sujet un mot caractéristique.

M. le comte de B., ayant un nouveau voisin de campagne, alla lui faire visite. La première question qu'il lui adressa fut celle-ci :

— Voulez-vous jouer votre château contre le mien?

Le fils de la riche famille des Andamovitch, à laquelle appartenaient presque toutes les terres voisines d'Essek, risquait souvent à Vienne ou à Pest, sur un seul coup de bouillotte ou d'écarté, des centaines d'hectares de champs ou de forêts. Il est vrai qu'en Croatie et en Hongrie, les terres seigneuriales ont gardé des proportions qui rappellent le partage des terres au moyen âge. On compte beaucoup de domaines qui ont une étendue de 40,000 et 50,000 hectares. Il n'y a guère de paysans qui possèdent moins de 20 à 25 hectares. Le morcellement ne peut descendre au-dessous de 2 hectares, superficie jugée nécessaire par la législature pour l'entretien d'une famille.

Mais aujourd'hui la noblesse croate ne met plus ses châteaux comme enjeu. Les usuriers juifs ont su les leur gagner sans biseauter les cartes.

Le réveil dans notre grande chambre aux boiseries sculptées fut charmant. Nous avions demandé qu'on laissât nos persiennes ouvertes, de sorte que nous nous éveillâmes dans un bain de soleil.

Nous courûmes chacun de notre côté en costume croate, c'est-à-dire réduit à sa plus simple expression, ouvrir une croisée ; des bouffées d'air matinal vinrent nous caresser le visage et nous montèrent au cerveau comme une ivresse délicieuse.

Dans la cour, les canards s'embarquaient hardiment sur le bassin du jet d'eau, ailes au vent, en poussant des couacs pleins d'allégresse ; le paon n'avait pas quitté sa place sur le mur entre les deux colonnes, et il annonçait le jour, lui aussi, en ouvrant son brillant soleil de plumes ; les pigeons neigeaient sur le toit, les hirondelles se déroulaient dans l'azur comme une longue dentelle noire ; cachée sous le panache blanc d'une aubépine, une fauvette se grisait de son chant ; sur les arbres, toutes sortes d'oiseaux gazouillaient et se réjouissaient, et dans les herbes les grillons, armés de leur crécelle, réveillaient les petits insectes encore incrustés comme des pierreries dans la corolle des fleurs ; la campagne était pleine des rumeurs d'un gai réveil et d'élans de jeunes tendresses.

Nous nous habillâmes à la hâte, et nous descendîmes pour faire le tour du château. Le site qui l'entoure me frappa d'admiration. C'était l'Oberland sans les lignes sévères de son paysage : quelque chose de doux, d'une intimité suave et d'une simplicité idyllique, avec une végétation toute italienne. Je ne crois pas que l'on puisse rêver des ombrages d'une fraîcheur plus délicieuse, des arbres fruitiers plus beaux, des gazons plus verts, des perspectives plus profondes et à la fois plus variées et plus imprévues. Du côté de la montagne, les coteaux se couronnent joyeusement de pampre comme des faunes antiques, et il y a une petite gorge boisée formée par le rapprochement de deux collines : une gorge mignonne qui n'a l'air de rien et qui est charmante à voir, comme une fossette à la joue rieuse d'une jolie fille. Du côté de la plaine se déroulent des prairies d'une beauté plantureuse : tapis à fond de velours vert étoilé de blanches marguerites, et que les champs de blé bordent d'une large frange d'or.

Nous étions arrivés devant la chapelle du château, qui ne s'ouvre que deux ou trois fois par an, les jours où le curé de la paroisse vient y célébrer les messes de fondation. C'est aux seigneurs du pays que le clergé croate doit tout ce qu'il possède. Tel seigneur a donné un champ, tel autre une forêt ou une vigne ; mais chacune de ces donations a été faite avec cette clause spéciale, que si un membre de la famille du donataire tombait un jour dans l'indigence, il serait recueilli et soigné au presbytère jusqu'à la fin de ses jours. La générosité seigneuriale n'a pas été partout la même ; et comme le clergé n'est pas payé par l'État, qui a respecté les donations, il y a certaines paroisses où le curé est obligé de dire chaque année du haut de la chaire à ses ouailles : « Vous savez que je ne possède rien ; si la récolte est bonne, donnez-moi de quoi me nourrir ; si vous m'apportez trop, rien ne sera perdu, je le rendrai aux pauvres. »

Les paysans prélèvent alors sur la moisson et la

vendange une espèce de dîme qui sert à l'entretien du culte.

De la chapelle, une allée de mûriers nous conduisit au jardin du château, où nous trouvâmes M. X., coiffé d'un immense chapeau de paille et tout vêtu de blanc, occupé à cueillir des abricots qu'emperlait la rosée. Un peu plus loin, sa fille, le corps gracieusement penché en avant, au milieu de buissons de framboisiers aux baies de corail, semblait nager dans la verdure. Un pluvier doré la regardait de son œil noir, du haut d'un poirier en pyramide au sommet duquel il s'était perché. Comme un berger de Florian en veste et en bas de soie, avec sa houlette enrubannée, se montrant derrière la haie couverte de liserons, eût bien fait dans le tableau !

Ce jardin est l'objet des soins particuliers du père et de la fille ; c'est un de ces coins de terre privilégié où l'on voudrait s'arrêter pour toujours, une de ces retraites fleuries, hospitalières et cachées, où l'âme se repose comme un oiseau fatigué qui met sa tête sous son aile. Pas d'allées raides ou majestueuses, mais des petits chemins qui sentent bon et parlent bas ; pas de parterres étalant leur richesse tapageuse de parvenus, mais la nature telle qu'elle est, belle, franche, souriante, naïve ; presque un fouillis de plantes et d'arbustes entrecoupé ici par un parterre de pensées aux pétales arrondis, à fond chatoyant comme le velours ; là, par des glaïeuls éclatants de coloris, des pétunias rose uni veinés de pourpre, des balsamines et des reines-marguerites. Au milieu de toutes ces plantes croissant en liberté comme dans une république horticole, où les fleurs les plus humbles et les plus communes ont autant de soleil que les plus nobles, je découvre cette petite saxifrage au feuillage élégant, aux corolles blanches ponctuées d'un rouge vif, si française de forme et de nuance, et qui fait le désespoir des peintres. Elle vient des départements du nord, où les paysans l'ont si gentiment surnommée : « Plus je vous vois, plus je vous aime. » Pour ceux qui sont loin de la patrie, c'est la douce fleur du souvenir : plus on la voit, plus on aime la France. Dans des alcôves de feuillage sombre, des roses mettaient des couleurs de chair, des veloutés de gorge, des nudités fraîches et parfumées. C'étaient la Douce Aurore, la Vierge de Lemnos, l'Étoile du Nord, la Coquette de Bellevue, la Rose Solitaire et la Rose Hyménée, dont les pétales ont la pâleur rougissante d'une jeune épouse. Et il y avait là un rossignol qui chantait comme le rossignol dont parle Heine, — indifférent pour le reste du monde, et dont l'unique pensée, l'unique chant, était pour la rose purpurine qu'il entourait de son vol amoureux ; et se précipitant tout enflammé au milieu des épines chéries, il saignait et chantait comme les cœurs heureux de leurs blessures et qui les bénissent.

L'air qui nous entourait, imprégné des parfums les plus suaves et des odeurs capiteuses de la menthe, du réséda, de la sauge, du thym, de la lavande, de la giroflée jaune et de l'hysope, était plein d'une délicieuse griserie.

Les abeilles matinales buvaient le miel sur les lèvres entr'ouvertes des roses, et les papillons couraient d'une fleur à l'autre comme de petits Cupidons naturalistes. Admirable harmonie de la création ! Certaines fleurs ne sont fécondées que par la présence, sur leur corolle ou dans leur calice, d'un papillon ou d'une abeille qui secouent leur pollen.

Une allée, ombragée d'une treille en berceau, nous conduisit dans un bouquet de bois au milieu duquel nous trouvâmes un kiosque rustique à demi enseveli sous des plantes grimpantes aux festons capricieux. C'est dans cet ermitage à la Jean-Jacques que M. X. vient philosopher avec ses hôtes, après dîner, ou rimer quelque sonnet quand il est seul, et que la Muse des bocages lutine ses cheveux blancs.

Nous revînmes au château en traversant le potager, au milieu duquel de longues files de choux pommés semblaient méditer sur leurs fins dernières comme toute une rangée de crânes chauves de professeurs allemands. Le long des plates-bandes, des potirons étalaient entre des touffes de feuilles poilues leur ventre jaune et poli de mandarin chinois, et des concombres se recourbaient comme de larges cimeterres.

Après le premier déjeuner, composé de café au lait, de miel et de beurre, M. X. nous conduisit à un clan voisin, — le clan Borovèz, où il avait à voir un malade. Il n'y a ni médecin ni sage-femme dans la contrée ; et c'est à M. X. que tous les paysans ont recours en cas de maladie.

Malgré les lois votées en 1871 par la diète d'Agram, lois en vertu desquelles la vente des biens indivis et la dissolution de la communauté sont permises, la plupart des paysans croates et serbes (1) sont restés fidèles à l'ancienne coutume de leurs pères de vivre groupés autour d'un chef et du même foyer. « Plusieurs mains, disent-ils, produisent plus qu'une seule, et il n'y a que les forces unies qui puissent fonder de solides maisons. »

J'ai retrouvé parmi eux le tableau de la vie patriarcale, telle que nous la décrit la Bible ; au lieu d'être

(1) Les Croates et les Serbes sont les deux rameaux d'un seul peuple ; ils parlent la même langue ; il n'y a donc pas de différence de nationalité entre eux.

logés sous des tentes, ils habitent des huttes d'argile groupées autour de celle du patriarche, voilà la seule différence.

Le clan est entouré d'une clôture de branches entrelacées. Vu à distance, il ressemble à un vaste campement. On rencontre encore des clans qui forment de véritables villages, et qui possèdent plusieurs centaines de chevaux (1). « La famille isolée, dit un proverbe commun aux Iougo-Slaves, a beaucoup plus de peines que de joies. » — « Celui qui est seul, dit un autre proverbe, est semblable au chêne coupé. »

C'est le même communisme primitif que celui qui s'était établi autrefois dans les Confins militaires ; seulement, ici, le clan est homogène, c'est-à-dire formé uniquement des membres de la même famille ; tandis que dans les frontières militaires, le clan était hétérogène, les éléments qui le composaient étant la plupart du temps étrangers les uns aux autres.

La *zadrouga* — c'est le nom que les Slaves du Sud donnent à ces sortes d'associations — est constituée sur les mêmes bases que l'ancienne tribu ; c'est une association coopérative pour l'exploitation d'un fonds commun et indivis. Les biens (15 à 23 hectares en général) sont possédés et cultivés en commun. Le gain réalisé est versé presque intégralement dans la caisse de la famille. Le chef est le gérant de la société, le maître de la communauté ; on l'appelle *staréchina* (ancien) chez les Serbes, et *gospodar*, c'est-à-dire maître, chez les Croates. C'est un chef naturel, mais comme

---

(1) Un journal de Belgrade signalait dernièrement une « zadrouga » de quatre-vingt-cinq membres. Au Monténégro, on cite aussi le clan du Dalmate Triphounovic, qui comptait, il y a quelques années, soixante-douze personnes, treize femmes mariées et deux veuves.

la zadroùga est une république en miniature, il arrive aussi que ce chef est élu au suffrage universel. On a vu ainsi des pères obligés d'obéir à leur fils.

Le gospodar répartit la besogne et exerce une autorité patriarcale sur tous les membres de l'association. M. X. m'a cité un trait qui montre jusqu'où va l'obéissance dans le clan. Un jour le fils d'un chef avait volé des fruits dans le verger du château. M. X. alla se plaindre au gospodar.

— Combien valent tes fruits ? demanda celui-ci.
— Un florin, répondit M. X.

Le staréchina paya, et appelant son fils :
— Va me chercher un banc.

Le fils obéit.

Le père lui fit signe de s'étendre dessus. Il lui lia les mains derrière le dos et lui administra vingt coups de bâton.

Le fils se releva, reporta le banc à sa place, et vint baiser la main de son père, en lui disant : « Merci ! »

Celui des associés qui s'est rendu coupable de désobéissance ou de paresse pendant le courant de l'année, peut être privé, lors de la répartition des bénéfices, de la part à laquelle il a droit.

Chez les Serbes, chaque dimanche tous les chefs de clan se réunissent en plein air et remplissent les fonctions de juge. Ils prononcent publiquement sur les différends qui surviennent entre les divers clans, et délibèrent ensuite sur les besoins de la commune. Quand un paysan n'a pas assez de terre, la commune lui en donne ; et ces terres deviennent sa propriété, sans qu'il paye rien. Aussi n'y a-t-il parmi les gens de la campagne ni grande richesse, ni grande misère (1).

---

(1) « Le peuple serbe est exempt d'idées absurdes ; il n'y a pas chez nous de prolétaires. » (Tankovitsch et Grouitch, *les Slaves du sud.*)

L'égalité des biens est la même que celle qu'on retrouve encore dans le Mir russe et le couvent chrétien. Le communisme, forme primitive de la propriété, n'est pas, comme on le voit, une idée moderne.

Nous entrâmes dans le clan Borovèz en franchissant la clôture qui l'entoure au moyen d'une petite échelle servant d'escalier. Aussitôt les enfants qui jouaient tout nus parmi les poules, les canards et les cochons, se sauvèrent en poussant des cris d'effroi; et les poules, les canards et les cochons s'enfuirent à leur tour : ceux-ci, les oreilles droites et la queue en trompette, ceux-là les ailes ouvertes et effarés, poussant des cris moins sauvages que les enfants. Les cochons disparurent dans leurs huttes recouvertes de chaume, et les poules se réfugièrent dans les maisons en volant par-dessus les femmes en chemise assises sur le seuil. Les chevaux qui paissaient sous quelques arbres eurent peur de toute cette peur et se mirent à gambader en ruant, comme si une bande de loups eût fait invasion dans la zadrouga. Les canards, qui avaient montré jusqu'alors une bravoure antique, sentirent tout à coup leur cœur faiblir et se jetèrent, en proie à une panique des plus amusantes, dans une mare boueuse entretenue par l'eau du puits.

Le clan Borovèz se compose de dix maisons, rangées en demi-cercle comme de grandes ruches, et renfermant chacune trois familles dont le travail se fait en commun, bien que les ménages soient distincts, contrairement à ce qui se voit dans les Confins militaires, où chaque jour quarante à cinquante personnes se groupent autour de la même table. La promiscuité est bannie des zadrougas croates et slaves ; les enfants appartiennent au père et à la mère et ne sont pas, comme chez certains peuples qui vivent aussi par clans, la propriété de tous. C'est la famille patriarcale dans toute sa simplicité et sa grandeur, obéissant ordinairement à une « sagesse », à un vieillard aux cheveux blancs, à un patriarche.

Dans les pays slaves, la vieillesse est encore respectée comme à Lacédémone. « La jeunesse est la force, dit un proverbe slave ; l'âge est la tête. » — « Le diable, disent-ils encore, en sait beaucoup parce qu'il est vieux. »

On ne tutoie jamais les vieillards ; on s'interdit devant eux les facéties et les jeux. Ils sont assis aux repas, tandis que les jeunes gens qui se trouvent en leur présence se tiennent debout. On leur baise la main avec vénération (1). Selon les mœurs russes, le père de famille est aussi souverain dans sa maison que le czar l'est dans son empire. L'âge n'affranchit pas les enfants de l'autorité paternelle, à laquelle ils restent soumis jusqu'à ce qu'ils soient mariés.

Nous étions arrivés auprès des femmes qui, seules, n'avaient pas été effarouchées de notre présence. Elles écossaient des pois et pelaient des pommes de terre.

— Où est le malade ? demanda M. X.

Une d'elles se leva et nous conduisit dans une des dix maisonnettes rangées en demi-cercle et qui, à peu près toutes construites de la même façon, se ressemblaient.

Sur un tas de bois, devant la porte, un gros chat noir lavait son museau rose et peignait ses longues moustaches blanches.

Nous pénétrâmes dans une étroite chambre éclairée par une lucarne : un homme geignait, étendu sur le ventre, au milieu d'une méchante paillasse. M. X. l'in-

---

(1) Mme Dora d'Istria.

terrogea. Il avait une inflammation d'entrailles, suite de trop copieuses libations de raki. — A terre, au pied du lit, dans une auge de bois qui lui servait de berceau, et tout autour de laquelle des poules et des canards se tenaient couchés, un blond petit enfant souriait comme un poupon Jésus. Un bahut, une planche plantée sur quatre piquets et servant de table, un poêle de terre, à la fois four et cuisine, complétaient l'ameublement de cette pauvre pièce, qui n'avait pour plancher que le sol battu.

— Combien y a-t-il d'enfants dans votre zadrouga? demanda M. X. à la femme, après avoir laissé quelques remèdes pour le malade.

— Il y en a tant qu'on ne peut pas les compter, répondit-elle.

Les petits sauvages étaient de nouveau sortis de leur cachette, un à un, et ils grouillaient dans l'enclos comme des nichées de lapins.

La communauté a aussi son jardin, situé en dehors de l'enceinte du clan. On n'y cultive guère que des oignons. L'oignon est le fond de la nourriture du paysan croate. Le matin, il en croque deux ou trois; à midi, il en mange une soupe; quant au repas du soir, il consiste en farine de maïs bouillie sur laquelle on verse de la graisse de porc. Ce n'est pas la bonne chère, comme on voit, qui fait des victimes dans les campagnes; c'est l'ivrognerie. A l'approche de l'hiver, le paysan vend ses bestiaux pour n'être pas obligé de les nourrir, puis il s'enferme chez lui, comme un ours dans sa tanière, et se met à boire des journées entières, sans sortir, — pendant que sa femme et ses filles lui tissent des vêtements. Quand arrive le printemps, il rachète une paire de bœufs, il ensemence tout juste le blé qu'il lui faut pour vivre, puis il se repose de nouveau comme s'il avait créé le monde, attendant que le soleil fasse le reste, — mûrisse son blé, rougisse ou dore sa vigne. Le paysan croate se ressent du voisinage de l'Orient, il a la paresse et l'insouciance du Turc.

Certains économistes prétendent que c'est la communauté des biens qui favorise la paresse ; et qu'abolir les zadrougas, ce serait augmenter la production et les ressources du pays. Ces réformes changeraient-elles aussi le caractère national? Le paysan livré à lui-même, travaillant sans contrôle, pouvant vendre sa terre pour la boire, ne risquera-t-il pas de voir son bien passer aux mains des usuriers? Il ne suffit pas de faire de nouvelles lois; il faut, pour que ces lois soient utiles, que le peuple soit assez éclairé et instruit pour les comprendre.

M. Quiquerez s'était assis au pied d'un arbre, près d'un vieux grenier, et il esquissait dans mon album une vue générale du clan Borovèz ; de mon côté, je prenais des notes, et M. X. tâtait le ventre, affreusement ballonné, d'un gars en costume de ver de terre, que sa mère venait d'amener en le tirant par le nez. Le petit poussah avait trop mangé de groseilles ; sa gloutonnerie l'avait gonflé comme une outre. Pendant ce temps, des hommes de la zadrouga, revenus des champs, s'étaient groupés derrière M. Quiquerez et moi, et regardaient d'un œil méfiant nos crayons marcher sur le papier. Tout à coup le plus âgé s'avança vers M. X. et lui dit :

— Pourquoi veut-on encore augmenter nos impôts?

— Mais je ne sache pas qu'on veuille les augmenter, répondit M. X.

— Ces deux messieurs qui écrivent là sont des commissaires du gouvernement. Croyez-vous que nous

11.

ne les connaissons pas? Ils relèvent le plan de nos maisons.

— Pas le moins du monde, s'écria M. X.; il y en a un — celui qui est en veston — qui vient de Paris, et l'autre est un peintre.

Le paysan rentra dans le groupe, chuchota à l'oreille de ses camarades; et tous me regardèrent alors comme un homme qui descend de la lune. Quand je me fus suffisamment laissé voir, je donnai le signal du départ.

Dans la vaste plaine diaprée de champs de trèfle aux boutons roses, de champs de maïs aux aigrettes d'argent, et de champs de froment aux épis d'or, le soleil déroulait ses larges nappes de lumière blonde, et, de tous côtés, précédées d'avant-gardes de faucheurs, s'avançaient des armées de moissonneuses. Nous les voyions s'arrêter à intervalles égaux, se former rapidement en carré pour exécuter un chant en chœur; puis, le couplet achevé, se remettre avec ardeur à l'ouvrage sous la surveillance de l'*ispan*, c'est-à-dire du conducteur des travaux qui les suivait, la pipe à la bouche, la canne à la main, comme un vieux général retraité qui aurait pris le commandement d'un bataillon de femmes (1).

Le Croate et le Serbe chantent toujours en travaillant; mais c'est surtout pendant la « moba » que l'on chante du matin au soir, et souvent aussi du soir au matin.

La « moba » est une espèce de fête champêtre pendant laquelle on ne peut travailler ni pour soi, ni pour de l'argent, et qu'on célèbre en travaillant gratuitement pour les autres. Quand celui qu'on aide dans ses tra-

---

(1) En Russie, le surveillant des travaux est armé d'un fouet. Les femmes enceintes ne sont pas exemptes du travail, et souvent on les voit accoucher dans les blés et rapporter au village leurs nouveau-nés dans leur jupon.

vaux est riche, le soir, au retour des champs, on se réunit autour d'un joyeux festin, et l'on chante et l'on danse jusqu'aux lueurs de l'aube.

Et l'automne, à l'époque où la récolte du maïs est venue, que de musique et de chansons aussi dans les airs! Sur les grands tas de blé de Turquie, les moissonneuses, dans leur long vêtement flottant, se détachent comme de blanches prêtresses; et, élevant leur faucille d'un geste d'ensemble, elles entonnent des chœurs d'un effet saisissant. Le soir, le gospodar (maître de la maison) leur fait verser du vin, et le kolo noue, aux refrains de nouvelles chansons, sa chaîne souple et gracieuse.

A mesure que le sentier que nous suivions nous rapprochait des moissonneuses, dont la tête enturbanée de mouchoirs rouges piquait comme de gros coquelicots un champ de blé appartenant à M. X., nous entendions plus distinctement leurs chants, doux et lents comme les roucoulements de la colombe, ou vifs et gais comme le gazouillement matinal du pinson.

Ces chœurs sont la plupart du temps des improvisations. Pendant que nous étions arrêtés, les moissonneuses se mirent à chanter :

« Si nous étions les étoiles qui brillent au firmament, tous les garçons de ce bas monde auraient le cou de travers à force de nous regarder. »

Les faucheurs, dans les épis jusque sous les bras et qui semblaient traverser les vagues d'un lac d'or, répondirent sur le même air :

« Si nous étions comme les fleurs des jardins, toutes les jeunes filles se feraient jardinières et passeraient leur vie à nous sentir. »

« Là où se trouve une femme slavonne, a dit un poëte du pays, on entend chanter. » Les femmes sont en effet douées d'un sentiment poétique exquis. Ces chansons qu'elles improvisent comme l'oiseau, pendant la moisson, ou le soir, en revenant des champs, dans leurs fêtes et leurs réunions, à l'occasion des baptêmes, des mariages ou de la mort, dans toutes les solennités domestiques, sont des modèles de poésie lyrique. On croirait qu'elles ont été composées par des poètes grecs, par quelque Anacréon rustique dont « les vers sont doux comme le nectar », ou par des imitateurs de Lucille et de Nicarque, les spirituels poètes des épigrammes comiques.

Écoutez cette belle jeune fille croate qui chante en se lavant devant son miroir :

« — Si je savais, dit-elle, qu'un vieillard dût te baiser, — O mon visage, j'irais dans la verte forêt — Et je cueillerais toutes les plantes d'absinthe. — Je les broierais et j'en ferais une eau — Dont je me laverais chaque matin, — Afin que les baisers du vieillard lui soient amers !

« — Mais si je savais que ce fût un jeune homme ! — J'irais dans le riant jardin, — J'en cueillerais toutes les roses — Et j'en préparerais une eau — Dont je me laverais chaque jour, — Afin que les baisers du jeune homme — Soient suaves et parfumés, et réjouissent son cœur.

« — Ah ! j'irais volontiers avec lui dans la montagne, — Plutôt que d'habiter un château avec le vieillard. — J'aimerais mieux dormir avec lui sur la dure — Que sur des étoffes de soie avec le vieillard ! »

Cette poésie est vraie comme la vie ; le caractère du paysan croate s'y reflète tout entier, et on y surprend, comme dans un écho, les premières confidences de la jeune fille à son bouquet de fleurs, ou aux étoiles « ses sœurs » :

« Je suis lasse, soupire-t-elle, de voir s'écouler ma jeunesse, seule dans ma triste chambre, seule dans mon triste lit, où je me tourne agitée sans trouver de soulagement ; sur la gauche, personne ; sur la droite, rien qui vive ! Sous ces molles couvertures, je ne rencontre qu'amers soucis ; — Par le grand Dieu, je ne resterai pas dans cet état ! Je vais m'acheter un cheval et un faucon, et m'en aller sur les routes impériales de Stamboul chercher aventures ! »

« — O Rossignol, dit une jeune fille dans une autre chanson, ne chante pas si fort, — Tu vas éveiller mon cher seigneur. — C'est moi-même qui l'ai endormi, — Et c'est moi-même qui veux l'éveiller. — J'irai dans le jardin parfumé, — J'y cueillerai une tige de lis, — J'en caresserai ses joues, — Et mon amant s'éveillera. »

Ou bien encore, c'est une jeune vierge qui s'écrie :

« — Que ne suis-je, hélas ! un frais ruisseau ? — Je sais bien où, tout joyeux, je courrais... — Sous la fenêtre de l'ami de mon cœur, — Là où mon ami s'habille et se déshabille. — Peut-être alors il étancherait en moi sa soif ; — Peut-être il baignerait sa poitrine de mes flots, — Peut-être alors je toucherais son cœur, en le prenant dans mes bras humides !... »

Malgré l'ardeur brûlante de ces chants « féminins », il est cependant bien rare que la jeune paysanne succombe aux tentations ou aux séductions. Et cependant sur les bords des ruisseaux, parmi les oies et les canards, on rencontre à tout moment des garçons de dix ans et des fillettes de douze ans, qui se lavent dans le costume primitif de Daphnis et Chloé. C'est l'innocence de l'âge d'or. Ajoutons que chez elle, toute femme a le droit d'être nue sans que la pudeur s'en alarme. La simplicité du costume est une marque de la simplicité des mœurs. A mesure que les peuples se corrompent, ils s'éloignent de la nature. Avant le péché, Adam et Ève étaient nus.

Dans cette partie de la Croatie, la virginité est tenue en grand honneur; et l'on n'a pas souvenir qu'il se soit commis un infanticide. Une jeune fille qui a failli n'est plus appelée que *Kuca*, c'est-à-dire chienne en folie. Tous les jeunes gens ont le droit de l'insulter publiquement et de la traiter de fille perdue. Dans certaines provinces slaves méridionales, comme à Hjeskovac, par exemple, la belle-sœur de l'époux attend à l'entrée de la chambre nuptiale que le mari vienne lui annoncer que sa femme avait conservé son innocence. Les coups de fusil, les exclamations joyeuses, redoublent alors parmi les invités, qui se forment en cortège pour aller porter des présents aux parents de la femme. Si, au contraire, l'épouse a perdu son honneur avant d'appartenir à son mari, tous les gens de la noce sont plongés dans la tristesse, et le père doit reprendre sa fille ou payer une indemnité à son gendre pour la honte qu'il subit.

Mais si la conduite de la jeune Croate est ordinairement irréprochable avant son mariage, elle se modifie souvent plus tard dans un sens complètement opposé. Les liens conjugaux sont pour elle d'une élasticité toute parisienne; et les chansons populaires qui célèbrent les mésaventures des maris le font avec une naïveté malicieuse qui rappelle nos vieilles gauloiseries. Bien que l'adultère soit puni de la prison, il est très rare que le mari outragé porte plainte et encore plus rare qu'il « *la* tue ».

Les chants que les femmes improvisent autour du cercueil d'un parent défunt sont presque aussi gracieux et aussi tendres que leurs chansons d'amour.

Elles plaignent le sort et le malheur de la famille, elles chantent les vertus du défunt ou la beauté de la défunte ; il faut entendre les sœurs pleurer leur sœur :

« — Elle était belle comme une fée, — Sa taille était haute et svelte comme un jeune sapin, — Ses joues blanches et roses comme si elles eussent gardé les teintes délicates de l'aurore. — Ses yeux étaient deux perles précieuses, — Ses sourcils longs et minces comme des sangsues marines. — Ses paupières, aux cils noirs, ressemblaient aux ailes de l'hirondelle. — Ses petites dents : deux rangées de perles, — Sa bouche mignonne, une boîte à sucre, — Et la blancheur de son sein rappelait le plumage de la colombe. — Quand elle parlait, on entendait la tourterelle gémir. — Et quand elle riait, c'était le soleil qui rayonnait ! »

Depuis le jour de la mort jusqu'à celui des obsèques, les femmes ne cessent de chanter leur douleur. Après la cérémonie funèbre dans la maison du défunt, qui se fait avec l'accompagnement d'une musique, un repas réunit tous ceux qui ont pris part à l'enterrement. On donne encore, dans le courant de l'année, trois grands repas en l'honneur du mort. Le village tout entier est invité au dernier, qui a lieu à la tombée de la nuit. Le paysan est souvent obligé de vendre une vache pour étancher dignement la soif de ses hôtes. Quand ce sont des fils qui ont perdu leur père, pendant plusieurs jours ils sortent la tête découverte. Autrefois, chez les Serbes, si de deux frères nés le même mois l'un venait à mourir, on attachait le survivant au mort, et il restait ainsi jusqu'à ce qu'un membre de sa famille vînt le délivrer et se déclarer publiquement son frère d'adoption.

Ici, dans la contrée de Biskra, dès qu'une personne meurt dans un clan, on court au château : « Ma mère est morte. » — « Qu'est-ce que tu veux ? » — « Donne-moi des bas. » — « Pourquoi ? » — « Pour la morte. » — « Mais elle n'a jamais porté de bas de sa vie. » — « C'est qu'il faut qu'elle en ait dans sa tombe, pour ne pas avoir froid. »

Ou bien, c'est le dialogue suivant qui s'engage entre le châtelain et le paysan : — « Mon père est mort. » — « Que veux-tu ? » — « Du bois ? » — « Combien de planches ? » — « Quatre planches. » — Et le paysan fait encore un petit calcul : « Gospodar, dit-il, je n'ai pas de clous, donnez-moi des clous pour le cercueil. »

Ce sont toujours les parents du défunt qui creusent eux-mêmes la fosse ; mais quand c'est une femme qui meurt, souvent personne ne suit son convoi.

Dans un pays où l'on chante aux enterrements, on peut se figurer ce qui se passe aux mariages.

Mais disons d'abord comment se font les mariages, qui ont généralement lieu, pour les femmes, entre seize et vingt ans.

Lorsque, le dimanche, à la sortie de la messe, une jeune fille a accepté le bouquet de fleurs que lui a offert un jeune homme, elle est regardée comme fiancée et sa personne devient pour ainsi dire sacrée. Nul autre n'oserait lui faire la cour ; quelques jours après, le *desko* ou prétendant va, avec deux de ses amis, dans la maison de sa fiancée et demande à boire. On lui sert aussi à manger, et c'est pendant tout un jour une grande ripaille entremêlée de chants et de toasts. Cependant un jeune homme n'épouse une jeune fille que lorsqu'il est sûr qu'elle est bien conformée. La jeune fille se découvre devant son fiancé, et n'est agréée que si elle est robuste et saine.

Elle se prépare alors à la noce. Ces préparatifs durent environ un mois. Il faut que son trousseau se compose d'au moins cinq vêtements blancs, de deux paires de bottes, d'une pelisse, et de sept ou huit *rubec* ou foulards de soie qui se nouent sur la tête et autour de la taille, de rubans, et d'une nappe pour les grands jours. Quant à la dot, elle consiste en une vache. Sans vache, une jeune fille reste sans parti.

Le jour de la noce, le desko vient avec des musiciens chercher sa fiancée, qui doit sortir seule de la maison et marcher la dernière, à la suite du groupe d'amis qui entourent l'époux. En tête du cortège court un jeune garçon, tenant d'une main un bâton auquel sont suspendus des mouchoirs multicolores, et de l'autre main une pomme, en souvenir de celle qui perdit la première femme.

Après la cérémonie nuptiale, à laquelle assistent tous les clans voisins, on se réunit dans la maison du mari, où l'on reste quelquefois huit jours sans sortir, occupé qu'on est à boire, à chanter et à manger. Aussitôt commence pour la femme son rôle de domestique et de servante : c'est elle qui sert les invités à table. Mais la Croate est si douce, elle sait mettre tant de poésie dans des usages qui, ailleurs, seraient grossiers et brutaux, qu'elle semble heureuse de la place qu'on lui réserve, et que ce jour est aussi pour elle un jour de fête.

Un enfant est-il né dans le jeune ménage, et s'agit-il de le baptiser, on le couche sur une planche rembourrée, et une jeune fille vierge le porte sur sa tête à l'église. Il n'y a qu'un parrain ou une marraine, tenu de donner un gâteau fait avec du fromage blanc, de la farine et un peu de graisse.

La jeune fille qui vient de se marier s'appelle, en croate, *sneha*; quand elle a eu un enfant, *gena*; quand elle a atteint la quarantaine, *baba* (aïeule); et quand elle a dépassé la cinquantaine, *starababa*, c'est-à-dire vieille décrépite.

Disons maintenant un mot des fêtes religieuses.

Les Croates se préparent trois mois d'avance à la solennité de Noël. Pendant les quatre semaines de l'Avent, on se rend en foule à l'église. Et comme les églises sont en général situées sur des hauteurs, c'est un spectacle étrange de voir ces longues files d'êtres humains cheminant dans les neiges hautes et épaisses.

Les femmes tiennent des bouts de bougies ou des torches de résine. On marche en chantant un cantique. Au milieu des ténèbres ces groupes qui se meuvent en fantastiques silhouettes, éclairées par des lueurs vacillantes, forment un spectacle d'un effet saisissant.

Les cantiques de Noël sont encore aujourd'hui les mêmes qu'il y a trois ou quatre siècles; l'un imite, par son chant cadencé, le mouvement de la berceuse; tous les versets d'un autre se terminent par des voyelles. Leur rhythme est doux et lent. Il y en a cependant un qui est une marche belliqueuse; et un autre où l'on invite tous les êtres de la création à endormir le petit Jésus. On entend le chant du coq, le ramage du rossignol, le gazouillement de la fauvette, le cri du coucou, le roucoulement du pigeon, le gloussement de la poule, le bourdonnement de l'abeille, le coassement de la grenouille, le glapissement du renard, le bêlement de la brebis, le hennissement du cheval, le braiment de l'âne, le beuglement du bœuf, le rugissement du lion. Rien de plus étrange et de plus naïf.

Le jour de l'Epiphanie, le curé ou le vicaire se rend dans chaque maison pour chanter le cantique des Rois. Il bénit ensuite les chambres et les étables au nom des Rois mages, qui sont en grande vénération dans le pays. Quand la bénédiction est donnée, le prêtre encense toute la maison ; les serviteurs se rangent ensuite autour d'une table sur laquelle on a déposé un Christ ; tout le monde s'agenouille, et l'on chante le cantique : « Trois rois mages, etc. »

On voit encore cette vieille inscription sur les portes du château de Biskra : « En 1778, les rois mages ont passé et béni la maison. »

Nous étions revenus au château à l'heure du dîner. Après midi, une « kola » vint nous prendre, M. Quiquerez et moi, pour nous conduire aux bains de Krapina.

La kola est une voiture primitive qui a des liens de parenté étroits avec la téléga russe : elle est tout en bois, ses ridelles à jour ressemblent à deux râteliers ; l'arrière-train est rempli de foin recouvert d'une peau de chèvre, sur laquelle on s'assied ou plutôt on se couche. Deux petits chevaux croates, maigres mais agiles comme des sauterelles, enlèvent ce char avec une vitesse de trois lieues à l'heure ; et l'on saute sur les cailloux, on dégringole aux descentes, sans frein, sans sabot, allant d'un train de cinq cents diables. Il faut se cramponner pour n'être pas jeté par-dessus bord.

La partie de la Sagorjé que nous traversions était belle et fraîche comme les vallons de la verte Gruyère. On appelle cette gracieuse contrée la « Suisse croate ».

Mais c'est une Suisse calme et tranquille, sans les grandes émotions alpestres ; une Suisse d'une physionomie gaie, ouverte, souriante. A l'horizon, pas de cime neigeuse dressant son turban argenté, pas de grandes murailles de granit qui semblent soutenir la voûte cristalline du ciel. Par contre, des collines doux-fleurantes, bondissant sagement comme celles que l'Écriture compare aux agneaux dociles : toutes les grâces d'une nature rustique et coquette couronnée de blé et de fleurs, avec une verte ceinture de prairies et une écharpe de ruisseaux d'argent.

Les forêts de sapins y sont remplacées par de véritables forêts de maïs qui dressent jusque sur les mamelons et les collines leurs hampes hautes de deux à trois mètres, derrière lesquelles un cavalier peut marcher sans être vu. Des églises blanches se montrent çà et là sur des piédestaux de verdure. Dans la plaine, des champs de blé se déroulent avec une majesté royale ; d'autres sont cernés par des détachements de faucheurs et de moissonneuses. A l'ombre d'un groupe de chênes géants, on aperçoit les toits pointus d'une zadrouga. Près d'un pont à l'arche disjointe que tapissent des mousses étoilées de pâles fleurettes, une jeune fille se tient debout sur le tronc renversé d'un arbre mort, et deux bonnes vaches lèchent de leur langue rose ses pieds bruns, hâlés par le soleil. Un peu plus loin, notre cocher fit signe à une gardeuse d'oies, qui se tenait dans le voisinage d'une citerne, de nous apporter de l'eau. Elle noua une ficelle autour du col de sa cruche, la laissa glisser au fond du puits, et plaçant gracieusement son vase rempli sur son épaule, elle vint, comme Rébecca, nous donner à boire.

La route s'allongeait si blanche et si brillante, qu'elle ressemblait à un long ruban de satin déroulé au soleil.

Avant d'entrer à Krapina, nous rencontrâmes trois charretées de Tziganes qui s'en allaient d'un train de voleurs poursuivis. Il y en avait un, à cheval, beau comme un Antinoüs cuivré, avec son profil fin et régulier, ses longs cheveux noirs bouclés et luisants, son corps souple, musculeux, aux extrémités d'une délicatesse féminine : type accompli de la grâce alliée à la force.

Un orchestre, qui jouait sous les arbres d'un parc, nous annonça enfin que nous étions à Krapina.

Au premier détour de la route, nous nous trouvâmes en face d'un immense hôtel que nous primes pour une caserne. On nous logea sous les combles, pour nous faire croire que la maison était pleine.

Dans le parc où nous descendîmes aussitôt, nous vîmes des curés croates et hongrois, en hautes bottes qui leur servaient à la fois de chaussures et d'étui à cigares . c'est entre la tige de cuir et le pantalon qu'ils portaient leurs longs virginias, ces cigares favoris de l'empereur François-Joseph. Nous croisâmes deux ou trois gros Allemands, coiffés de chapeaux ornés de plumes et vêtus de vestons gris aux parements verts ; sur un banc se tenaient de vieux Croates, à la barbe grise tressée et aux moustaches jaunies, retombant de chaque côté comme des queues d'oiseau du paradis. Au fond des jolies allées de sapins qui serpentent le long d'un ruisseau jaseur, des jupes blanches entrevues disparaissaient avec un glissement de cygnes s'enfonçant dans les roseaux.

Sur la terrasse du restaurant, M. Quiquerez retrouva deux chefs monténégrins sous les ordres desquels il avait combattu lorsque, peintre du prince Nikola, il fut obligé, le pinceau d'une main et le yatagan de l'autre, de prendre part à la guerre contre les Turcs. C'étaient deux hommes superbes, d'une stature imposante et colossale : deux énormes guerriers, d'une taille de Goliath, venus aux eaux de Krapina pour se nettoyer de quelques balles qu'ils avaient dans le corps. Tous deux portaient le costume national, qui faisait mieux encore ressortir leur magnifique stature..

De toute cette mosaïque de peuples formant la

Iougo-Slavie, le peuple monténégrin, dont j'ai déjà dit un mot, est le plus belliqueux et le plus vaillant. Dès l'âge de douze ans, les enfants sont soldats ; et l'on peut dire d'eux ce que Tacite disait des fils des anciens Germains : « Jusque-là, ils étaient à la famille ; dès ce jour, ils sont à l'État. » Le Monténégrin n'a pas de plus grand bien que ses armes ; aussi celui qui, au Monténégro, vole un fusil, est puni de cent coups de bâton. Si le volé tue le voleur pris sur le fait, il reçoit une récompense. « Je suis sûr, a dit un Monténégrin, M. Gopcevic (1), que le jeune homme serait moins attristé de la perte de sa femme que de celle de son arme favorite. » Si beaucoup de Monténégrins ne vont jamais à Cattaro, qui appartient à l'Autriche, c'est parce qu'ils sont obligés de se dépouiller de leurs armes en entrant dans cette ville.

- L'un des chefs monténégrins que nous rencontrâmes à Krapina était, si ma mémoire est fidèle, le fameux Krco Petrovich, un des plus grands capitaines de la dernière guerre. Krco Petrovich a tué cent vingt Turcs de sa propre main ; et l'on sait que dans ce pays on a l'habitude de compter les têtes. A la bataille de Zagerach, en 1862, Petrovich sauva le prince Nikola en ramassant une bombe tombée aux pieds du cheval de Son Altesse ; il la rejeta dans les rangs des Turcs, où elle éclata en tuant une dizaine d'hommes. A l'âge de treize ans, Petrovich faisait la décollation de son premier Turc. « Son corps est littéralement couvert de blessures, me dit M. Quiquerez. Une balle lui a même traversé le cou. Petrovich porte une douzaine

---

(1) *Le Monténégro et les Monténégrins*, par Spiridion Gopcevic. — M. Gopcevic est un parent du prince actuel, et son livre est certainement l'ouvrage le plus complet et le plus intéressant qui ait été publié sur ce curieux pays.

de décorations, et quand je fis son portrait, je lui ai causé un véritable chagrin en lui disant qu'il ne serait pas de bon goût de les peindre toutes sur sa poitrine. »

Les Monténégrins ont une manière de faire la guerre extrêmement simple, et qui leur est imposée par leur petit nombre. Ils n'acceptent jamais de bataille rangée et se tiennent sans cesse sur la défensive ; cachés derrière leurs rochers, ils font pleuvoir une grêle de balles sur l'ennemi, et quand celui-ci est décimé, presque à bout de force et de courage, ils se précipitent sur lui avec la vitesse et le tumulte d'une avalanche, et le tuent et le massacrent sans pitié avec leurs terribles kandjars. Ni d'un côté ni de l'autre on ne fait de quartier ; on n'épargne pas davantage les blessés. Dans la mêlée, on se défend jusqu'à la dernière extrémité. Un Monténégrin garde toujours le sixième coup de son revolver pour pouvoir se tuer, si par hasard il tombe entre les mains de l'ennemi. Quand il est blessé et que ses compagnons n'ont pas le temps de le prendre sur leurs épaules pour fuir, il leur demande de lui couper la tête, afin de n'être pas achevé par les Turcs.

Agiles comme des chamois, sobres comme des chameaux, les Monténégrins, marcheurs intrépides, peuvent, en vingt-quatre heures, se réunir sur les points les plus éloignés de leurs frontières. Leurs armes, un pain, du fromage, quelques oignons et une gourde d'eau-de-vie : voilà tout leur bagage. Quand il pleut, ils roulent leur *straka* (couverture) autour de la tête ; quand la nuit les surprend, ils s'étendent à terre, dorment deux ou trois heures, et reprennent leur course au milieu des précipices. C'est à la faveur des ténèbres qu'ils organisent leurs attaques, qu'ils incendient les habitations turques, et qu'ils entourent les villages trop bien défendus, d'une guirlande de têtes coupées, plantées sur des pieux.

Mais revenons à Krapina, qui est un des bains les plus célèbres de la Croatie. Le soir, tous les baigneurs, selon l'habitude allemande, soupent à la carte. La salle à manger ressemble alors, par la variété des types et des costumes qui s'y rencontrent, à un buffet de gare internationale. Ici, à une petite table, se tiennent deux gentilshommes campagnards hongrois, au teint basané, à la moustache et à la barbe noires; portant des bottes, les pantalons collants et historiés de galons tout autour des poches, la redingote à brandebourgs et la cravate à franges. Plus loin, une Viennoise, dans une toilette fraîche comme le printemps et rose comme l'aurore, la chevelure piquée de fleurs des champs et dénouée sur ses épaules, marivaude entre les gilets en cœur de deux banquiers juifs au profil de bélier. Seul à une table, mangeant des platées de nouilles, un Allemand de Styrie, joufflu, en veston de drap à collet vert, le dos voûté, le ventre tout rond, ressemble à un ballon captif qui se gonfle. Plus loin, ce sont deux curés qui fument et boivent une bouteille de Carlovitz. Avant d'approcher le verre de leurs lèvres, ils l'élèvent, en fermant l'œil gauche, à la hauteur de la lumière, et sourient à sa belle couleur de rubis. Puis ce sont, à d'autres tables, pittoresquement groupés, des officiers, des habitants des Confins, des Serbes et des Monténégrins, dans leurs costumes divers. Au milieu de tous ces gens qui mangent et qui boivent, des sommelières en tablier blanc, en jupons courts et en souliers découpés circulent, provocantes et pimpantes.

Il y a deux salles à manger : celle de première classe, et celle de deuxième classe destinée aux gens du pays et de la campagne qui viennent chaque année par milliers se faire ventouser. Le paysan croit qu'il mourra dans l'année s'il ne s'est pas fait appliquer des ventouses tel jour de l'année. Le gouvernement a dû intervenir et publier une ordonnance à ce sujet.

Le Slave, très superstitieux, croit aux présages, aux amulettes, aux sorciers, aux vampires qui se nourrissent du sang des vivants et de celui des morts, aux wilas : êtres de formes indécises qui habitent au fond des forêts, au bord des rivières, et qu'on aperçoit dansant au clair de lune, la chevelure flottante et ornée d'un long voile blanc. Ce sont les wilas qui forment les orages, qui font déborder les torrents ; malheur à qui écoute la voix perfide de ces Loreleys des forêts slaves !

Un fantôme enveloppé d'un linceul et allant de village en village, porté par les nuées, personnifie la peste aux yeux du paysan.

La veille de la Saint-Georges, les femmes s'en vont dans les bois chercher des fleurs et des herbes printanières qu'elles jettent dans de l'eau recueillie sous la roue d'un moulin ; et le lendemain elles se baignent dans cette eau pour se pénétrer des forces vivifiantes de la nature à son réveil.

La sécheresse se prolonge-t-elle ? On dépouille une jeune fille de ses vêtements, on la couvre tout entière d'herbes et de fleurs, et on la promène d'habitation en habitation, escortée de ses compagnes qui ne cessent de chanter pour attendrir le ciel et lui demander la pluie. On emploie ordinairement des Tziganes pour cette cérémonie aussi gracieuse que païenne.

En général, le paysan est peu instruit. En Croatie et en Slavonie ceux qui ne savent ni lire ni écrire représentent 50 pour cent de la population. Ce n'est qu'en 1850 qu'on a commencé à ouvrir des écoles primaires dans le pays. Mais comme il n'y en a pas dans chaque village et que ceux-ci sont très éloignés les uns des autres, la fréquentation des écoles laisse beaucoup à désirer. Enfin la vie de clan n'est guère favorable au progrès intellectuel, car elle exige l'emploi des enfants, dès leur bas âge, dans les travaux domestiques.

La manière de rendre la justice, m'a-t-on assuré, n'est pas de nature non plus à faire progresser le pays. Les complications et les lenteurs de la procédure sont excessives. Il y a des procès qui durent depuis un demi-siècle. Aussi prend-on les avocats à l'année ; et ils se chargent, la conscience légère, de faire durer le procès jusqu'à ce que l'une des parties se soit ruinée en frais de procédure.

L'intégrité des juges n'est pas à l'abri des médisances. La justice dépend du juge. On m'a raconté que lorsqu'un grand propriétaire a un procès, il offre le plus souvent à dîner aux juges, et que l'amphitryon a le plaisir d'apprendre, à la fin du repas, de la bouche de son avocat, que « l'affaire a été arrangée avec les juges moyennant trois ou quatre cents florins. »

Il s'agissait un jour de corrompre un vieux juge qui aurait certainement été un des deux vieillards amoureux de Suzanne, s'il eût vécu sous le règne du roi Salomon. On n'osait lui offrir de l'argent. Alors l'avocat de la partie adverse proposa de lui envoyer une belle fille. Elle gagna le procès.

C'est, comme on le voit, de la justice à la manière orientale. Une autre fois, une femme mariée réclamait à un individu, qu'elle avait fait citer devant le juge, le prix de ses faveurs. Le mari était là pour appuyer la demande de sa femme. — « Quatre florins, s'écria le juge, c'est trop ! Songe donc que pour cinq florins on peut avoir à Agram la plus belle femme du monde ! »

Et il réduisit de moitié les honoraires de la demanderesse!

La politique n'est pas non plus étrangère à la justice.

Interrogez le paysan sur ses juges, il vous dira qu'ils ne sont pas assez indépendants. Il est vrai qu'ils sont si peu payés, que s'ils n'avaient pas le casuel ils pourraient à peine vivre.

On m'a cité des juges qui font encore appliquer la peine du bâton, bien que la bastonnade et la flagellation soient abolies depuis trois ou quatre ans. La strangulation au moyen d'un collier de fer fixé à un poteau a aussi été remplacée par la pendaison.

Le paysan se défend souvent lui-même en justice; il parle avec volubilité et un grand bon sens. Mais il est très entêté. Lorsqu'une circonstance quelconque fait rentrer au domaine seigneurial la vigne que le paysan a reçue à titre de concession usufruitière, et que le procès en revendication s'instruit devant le tribunal, le paysan accueille la sentence en riant (1).

— Pourquoi ris-tu? lui demande alors le juge.

— Parce que je ne quitterai pas *ma* vigne.

— Mais elle n'est pas tienne. On te l'a prêtée. J'enverrai les gendarmes pour te chasser si tu ne t'en vas pas.

— Quand ils seront partis, je reviendrai.

— Je te mettrai en prison.

— Quand je sortirai de prison, je reviendrai.

---

(1) La sentence une fois rendue, le juge se rend avec le propriétaire foncier et l'usufrutier, *in faciem loci*. Le juge relit la sentence en présence des parties; puis, prenant une pincée de terre, il la met dans la main du propriétaire en lui disant : *In nomine Cæsaris istud signum restitutionis tui boni terrestris datus est.* Défense est alors intimée au paysan de toucher désormais à ce terrain sans un nouvel accord avec le propriétaire.

— Je te ferai condamner à la force.

— Je ferai mes cinq ans et je reviendrai.

— On te chassera à coups de bâton.

— On me battra, mais on ne me coupera pas les jambes, et je reviendrai...

Quant au maire du village, il est nommé par les habitants, à haute voix. On dit : « Je vote pour un tel. » De cette façon, pas de corruption possible.

Si les paysans choisissent un des leurs qui ne sait ni lire ni écrire, il n'est pas accepté par le gouvernement civil de la Croatie, qui nomme un maire d'office. — Il y a en Croatie bien plus de libertés municipales qu'en France. Les conseillers du maire sont aussi élus par les paysans. Le paysan investi du droit d'exercer la police rurale s'appelle *pandour*. Il reçoit 40 florins par an, porte sabre et fusil, et haut bonnet à plumes. Chaque paysan est également requis à tour de rôle pour faire des rondes, la nuit. Les crimes sont si rares que lorsqu'il s'en commet un, il met tout le pays en effervescence.

Partout où le pandour porte un ordre, un *presmo*, il reçoit un verre de raki. Quand il a porté vingt presmo il est dans un état indescriptible ; aussi sa femme lui dit un jour : — « Je ne veux plus que tu sois pandour, tu es ivre chaque soir et tu me bats en conséquence. » Et elle s'en va chez le maire qui destitue le mari.

Nous couchâmes à Krapina. Le lendemain matin, après avoir pris quelques croquis, nous remontâmes sur notre kola ; à la tombée de la nuit nous nous trouvions de nouveau au château de Biskra autour de la table si hospitalière de M. X.

— Eh bien, que dites-vous des bains de Krapina ? me demanda ce dernier.

— Krapina ? Mais c'est charmant quand on n'y est plus.

X

D'Agram à Zakany. — Premier village magyar. — L'armée hongroise. — Héroïsme des femmes. — Kanizza. — Un enlèvement. — Routes hongroises. — Nagi-Atad. — La *puszta*. — Arrivée chez M. L. — Un chant de nourrice.

Je ne revins à Agram que pour prendre le chemin de fer qui va de cette ville à Budapest, en passant par Zakany et le long du lac Balaton. A Zakany, une ligne d'embranchement local conduit dans le comitat de Somogy, où je devais me rendre.

Tous les compartiments du wagon de troisième classe dans lequel je montai étaient remplis de petits employés pressés de passer la journée du dimanche dans l'innocence et la paresse des champs, et de soldats appelés à aller s'entr'égorger avec les insurgés bosniaques, pour des motifs qui leur étaient aussi inconnus qu'indifférents. En face de moi, j'avais un tailleur qui ressemblait à M. Andrassy. Il avait les favoris noirs et touffus de l'homme d'État hongrois, les mêmes dents blanches, petites et aiguës comme celles des carnassiers, les mêmes yeux noirs de taureau rêveur, l'abondante chevelure frisée, la mâchoire solide, le teint jaunâtre et les traits saillants des races asiatiques. Élancé comme un tambour-major et raide comme un coup de bâton, il portait une cravate bleu de ciel, des boutons de manchettes aussi larges que des soucoupes, et il était ganté de chevreau jaune serin. Une raie tracée d'une main exercée partageait son crâne en deux zones. Il tenait son chapeau de soie gris sur ses genoux avec la solennité grave d'un vieil empereur du Saint-Empire portant le globe du monde. Ce tailleur se donnait un air d'importance qui m'amusait beaucoup ; mais comment ne pas sentir ce que l'on vaut, quand on habille ses semblables dans un pays où tant de gens vont encore à demi nus ?

Le train longea le camp établi au delà de la gare d'Agram ; les soldats qui partaient saluèrent de leurs hourras ceux qui restaient et qui, assis en rond, la pipe à la bouche, surveillaient une marmite dont le couvercle tressaillait sous les caresses enflammées d'un feu de fagots. Nous traversâmes rapidement les fertiles campagnes qui avoisinent la ville. De tous côtés, à droite et à gauche, s'étendaient des verdures riantes, des prairies à l'herbe touffue, des champs de maïs dont les palmes fleuries ondulaient au vent comme des plumes de marabout. Et les pampres habillaient les collines beaucoup mieux que le tailleur, mon voisin, ne devait habiller ses clients. De temps en temps ce calme paysage s'anime : c'est un troupeau de bœufs qui surgit au bord d'une mare entourée de hauts roseaux mouvants ; ce sont, sous des chênes, des bergers qui dorment tandis que leurs chevaux broutent le gazon d'une clairière. Ces bœufs de Hongrie, à la robe argentée, semblent taillés dans du marbre, sur le modèle de la statuaire antique. On les dirait descendus de quelque bas-relief de temple grec. Leur air doux et grave, leur marche lente et majestueuse, la beauté imposante de leur aspect, s'harmonient admirablement avec ces grandes plaines aux lignes classiques. Et plus loin, des milliers d'oies et de cochons forment, ceux-ci d'immenses taches roses, celles-là de grandes plaques blanches. Le ventre étalé au soleil, les yeux à demi clos, que ces porcs hongrois ont l'air heureux ! Leur peau grasse et luisante a de petits tressaillements de volupté, comme si les mouches qui bourdonnent à leurs oreilles leur chantaient des romances d'amour. On ne peut décemment donner le nom de cochons à des animaux de cette espèce qui rappellent bien plus les compagnons d'Ulysse que le compagnon de saint Antoine. — Si la métempsycose n'est pas un vain mot, ô créateur des êtres, transformez en porc magyar tous les pauvres diables qui ont souffert du froid et de la faim, et que vous daignez appeler à vous ! Une vie de cochon, ici, équivaut à une vie de nabab aux Indes, de conseiller intime en Bavière, et de vice-roi en Égypte. Dormir sous la fraîcheur et dans l'oisiveté des bois, manger des truffes et de la glandée, faire des rêves où passent de jolies petites truies sémillantes et roses, au groin lustré, à la queue en tire-bouchon : voilà l'heureuse existence, en ce pays plantureux, de ces philosophes auxquels on pourrait peut-être reprocher un peu de sans-gêne, de cynisme ; mais personne ici-bas n'est parfait.

Le tableau change. Des marécages succèdent aux forêts, et l'on voit en réalité les vaches maigres que Pharaon vit en songe. L'herbe est courte et dure comme les crins d'une brosse ; des buissons rabougris et rechignés mouchettent la plaine roussie par le soleil. Bientôt cependant la terre se présente sous un aspect plein de vigueur et de jeunesse, avec une couronne d'épis dorés au front. Et aux champs de seigle et de froment succèdent des champs de chanvre. La culture du chanvre est une culture nationale qui convient à un pays où l'on a toujours beaucoup pendu.

Le paysage se peuple. Des groupes de cabanes se montrent, ornées d'une aigrette de fumée, et sur les chemins passent des paysans et des paysannes endimanchés. Nous traversons un pont de bois qui n'en finit pas, sous les chevalets duquel la Drave débordée se divise en plusieurs bras, puis enfin, nous entrons dans la Hongrie des Hongrois, dans le pays de l'amabilité, de l'hospitalité, des bons vins, des beaux chevaux et des belles femmes. C'est à cette latitude que commencent à se montrer la *bunda*, l'*attila* à brandebourgs, les bottes, les moustaches et les longues pipes magyares ; car nous voici à Zakany, où tout est hongrois : les costumes, la langue, les habitudes, les mœurs. Les physionomies n'ont plus cette douceur slave caressante et un peu féminine ; elles sont fortement accentuées, mâles, énergiques, bronzées par le soleil de la *puszta* (1). Les yeux brillent tout noirs, vifs et pétillants sous les sourcils touffus. Le nez est fin et arqué ; la lèvre supérieure cachée sous une épaisse moustache, les dents blanches, la chevelure touffue et inculte, la figure osseuse, effilée, maigre comme celle de don Quichotte, le corps bien charpenté : tout cela indique une race souple et robuste, un sang riche et jeune.

Même différence dans les costumes que dans les types des deux peuples. Les femmes croates se croient plus qu'habillées avec une simple chemise ; une paysanne hongroise qui n'a que trois jupons s'imagine qu'elle est presque nue. Les hommes, été comme hiver, sont coiffés de bonnets d'astrakan ou de petits chapeaux de feutre aux ailes étroites et relevées ; ils portent le

---

(1) On appelle *puszta* (pousta) les plaines immenses qui sont les savanes et les steppes de la Hongrie.

gilet fermé, orné de boutons d'argent, et la *szür*, long et ample manteau de drap coupé sur le patron des anciennes dalmatiques. Leurs *gatya* (chausses), larges et bouffantes comme les pantalons turcs, flottent à mi-jambe sur la botte fine et bien cambrée. L'originalité de ces costumes, qui varient dans chaque comitat, donne un grand charme aux sites de la Hongrie. On se sent dans un pays qui ne ressemble pas aux autres ; où le paysan, ne subissant pas encore l'ignominie de nos modes modernes, a eu le bon esprit de conserver le vêtement de ses pères, la langue et l'amour de sa patrie. Aussi quelle fière et sauvage indépendance respirent toutes ces physionomies magyares !

« Quand ce nom de Hongrie frappe mon oreille, s'écriait Heine, mon gilet de flanelle allemand me devient trop étroit ; c'est comme si une mer s'agitait en lui, et je crois entendre le son des clairons.

« Dans mon cœur résonnent de nouveau les exploits légendaires oubliés depuis si longtemps, le chant bardé de fer des vieux âges, le chant de la ruine des *Niebelungen*.

« C'est le même labeur héroïque, ce sont les mêmes histoires de héros ; les hommes sont les mêmes, seulement les noms ont changé.

« Leur sort est le même aussi ; si fièrement que flottent les joyeux étendards, le héros, selon la vieille coutume, doit succomber sous les forces brutales des brutes.

« Et même cette fois, le taureau a fait alliance avec l'ours. Vous tombez, Magyars ; mais consolez-vous, nous ressentons, nous, une honte bien plus amère.

« Du moins, ce sont des animaux tant soit peu propres qui vous ont domptés honnêtement, vous, mais nous, nous passons sous le joug de loups, de pourceaux et de chiens vulgaires.

« Cela hurle, grogne et aboie; le rouge me monte au front quand je pense à ces animaux qui sont nos vainqueurs (1)! Mais silence, ô poète, ces pensées t'excitent; tu es malade, et te taire vaudrait mieux pour ta santé. »

Comme c'était le dimanche, la gare de Zakany était encombrée de villageois et de villageoises : celles-ci détaillant des paniers de fruits, ceux-là fumant leur pipe avec une gravité tout orientale.

Un train venant de Budapest amena des bataillons de soldats. Je m'attablai à côté d'un jeune officier qui s'en allait à Brod, sur la Save, rejoindre le général Philippovich en qualité d'aide de camp. Nous avions dîné en causant, et comme on nous annonça qu'aucun train ne partirait avant trois heures :

— Connaissez-vous Zakany? dis-je à mon voisin.

— Pas le moins du monde. Je suis originaire de Bohême; j'étudiais le droit à l'université de Vienne et j'allais passer mes examens, quand j'ai été invité à rejoindre l'état-major.

— Le village n'est qu'à trois quarts d'heure de la gare. Voulez-vous venir vous y promener avec moi?

— Avec plaisir.

Et il se leva en bouclant son sabre.

Nous prîmes à gauche une vraie route hongroise, large de quinze à vingt mètres, sur laquelle trois attelages auraient pu aisément galoper de front. Au haut de la montée, nous aperçûmes les premières maisons de Zakany qui se cachaient derrière les arbres, mais pour mieux se montrer, comme les bergères de Virgile. Je n'ai pas encore vu de villages plus coquets et plus

---

(1) Les Prussiens en 1849.

riants que les villages hongrois. Les maisons, enfouies comme des nids dans la verdure, sont indépendantes les unes des autres : séparées par un mur de terre blanchi à la chaux, ou par une palissade à claire-voie. Elles n'ont qu'un étage, qui est de plain-pied avec une sorte de vérandah où, l'été, toute la famille transporte ses lits pour dormir au frais. La porte se trouve au fond de cette espèce de vestibule ouvert, ne donnant pas sur la rue, mais dans une cour intérieure. Les toits sont recouverts de chaume, et les façades de terre glaise badigeonnées des couleurs les plus gaies et les plus tendres, rose-thé ou blanc d'argent. Les croisées, peintes en vert, ornées de rideaux brodés, garnies de pots de fleurs, sont si petites, qu'il serait bien difficile d'y passer deux têtes à la fois. — En automne, le long des murs, pendent les feuilles vertes du tabac et les épis dorés du maïs, ces deux plantes dont les Turcs ont introduit la culture en Hongrie.

Les villages occupent des étendues immenses; vus de loin, on dirait un camp. La large rue qui les traverse est bordée de beaux arbres qui répandent sur les passants une ombre délicieuse.

Voulez-vous entrer avec nous dans une maison hongroise? Suivez-nous. C'est une jeune fille qui, sur notre demande, nous a ouvert la porte de l'enclos, derrière lequel elle se tenait au moment où nous passions. Dieu! qu'elle est gentille avec ses jolies bottes rouges qui ressemblent aux deux battants de la cloche peinturlurée que forment autour de sa taille une demi-douzaine de jupons empesés et fleuris. Les tresses de ses magnifiques cheveux noirs, entrelacées de rubans verts et rouges, pendent comme des cordons de sonnette en ganse de soie, le long de son dos. Sa taille svelte, est pleine de séduction féminine. Notre curiosité fait sourire ses lèvres rouges comme des pommes d'amour; et si elle nous a ouvert, c'est parce que, dans ce pays arriéré, l'hospitalité veut encore qu'on ouvre à l'étranger. Entendez-vous ces grognements au fond de la cour? C'est notre présence qui intrigue l'étable à porcs et y jette autant d'émoi que la fausse nouvelle de la mort du czar sous le péristyle de la Bourse. Autour du puits, les oies dorment, la tête sous l'aile, tandis que les pigeons roucoulent sur le toit du grenier. Entrons; nous voici dans la cuisine soigneusement blanchie à la chaux chaque printemps, et au milieu de laquelle trône un grand foyer carré, de quatre pieds de haut. Les poêles et les casseroles y brillent par leur absence, et sont remplacées par de gros pots de terre; mais les murs sont artistement décorés de beaux plats fleuronnés, de pots au couvercle d'étain poli et de tasses peintes. A gauche et à droite de la cuisine, deux chambres proprettes, meublées avec une simplicité modeste, dénotent un bien-être qui fait plaisir à voir. Un banc de chêne, fixé au mur, règne autour de chaque pièce. Dans un coin, un lit très bas élève ses coussins de plumes jusqu'au plafond. Ces coussins en étoffes de toutes couleurs sont le luxe des maîtresses de maison hongroises. Une armoire en noyer, fabriquée par le menuisier du village, renferme comme un précieux trésor le linge tissé pendant l'hiver. Le poêle de terre, sur lequel on se couche quand il fait très froid est un monument; il occupe la place d'honneur. Une étagère sur laquelle sont rangés des verres et des tasses, un petit miroir, un christ ou une vierge, des lithographies représentant Napoléon Ier, François-Joseph en costume de roi de Hongrie et Deack, complètent l'ameublement.

Ayant pris congé de la belle jeune fille, nous continuâmes notre excursion dans le village.

Les maisons se ressemblent toutes et ne portent pas de numéros, de sorte qu'il est bien difficile de s'y retrouver. Dans certains gros hameaux, pour remédier à cet inconvénient, les paysans ont fait une croix en couleur sur leur façade, et vous disent : « Je demeure à la croix rouge, à la croix violette ou à la croix blanche. » Joseph II avait voulu faire numéroter toutes les maisons ; le peuple hongrois y vit une atteinte à ses libertés communales et s'y opposa.

L'église, profilant son clocher blanc sur le ciel bleu, se dressa tout à coup devant nous. A mesure que nous approchions, nous entendions plus distinctement les voix qui se mêlaient aux mélodies de l'orgue. Nous entrâmes. Au pied du maître-autel, resplendissant de lumières, paré de fleurs de jardin, les enfants du village se tenaient groupés en demi-cercle, formant comme une guirlande ; les femmes à droite, les hommes à gauche chantaient en chœur, et les voix s'élevaient pleines, fraîches, retentissantes, perçant la voûte de l'église pour monter jusqu'au ciel. Les vêpres finissaient. Le prêtre descendit de l'autel, et pendant que le monde sortait, l'organiste joua un finale sur un air de valse hongroise. Il me sembla alors que les anges du maître-autel, avec leurs jolies ailes de canard, se mettaient à danser une ronde, comme des papillons dans un rayon de soleil. Nous allâmes nous placer sous le porche pour voir le défilé. En tête marchaient les enfants, deux à deux, tenant un bouquet de fleurs. Puis venaient les jeunes filles, aux jupes de galante couleur rose, bordées d'un velours noir ; le tablier, blanc comme la neige, retenu à la taille par un large ruban, un châle ou un foulard croisé sur la chemise aux manches bouffantes. Elles portaient d'une main leur mouchoir et de l'autre leur livre d'heures. Mais ce que je ne pouvais me lasser d'admirer, c'était le soin, la grâce avec laquelle elles étaient chaussées. Si l'on recherchait l'origine de Cendrillon, on verrait qu'elle n'a pu être que Hongroise. Toutes les femmes de ce pays ont des pieds mignons à rendre jalouse l'Andalousie, de Cadix à la Sierra Morena. Aussi, pour les bien montrer, mettent-elles les jupons les plus indiscrets qu'on puisse rêver. Les jeunes filles les plus pauvres ont une chaussure de reine ; et, comme si ce n'était pas assez des fioritures du cordonnier, elles ornent encore leurs bottines à hauts talons de rosettes ou de nœuds tricolores. Pour elles, la chaussure est le premier et le dernier mot de l'élégance, l'arme sans merci de la séduction. Une vraie Hongroise préférerait aller sans vêtement plutôt que de se montrer, le dimanche, sans souliers.

C'étaient les premières paysannes que je rencontrais, et je compris l'enthousiasme des poètes du pays, qui les comparent à de douces colombes, à de petites pommes rosées, à des fleurs des bois, et qui appellent leurs riants visages « des jardins fleuris ». — « Hier, dit un chant populaire de Kisfaludy, deux colombes voltigeaient dans le jardin de ma voisine ; je les regardais, ne sachant quelle était la plus belle. L'une est fraîche comme un petit poisson ; sa joue a les couleurs de l'aurore, et ce n'est pas étonnant, car deux soleils brûlent et étincellent dans ses yeux. Ses cheveux sont noirs comme la nuit. — La seconde est gracieuse et belle comme le cygne qui glisse sur la surface unie d'un lac ; ses yeux reflètent le ciel comme le bluet épanoui dans les blés. Sur son visage blanc comme le lis, sur ses lèvres garnies de perles, l'amour s'étale follement et s'élance dans le cœur de celui qui la regarde. — Allons ! les voici qui viennent de ce côté...

Cette blonde,... je l'aimerais bien ; mais la brune aussi est charmante!... »

Elles sont brunes ou blondes, et de même que le poète magyar, l'étranger qui les regarde ne sait lesquelles d'entre elles sont les plus jolies. Chez les unes comme chez les autres, les yeux pétillent d'ardeur, les lèvres sont empourprées et les joues ont le vif éclat des roses.

Les hommes de Zakany étaient en petit chapeau aux ailes relevées, garni de plumes ou de fleurs. Autrefois ils y cousaient encore des rubans. Quelques-uns portaient une culotte de drap collante, brodée aux poches, et qui s'engageait dans les bottes découpées, ornées de glands et munies d'éperons.

Les paysans prirent le chemin de l'auberge ; les paysannes rentrèrent chez elles, allant par petits groupes, avec une démarche d'une élégance naturelle. Leurs jupes d'indienne bariolée, aux oppositions de couleurs les plus téméraires, leurs bas blancs tranchant sur la botte de cuir rouge ou sur le soulier noir découpé, semaient de notes gaies cette large route, déserte un instant auparavant, et l'animaient d'un spectacle aux tons tapageurs qui réveillaient le regard.

Pendant que nous étions à Zakany, de nouveaux convois de soldats étaient arrivés. Nous les trouvâmes campés aux abords de la gare, couchés dans l'herbe, buvant la liqueur des braves, le slivoyitza, et mangeant des saucisses qu'ils tenaient, comme des charmeurs de serpents, dans la main. Ils entonnaient de temps en temps un couplet de chanson guerrière.

— Ils chantent : ce sont des Hongrois, observa mon compagnon ; il n'y a qu'eux qui aient cette insouciance et cet entrain. A la dignité orientale, ce peuple unit la gaieté gauloise et le brio italien.

— Et cependant, répondis-je, cette campagne est loin d'être populaire chez eux. Je lisais ce matin dans un journal de Budapest que des régiments avaient failli se mutiner; et que les autorités de certains villages refusaient de faire les réquisitions de chevaux et de chariots ordonnées par le gouvernement.

— C'est parfaitement vrai. Il n'y a qu'un cri en Hongrie contre l'expédition de Bosnie; mais l'esprit de ce peuple est si militaire, que, dès que le soldat hongrois est en marche, il oublie tout, et s'en va au feu en chantant.

Quelques mots sur l'armée hongroise ne me semblent pas déplacés ici. Seules, les troupes de ligne sont soumises à la juridiction du ministre de la guerre commun à l'Autriche et à la Hongrie. Les honveds, qui composent la réserve, relèvent directement du ministre hongrois de la défense nationale ; de sorte qu'il y a deux armées distinctes dans le pays. Les honveds sont commandés en hongrois, tandis que l'armée active est commandée en allemand (1). Ils ont aussi un uniforme particulier. Quand, dans une ville, on bénit un de leurs drapeaux, c'est l'occasion d'une grande fête religieuse et patriotique. L'évêque célèbre lui-même solennellement l'office, les dames du comitat se disputent l'honneur d'être les marraines du drapeau, des jeunes filles vêtues de blanc apportent des couronnes et des bouquets ; il y a des festins dans les familles, et le soir venu, on tire le feu d'artifice obligé. On sait le rôle que jouèrent les honveds en 1848 et

---

(1) L'Autriche-Hongrie entretient sur le pied de paix une armée de 250,000 hommes ; tandis que l'effectif de la Russie est de 700,000, celui de la France de 470,000 et l'Allemagne de 450,000 hommes.

en 1849, pendant la guerre d'indépendance. Les impériaux, souvent battus, toujours harcelés par eux, leur avaient déclaré une guerre d'extermination, ne leur donnant presque jamais quartier.

Le soldat hongrois, comme le Confinaire de Croatie, a perdu aujourd'hui son aspect sauvage et farouche. Les fameux hussards (1) magyars ne portent plus de tresses et n'ont conservé de leur ancien costume que le colback et le dolman.

Avant la loi sur le service obligatoire, l'enrôlement était, en Hongrie, un acte tout spontané et volontaire. Il est si facile d'éveiller les instincts belliqueux de ce peuple essentiellement guerrier et chevaleresque! Le recrutement s'opérait dans les chefs-lieux des comitats, les jours de fête ou les jours de foire. Des hussards, précédés de musiciens tziganes affublés pour la circonstance de costumes voyants, de gilets et de bonnets écarlates, s'avançaient au pas au milieu de la foule, en lui adressant des allocutions patriotiques. A chaque halte, les Tziganes jouaient des airs nationaux ou des airs de danse ; et les spectateurs chantaient en chœur et dansaient l'enivrante *csardas*. Les hussards mettaient pied à terre, se mêlaient aux danseurs, entre-choquant leurs éperons en cadence au milieu des applaudissements de la foule. Leur fière et joviale allure, l'attrait de leur costume chamarré d'or et d'argent, leurs beaux plumets : tout cela exerçait une irrésistible fascination sur les jeunes gens qui, à un mo-

---

(1) Ce nom de *huszar* vient de *husz*, vingt, et *ar*, prix, — c'est-à-dire prix de vingt, qui vaut vingt. L'équipement d'un cavalier coûtait jadis autant que l'équipement de vingt hommes à pied ; et comme le magnat hongrois devait amener sous la bannière royale, en cas de guerre, vingt fantassins pour un cavalier, on désigna celui-ci sous le nom de *huszar*.

ment donné et tout en dansant, saisissaient le sabre, s'emparaient du shako d'un des hussards, et se faisaient soldats.

Chez ce peuple, dont l'organisation a été presque républicaine dès l'origine, les levées en masse furent de rares exceptions. Les Jazyges, les Coumans et les Heiduques, qui pénétrèrent en Hongrie beaucoup plus tard que les Magyars, et qui étaient les restes d'anciennes tribus hunniques, jouissaient du privilège de se gouverner librement sous les ordres de leurs capitaines électifs, à la condition de marcher les premiers au secours de l'Etat en cas de guerre. Les villages habités par ces soldats cultivateurs étaient encore de petites républiques avant la révolution de 1848. Au moyen âge, les magnats formaient l'armée du roi, et la noblesse l'armée nationale. Ceux qui possédaient des terres étaient seuls appelés à défendre le pays. Les guerriers qui avaient aidé les premiers rois dans leurs conquêtes avaient reçu en donation des terres, en échange desquelles ils devaient le service militaire. En cas d'extinction de descendants mâles, le sol retournait à la couronne, propriétaire du sol tout entier. L'armée ne fut organisée systématiquement que sous les rois Sigismond et Mathias. Chaque comitat fut tenu de fournir un contingent de cavaliers proportionné au nombre de ses habitants. Les prélats et les magnats eurent aussi à leur charge l'entretien et l'équipement de bandes organisées sur le modèle des banderies italiennes. Enfin l'État prit à sa solde la fameuse Légion Noire, qui lui coûtait plus d'un million de ducats par an. Le roi Mathias aimait tant ces valeureux cavaliers, dont l'arrivée sur le champ de bataille suffisait pour mettre en fuite l'ennemi, qu'il se plaisait à venir s'entretenir familièrement avec eux, à partager leur repas, et qu'il pansait lui-même leurs blessures.

Le courage poussé jusqu'à l'héroïsme n'est pas seulement, dans la patrie magyare, la vertu des hommes ; c'est aussi celle des femmes. L'histoire de Hongrie est tout illustrée de leurs hauts faits patriotiques. Les Turcs viennent-ils mettre le siège devant une ville, aussitôt les rues retentissent de cris de joie : hommes, femmes, soldats, tous, d'une voix unanime, jurent d'observer les conditions suivantes, que leur dicte un patriotisme fanatique : « Le mot de capitulation est proscrit ; si quelqu'un ose le prononcer, il sera puni de mort. Quand les vivres seront épuisés, nous nous mangerons les uns les autres, et les victimes seront tirées au sort. Les femmes s'occuperont de réparer les murailles ; elles pourront suivre leur mari sur la brèche et dans les sorties. » Quand l'ennemi donne l'assaut, les femmes accourent se confondre dans les rangs des assiégés : on ne les distingue qu'à leur aveugle et impétueuse bravoure. Les unes combattent corps à corps ; d'autres, du haut des murailles, font rouler sur les assaillants des roches énormes, ou les inondent de flots d'huile bouillante (1).

Dans toutes les périodes troublées de l'histoire de leur pays, les femmes hongroises montrèrent un caractère viril, une âme forte et pleine de résolution.

« Ma femme et mon sabre ! » s'écrie le poète soldat Pétoeffi, et il ajoute : « Que la patrie ait un jour besoin de mon bras, ma femme ceindra elle-même mon sabre autour de ma taille, et, nous bénissant : — Partez, dira-t-elle, soyez toujours fidèles l'un à l'autre ! »

Lorsqu'en 1848, retentit des Carpathes jusqu'à la

---

(1) *Histoire de Hongrie*, par Boldenyi.

mer le cri : « La patrie est en danger! » les mères hongroises armèrent elles-mêmes leurs fils. Et les femmes suivirent leur mari, les sœurs leurs frères, les fiancées leur fiancé. Plus d'une femme combattit sous l'uniforme de hussard ou de honved. Une riche jeune fille, du nom de Szentpaly, fit des prodiges de bravoure au siège de Komorn. Une autre jeune fille, qui servait en qualité de simple soldat, parvint au grade de brigadier sans que ses camarades se fussent jamais doutés de la différence de son sexe.

Le moment de me remettre en route était venu. Je pris congé du jeune officier autrichien qui avait été mon compagnon d'une heure, et je lui dis : « Au revoir en Bosnie! » Puis je m'installai dans le compartiment d'un beau wagon jaune, occupé par trois ou quatre personnes. En voyage, loin de fuir la société, je la recherche avec empressement. On peut apprendre tant de choses en causant avec ses voisins ; surtout dans ces chemins de fer d'intérêt local qui savent quand ils partent, mais qui ignorent toujours quand ils arriveront. On ménage la vapeur, on ménage le matériel, on ménage les employés, on ménage la voie, on ménage tout : c'est une économie qui serait absolument ruineuse dans un pays pressé et industriel. On me raconte qu'un paysan, invité un jour par un de ses camarades à prendre le train de Kanizsa à Kapornak, lui répondit : « Nòn, pas aujourd'hui ; je suis trop pressé, je vais à pied. »

Kanizsa, que nous laissâmes sur notre gauche, est un petit bourg de douze mille habitants, ignoré et heureux comme les princes qui n'ont pas d'histoires. Dès que nous eûmes quitté cette station, le ciel devint gris comme la capote d'un soldat, et prit à notre égard une attitude des plus hostiles. De gros nuages se mirent à fuir effarés sous le fouet d'un vent furieux; la plaine était noire de leur ombre, comme si une immense volée de corbeaux, avait projeté sur le sol la nuit de leurs ailes. Les feuilles des arbres frissonnaient d'effroi et se hérissaient dans un sentiment de résistance. Au milieu de lugubres craquements, les âmes réveillées des vieux troncs criaient. Des vallées se creusaient dans le ciel nuageux : profondes, bizarres, tourmentées; et, tout à coup, comme si les torrents de ces montagnes aériennes débordaient, une inondation tomba sur la terre avec un bruit de cascade et de trombe. L'horizon s'évanouit, les plans s'effacèrent; un mur gris, formé par les longues hachures de l'averse, s'éleva tout autour de nous et nous enferma comme dans une prison. L'ondée flagellait les vitres de notre wagon et rebondissait sur le toit de tôle, avec un bruit de grosse grenaille. Il faisait un temps « à ne pas mettre un poète à la porte. » Le train s'arrêta, au plus fort de l'averse, à une petite gare perdue au milieu de la plaine, et où il me fallait descendre pour me rendre à Nagy-Atad, et de là à Nagy-Korpad, chez M. L.

Suivant la recommandation de M. L., qui m'avait écrit à Agram, je lui avais télégraphié l'heure de mon arrivée à la station; mais ce fut en vain que je me fis connaître aux quelques paysans hongrois qui se tenaient à côté de leurs chariots rustiques, enveloppés dans leur bunda dont la peau de mouton était retournée en dedans, et qui fumaient imperturbablement leur pipe comme si le ciel, au lieu de torrents de pluie, eût versé des flots de lumière.

Le chef de gare vint à mon secours et m'expliqua que ces paysans étaient des voituriers improvisés. N'ayant rien à faire chez eux, ils étaient venus à la station dans l'espoir de trouver quelque voyageur.

— Combien demandent-ils pour aller jusqu'à Nagy-Korpad ? fis-je.

Le chef de gare leur traduisit ma demande, à laquelle un seul d'entre eux répondit :

— C'est huit florins.

— Et combien de temps faut-il ?

— Six heures.

— C'est bien. Qu'il prenne ma valise.

Et, grimpant sur l'essieu de la roue, je montai dans le véhicule dont le panier d'osier était rempli de foin.

Nous allions partir, quand une calèche découverte arriva à fond de train vers la gare ; les chevaux, frémissants, couverts de boue et d'écume, s'arrêtèrent droit devant ceux du chariot ; et un grand cocher, en livrée bleu de ciel, tout chamarré de brandebourgs, coiffé du petit chapeau hongrois et chaussé de hautes bottes, sauta à terre, s'élança vers moi, me prit à bras le corps, et me fit passer comme un sac de plume du véhicule dans la calèche. Il s'empara avec la même dextérité de ma valise, sauta sur son siège, et repartit au galop sans dire un mot. Le paysan fut tellement ébahi de cette scène qu'il resta là, bouche béante. Quant à moi, je riais tout seul ; et je trouvais que la Hongrie est un pays d'un imprévu charmant. J'étais enlevé, ni plus ni moins qu'une belle fille qui doit calmer les amoureux transports d'un fidèle amant, comme on dit à l'Opéra-Comique.

La pluie avait transformé la large route sablonneuse que nous suivions en un fleuve de boue. Parfois les roues de la voiture s'enfonçaient d'une façon alarmante ; mais les chevaux, par un violent effort, nous tiraient du mauvais pas. Dans un pays où, comme en Hongrie, la pierre manque partout, il n'y a pas moyen d'entretenir les routes. Les pierres sont même si rares que je me suis toujours étonné de n'en pas voir dans la vitrine des changeurs, à côté des ducats, des bijoux et autres objets précieux. Quand les routes sont trop défoncées, on ne peut voyager qu'avec des bœufs, et il en faut souvent une douzaine pour remorquer un simple chariot. Le voyageur est-il surpris par les pluies dans quelque auberge isolée, il lui est alors impossible de poursuivre son chemin ; et il doit attendre, quelquefois des semaines entières, que le soleil ou le vent ait de nouveau séché la terre.

Le chemin était aussi désert que celui qui conduit au logis d'un ami ruiné. Devant moi, je ne voyais qu'une longue traînée de boue jaunâtre. En passant près d'un chêne, nous aperçûmes cependant une fillette qui, la robe relevée sur sa tête, avait cherché là un abri momentané. Pétoeffi a fait d'une petite scène de ce genre une chanson populaire d'une touche vivante et pleine d'émotion : « Sous l'arbre, dit-il, une blonde fille s'est réfugiée, attendant la fin de l'ondée. Du seuil de la grande porte, je la regarde en lui souriant des yeux.

— « Viens ici et entre, blanche colombe ; viens dans ma petite chambre jusqu'à ce que la pluie ait cessé. Assieds-toi à mes côtés, là, sur ce joli bahut. S'il est trop haut, je t'y mettrai en te portant ; s'il est trop dur, charmante enfant, je te garderai dans mes bras. »

Enfin, au bout d'une heure, la pluie cessa, les gros nuages qui s'en allaient en flottille vers l'horizon s'amincirent et s'éclaircirent. Le ciel était comme tendu de mousseline sale, à travers les déchirures de laquelle on apercevait des lambeaux de soie bleue fanée. Et bientôt des raies de soleil, de petits coups de lumière, se firent jour ; et il y eut à l'horizon comme un rayonnement joyeux d'aurore, et sur la terre comme l'épanouissement d'un sourire printanier. Sous les feuilles que la pluie avait lavées et qui luisaient de reflets d'argent, on entendait des cris d'appel, des bonds furtifs, de doux frôlements d'ailes. Les insectes recommençaient à bourdonner et les papillons à voler. Les verdures humides étaient couvertes de boutons de diamant qui étincelaient des couleurs de l'arc-en-ciel. Et de tous côtés s'ouvraient des échappées délicieuses de fraîcheur, se montraient des paysages d'une netteté de détails admirable, des champs de blé qui brillaient comme du cuivre poli, des clochers dont la croix argentée s'allumait comme une flamme. Une clarté opalisée, fraîche, rajeunie, remplissait l'air; et ce n'était plus la terreur de la tempête, mais le plaisir de se sentir de nouveau caressée par le soleil, qui faisait tressaillir la terre comme au retour amoureux de l'aube.

Ce fut au triple galop que je traversai le petit bourg de Nagy-Atad, dont les maisons toutes blanches ressemblaient à des jeunes filles en robe de percale surprises au milieu du chemin par l'averse, et attendant, immobiles sous leur parapluie, comme sous un toit, que les chemins fussent praticables pour se remettre en marche.

Sur la place du marché, couvertes de flaques noires, s'élevaient des baraques de marchands forains à moitié montées; le long de leurs hautes perches, des lambeaux de toile pendaient, flasques et déchirés : on eût dit les mâtures d'embarcations échouées. Ce qui complétait ce simulacre de naufrage, c'étaient les énormes caisses, les ballots de toutes sortes jetés pêle-mêle comme des épaves.

En sortant du bourg, la voiture monta à droite. Après avoir traversé un petit pont de pierre, elle tourna brusquement : nous étions arrivés.

— Ah! vous voilà! s'écria M. L., apparaissant sur le

seuil d'une jolie maison aux volets verts. Si le hasard ne m'avait pas amené à Nagy-Atad, je ne sais pas trop comment vous seriez venu jusque chez moi.

— Mais avec un char de paysan. J'avais même déjà conclu le marché, répondis-je.

— Ah! cher monsieur, vous seriez arrivé demain matin, après avoir passé la nuit dans la boue. Mon cocher vous a-t-il immédiatement reconnu?

— Au premier coup d'œil... On dirait que vous l'avez dressé comme un chien du Saint-Bernard : il ne me conduit pas, il m'apporte.

Et je racontai à M. L., qui s'en amusa beaucoup, la scène d'enlèvement qui s'était passée à la gare.

— Venez, me dit M. L., en me conduisant dans la maison; je vais vous présenter à M. S., mon collègue; c'est le comptable et le caissier de l'administration des domaines que la famille Sina possède dans ce district.

Le baron Sina, mort il y a quelques années, était un des plus grands propriétaires terriens de la Hongrie. Il ne connaissait pas lui-même, dit-on, l'étendue de ses terres, n'ayant vu, dans sa vie, que cinq ou six de ses immenses propriétés, sur les huit ou dix qu'il possédait.

Nous entrâmes dans la salle à manger, pleine d'enfants; et, franchissant la porte d'un petit salon, nous trouvâmes réunis là, M. S. et sa femme, et Mme L. Après avoir causé un instant et pris quelques rafraîchissements, M. L. donna le signal du départ.

— Je vais vous enlever à la vie civilisée; c'est au milieu du désert, dans la *puszta*, que je vous conduis, me dit-il.

— Eh bien! intervint M. S., moi je m'oppose à ce départ et je vais couper les traits de vos chevaux, si vous ne me promettez pas de venir demain, à midi, dîner avec nous. C'est la foire de Nagy-Atad. M. Tissot verra une foire hongroise.

J'acceptai avec enthousiasme, et M. L. se vit obligé d'accepter l'invitation avec moi.

Deux voitures très légères nous attendaient dans la cour. Mme L. monta dans la première avec sa bonne et l'enfant; M. L. et moi, nous prîmes place dans la seconde. Les chevaux, vifs et ardents, partirent avec la vitesse de l'éclair. Bientôt maisons, toits, clochers, disparurent à nos yeux. Une steppe immense, une plaine infinie, un océan de terre ferme, une mer de verdure calme, immobile, silencieuse comme une mer morte, déroulait jusqu'à l'horizon ses vastes prairies tout unies, que les champs de blé mouchetaient d'îlots dorés. Pas un cri d'oiseau, pas même ce bourdonnement ailé et invisible, qui est comme la voix des champs. Le silence de l'immensité.

Nous étions entrés dans la puszta. Ce mot hongrois signifie espace vide. Quand cet espace vide est cultivé, — comme c'est le cas ici, — on appelle aussi puszta les bâtiments qui servent à l'exploitation agricole de la steppe.

Sur la terre noire et épaisse d'un chemin à peine tracé, car ici l'on passe où l'on veut, à travers champs, nous roulions sans bruit, comme sur du velours; il me semblait que je venais de pénétrer dans un monde nouveau, et j'éprouvais toutes les sensations délicieuses que vous donnent l'attrait de l'inconnu et le charme de la nouveauté.

Plus on voyage et plus on observe, plus on voit combien est juste la théorie des milieux, et quelle influence exercent sur l'homme la configuration du sol et le climat. Le Suisse qui vit dans ses montagnes, le Bédouin qui vit dans le désert, et le Hongrois qui vit dans sa *puszta*, sont des hommes de liberté. Consultez l'histoire de ces trois peuples; ils ont soutenu une lutte continuelle pour le maintien de leur indépendance. Après avoir chassé les Slaves qui occupaient le pays, les Hongrois chassent les Turcs, puis les Allemands. « Est-il donc vrai, demande dans un chant populaire un jeune paysan à son père, est-il vrai que je suis libre, que je ne subirai plus jamais ni joug ni servitude? — C'est vrai, mon fils, nous sommes délivrés. Que Dieu bénisse celui qui nous a donné la liberté! — Dis-moi son nom, mon père; mon cœur éclate de reconnaissance et de joie. A qui dois-je une patrie libre? — Remercie le gardien de notre pays, remercie le peuple, mon fils. — Où est le peuple? Où demeure-t-il? J'irai lui baiser les pieds. — Mon fils, un homme libre ne doit jamais se prosterner, mais toujours regarder en face les hommes et Dieu... » — A ce fier langage, on reconnaît l'habitant de la puszta hongroise.

Nous filions toujours avec la même rapidité. Le jour mourait dans un horizon rouge comme le sang. Autour de nous l'atmosphère était blonde, imprégnée de poussière d'or comme au désert; et la nuit arrivait rapide, presque sans crépuscule, de même qu'en Orient. L'incendie allumé par le soleil couchant s'éteignit; et le ciel prit une teinte d'ardoise azurée, sur laquelle les étoiles se détachèrent avec un étincellement d'escarboucles. Au fond de l'horizon, la lune semblait se balancer comme un encensoir de vermeil; et on eût dit que la voie lactée était la fumée lumineuse qui s'en échappait. De grands peupliers se dressèrent tout à coup devant nous, projetant leur ombre effilée sur un champ de blé. Les rayons de la lune éclairèrent quelques toits; et j'aperçus, toute blanche comme une tombe de jeune fille, une jolie maisonnette dont les fenêtres s'éclairèrent et s'ouvrirent à notre approche. La voiture tourna et pénétra dans une cour où elle fut saluée par les aboiements d'un gros chien : nous étions chez M. L.

On me conduisit dans la chambre d'amis, — une belle chambre avec un canapé de reps vert, un guéridon chargé de bibelots et d'albums de photographies, — et une demi-heure après, on m'invitait à venir m'attabler devant un copieux souper. A la fin du repas, la nourrice endormit l'enfant en chantant. Ce n'était pas la première fois que j'entendais chanter en langue hongroise, mais jamais chant ne résonna si doux et si mélodieux à mes oreilles. Le hongrois, comme l'italien, est une langue énergique sans rudesse, dont les intonations glissantes, suaves, sont d'une merveilleuse euphonie. Parfois on dirait qu'on entend un gazouillement, un petit murmure de ruisseau dans la mousse ou de brise sous la feuillée. L'alphabet hongrois se compose de trente-huit sons aux inflexions légères, à l'accentuation harmonieuse, aux nuances variées et délicates comme les gammes d'un instrument. D'une allure originale, brillante et fleurie, pleine de coloris, de mouvement, c'est par excellence la langue de l'imagination, de la poésie et du cœur. Que disait ce chant de nourrice ? Les choses les plus tendres, les plus délicieuses qui soient jamais sorties de la bouche d'une mère :

« Petit enfant, grandis, ô jolie petite bouche de perles ! — Que ton berceau soit de bois de rose, et que les anges te tissent les fils de l'arc-en-ciel pour t'en faire des langes !

« Qu'une belle feuille de noyer dorée te serve de couverture ; et que la brise du soir balance ton berceau — Que le baiser d'une étoile filante te réveille ! Qu'un souffle suave se joue autour de toi !

« Que l'haleine du lis t'effleure! Que la soie moelleuse te caresse! Que la joie colore tes petites joues; et que les papillons te fassent des éventails de leurs brillantes ailes!

« Que le ver à soie te file tes habits! Que les fées viennent te sourire! Que leur bénédiction te donne l'amour; et que Dieu vienne à ton aide en tous lieux! »

XI

Histoires de brigands. — Deux ingénieurs slovaques. — Patko. — Bétyars et pauvres compagnons. — Les Pandours. — Sobry. — Mylfait. — Un Juif qui passe un mauvais quart d'heure.

Dès que le café fut servi, mon hôte m'apporta lui-même une collection de pipes ; et nous causâmes encore longtemps, en fumant un tabac turc qui nous enveloppait de ses nuages parfumés. Au dehors un silence de mort régnait. Pas même un pauvre grillon perdu. On aurait pu se croire au fond d'une thébaïde.

— La soirée était tranquille comme celle-ci, et la lune brillait aussi dans son plein, quand, il y a dix ans, cette maison fut attaquée par des brigands, me dit M. L. Mon prédécesseur, car c'est à lui que la chose arriva, était assis là où vous êtes, fumant son chibouk et prenant son café. Tout à coup la porte s'ouvre, trois *bétyars* (1) entrent, tenant le fusil d'une main et le couteau de l'autre.

— Si tu bouges, dit celui qui semblait être leur chef, tu es un homme mort ; donne-nous de l'argent.

(1) On désigne sous ce nom, en Hongrie, les vagabonds et les brigands.

— Je n'en ai pas, répondit d'un air résolu le maître du logis.

— C'est ce que nous allons voir, fit le bétyar. Et il se dirigea vers une commode qui était là, dans ce coin.

Mon prédécesseur se leva, saisit un couteau resté sur la table, et se précipita sur le voleur. Au même moment, un des bandits qui gardait la porte lui déchargea son arme en pleine poitrine : il tomba raide mort, baigné dans son sang.

Un des tiroirs de la commode renfermait 6,000 florins, que les brigands emportèrent.

Depuis lors, nous ne gardons plus d'argent chez nous ; et nos portes se ferment comme celles des villes au moyen âge, à la tombée de la nuit. Des grilles en fer ont été placées à toutes les fenêtres ; et il y a là, dans cette chambre, assez de fusils pour soutenir un siège.

— Vous n'avez pas revu ces brigands ?

— Non ; mais j'en ai vu d'autres, car ils voyagent beaucoup, comme les Tziganes. De la forêt de Bakony ils émigrent sur les bords de la Theiss ; et s'en vont jusque dans les Carpathes. Mais ne croyez pas qu'ils soient aussi terribles que leur réputation. Il faut savoir les prendre par le bon côté. Si mon prédécesseur avait été plus hospitalier, s'il leur avait donné à boire et à manger, il s'en serait tiré le mieux du monde. Un jour, il y a deux ans, nous étions à déjeuner. Un bétyar entra dans la cuisine, demandant à parler au maître. La cuisinière, pâle et tremblante, vint me prévenir.

J'allumai ma pipe et je sortis : sur le seuil de la porte je rencontrai un fort bel homme, jeune encore, à la mine éveillée et intelligente, tenant son fusil caché sous son manteau.

— Que veux-tu ? lui dis-je.

— Je voudrais de l'argent, me répondit-il de l'air le plus naturel.

— J'en ai bien peu.

— Oh! reprit-il en souriant, chez le baron Sina, on a toujours de l'argent.

— Fumes-tu? lui demandai-je pour essayer de donner une autre direction à ses pensées, et voulant avoir moi-même le temps de la réflexion.

— Oui.

— Tiens, voici des cigarettes. Sais-tu ce que c'est?

— Oh! oui, j'en ai déjà fumé d'excellentes chez des curés.

— Comment es-tu devenu bétyar?

— On a voulu faire de moi un soldat. Moi, je n'ai pas voulu. Alors on a envoyé les gendarmes pour me prendre. Je me suis sauvé.

— Mais n'as-tu pas peur que les pandours t'attrapent?

— Non... Les pandours sont trop poltrons. Ils arrivent toujours trop tard.

Nous causâmes dix minutes; je glissai un florin dans sa main; il s'en alla enchanté de moi.

Ils sont tous comme ça : bons diables quand on les reçoit amicalement, et qu'on ne les contrarie pas trop sur leur manière d'envisager le « tien et le mien ».

Ces chevaliers de grands chemins jouent volontiers au grand seigneur. Ils sont avec les dames d'une galanterie et d'une courtoisie exquises. Et cependant ils aiment les plaisirs cruels, à la manière de tous les gens violents et despotiques. Une fois, dans une *csarda* (1), deux ingénieurs slovaques aux longues jambes tombèrent au milieu d'un repas de brigands.

(1) Auberge isolée dans la *puszta*. On prononce *tcharda*.

Ces messieurs étaient de facétieuse humeur. Ils obligèrent les intrus à danser en chemise, toute la nuit, sur une table, tandis qu'eux buvaient et se pâmaient de rire. Mais quelques semaines après, par un singulier retour des choses d'ici-bas, c'étaient les jambes du chef de la bande qui gigotaient au vent. Les gens que les brigands hongrois se plaisent particulièrement à tourmenter, ce sont les juifs et les prêtres, parce qu'ils sont riches. Il n'est pas de supplice qu'ils n'inventent pour s'amuser de leurs plaintes, de leurs gémissements, de leurs contorsions et de leurs douleurs. Ils les rouent de coups, ils les ferrent comme des chevaux, ils les lient en croix, ils les suspendent par les pieds à une branche d'arbre, ou les enterrent jusqu'au cou au bord des routes. Le célèbre Patko rencontra un jour un marchand israélite qui se rendait au marché avec du miel. Il lui enleva ses vêtements, et, lui ayant enduit tout le corps de miel, il le roula dans de la plume : de sorte que l'infortuné ressemblait à un animal fabuleux. Quand il arriva aux portes de la ville, les femmes et les enfants s'enfuirent en hurlant, et tous les chiens s'élancèrent à ses trousses.

Le peuple, que ces grosses farces amusent et dont l'imagination épique idéalise la vie du brigand, ne dénonce jamais la présence d'un bétyar, et prend toujours parti pour lui contre le gendarme. Dans les longues veillées d'hiver on ne raconte pas chez nous des contes de fées, comme en Allemagne; mais les exploits légendaires des Sobry, des Mylfait, des Pap, des Juhas, des Patko et des Rosza Sandor. Tous ces bétyars sont devenus les héros des épopées populaires; et si l'on trouve un livre dans une maison de paysans, c'est le récit de leurs hauts faits.

L'histoire du brigandage en Hongrie est pleine de

traits chevaleresques qui révèlent chez les bandits en renom la soif des aventures, la recherche du danger et des actions d'éclat, bien plus que des instincts sanguinaires de meurtre et de pillage. Un jour, un brigand est condamné à mort. Le pandour qui doit l'accompagner jusqu'au pied de la potence lui fait servir un copieux repas et laisse ensuite échapper son prisonnier. Trois mois plus tard, le même pandour tombe entre les mains du même brigand, qui le régale de son mieux et lui rend la liberté.

Une autre fois, une bande de douze brigands s'était retranchée dans une verrerie, sur les bords du lac Balaton. Après avoir, trois heures durant, échangé des coups de fusil sans résultat décisif, on en vint de part et d'autre à conclure une trêve. Les brigands invitèrent alors les pandours à boire à leur gourde; et, après un repos d'une heure, le combat recommença et finalement tourna au désavantage des brigands, qui durent se rendre.

— Je commence, dis-je à mon interlocuteur, à prendre un intérêt extrême à vos bandits. Je les trouve bien plus intéressants que les héros de nos romans parisiens. Racontez-moi donc l'histoire de quelques-uns d'entre eux.

— Très volontiers, faites une cigarette pendant que je bourre mon chibouk.

M. L..., tirant de son bouquin d'ambre une longue bouffée de fumée bleue, commença ainsi :

— Il faut d'abord que je vous dise qu'il y a plusieurs espèces de brigands; il y en a de dangereux, comme les *bétyars*, et de presque inoffensifs, comme les *Szégény Légény*, c'est-à-dire les pauvres compagnons ou pauvres garçons : nom qu'ils se sont donné eux-mêmes. D'après un vieux refrain très connu :

Au service de l'Autriche,
Le militaire n'est pas riche.

« Mal payé, mal nourri, il n'aime pas à servir son roi. Le fils de la *puszta*, enrégimenté de force, incapable de se plier à la discipline, prend bientôt la vie militaire en dégoût; et, à la première occasion, il déserte. N'osant pas retourner à son village, il se réfugie dans les forêts ou dans les steppes, où il est bien obligé, pour ne pas mourir de faim, de dérober de temps en temps une brebis ou un agneau. Monté sur un cheval agile, — dont la provenance est toujours irrégulière, — il passe sa vie dans la *puszta*, où il trouve un gîte tantôt dans une auberge solitaire, tantôt dans la hutte d'un berger ou au pied de quelque meule de blé ou de foin. Le « pauvre compagnon » n'est pas un brigand dans le sens rigoureux du mot; de souche d'honnêtes gens, sa mise est propre et soignée, et il ne déplaît pas aux jeunes villageoises. C'est le vagabond de la steppe, le compagnon aimé des pâtres, qui partagent volontiers avec lui leur pain et leur lard. Les *Szégény Légény* ne sont redoutables que dans les contrées où ils se réunissent en nombre, et où ils réclament l'hospitalité la menace à la bouche.

« Quand ils vont par bandes de vingt ou trente, ils n'ont pas de chevaux, et leurs armes consistent en simples bâtons; ils entrent comme chez eux dans les maisons isolées pour demander à manger; et ils s'aventurent même, le dimanche, dans l'auberge du village pour boire et danser. Leur costume ne les distingue pas des autres paysans et des pâtres. Quant à leur manière de voler, elle est souvent originale.

« Un très beau garçon stationnait un dimanche matin devant le château du comte P..., à B... Quand Mme la comtesse passa pour se rendre à l'office, le jeune homme la salua très poliment et demanda à Sa Grâce de vouloir bien lui donner vingt livres de lard et trente livres de pain pour les « pauvres compagnons » qui étaient dans la forêt voisine. La comtesse P. promit d'envoyer ce que demandait le messager ; après quoi celui-ci s'éloigna avec force remerciements.

« Jadis, il y avait même des seigneurs qui s'acquittaient d'une redevance envers les Szégény Légény, afin de ne pas être inquiétés ; ou qui s'arrangeaient avec eux, leur payant une sorte de *black mail*, comme le montre l'anecdote suivante :

« Une fois le comte B. rencontra, pendant une de ses promenades dans la puszta, un « pauvre compagnon » qui le salua d'un air de connaissance :

« — Ah ! c'est toi, Gusté ! fit le comte. D'où viens-tu ?

« — J'étais en prison à M... Je me suis évadé.

« — Je t'engage, mon garçon, à ne pas voler mes moutons ; sans cela, je te ferai un mauvais parti.

« — Eh bien, monsieur le comte, lui répondit le « pauvre compagnon », donnez-moi tous les ans un de vos moutons ; et je ne viendrai jamais vous en prendre.

Le comte promit le mouton, et Gusté s'en alla au bourg demander de l'ouvrage. En le voyant fendre du bois dans la rue, on lui dit :

« — On va t'arrêter, Gusté !

« — Pas si bête de me laisser prendre, répondit-il simplement en continuant son travail.

« Si le « pauvre compagnon » n'a pas vagabondé trop longtemps et que la mauvaise compagnie n'en ait pas fait un bétyar, il se range souvent, s'éprend d'une jeune fille avec laquelle il se marie ; et devient un excellent pâtre pour lequel la *puszta* n'a pas de secrets.

« Le bétyar, qui ne ressemble guère par son pittoresque accoutrement au « pauvre compagnon », est né voleur et se fait brigand par vocation. Son énorme chapeau, ses longs cheveux retombant en boucles noires sur ses épaules carrées, ses sourcils épais, ses grands yeux au regard féroce, sa figure brunie par le soleil, sa poitrine velue qu'on aperçoit à travers sa chemise déguenillée, lui donnent un air sauvage et un aspect particulièrement sinistre. Il porte tout un arsenal avec lui : un fusil, des pistolets, une hache et un bâton ferré. Il est cependant rare qu'il aille jusqu'à l'assassinat. Le brigand hongrois se contente de piller les châteaux, de détrousser les voyageurs, de rendre la vie dure aux bouviers de la puszta, dont la vigilance est impuissante à protéger leurs troupeaux, et de livrer bataille à la gendarmerie. Un cheval qui fait son affaire n'échappe pas au bétyar. Rusé comme l'Indien, il s'approche la nuit du pacage et enlève sans bruit, avec une dextérité incroyable, le cheval ou la brebis qu'il convoite. S'il s'agit d'un porc, il l'attire au fond ou à la lisière de la forêt, en lui jetant des épis de maïs, et il l'assomme d'un coup de *fokoch*.

« Célèbre-t-on une noce quelque part? Le bétyar s'invite lui-même au festin et choisit les plus jolies filles pour danser avec elles. S'il lui arrive quelque désagrément, il est sûr que ses camarades se chargeront de la vengeance en incendiant quelques bâtiments isolés dans la puszta. Il y a des bétyars qui poussent l'audace jusqu'à venir attaquer les maisons dans les villages d'une certaine importance. Si on les dérange, ils se retirent en combattant et en tirant des coups de fusil. Au mois de novembre 1861, quatre grands gaillards à cheval, armés de pied en cap, campaient devant Baya, où se tenait une des plus grandes foires de la Hongrie ; ils arrêtèrent successivement soixante chariots et s'emparèrent de 15,000 florins. Au mois d'octobre de la même année, un fait extraordinaire se passa en Transylvanie. Huit brigands cernèrent pendant la nuit la maison d'un propriétaire ; ils essayèrent d'enfoncer la porte cochère ; mais comme l'opération était difficile, ils voulurent entrer par la fenêtre. Le propriétaire, réveillé par le bruit, accourut avec son fusil, menaçant de tuer le premier qui s'approcherait. Les brigands commencèrent alors un véritable siège qui amena des pourparlers : les assiégeants déclarèrent que la faim seule les poussait à cette extrémité. Le seigneur parlementa si bien, qu'il en fut quitte pour quelques pains, une livre de lard et trois bouteilles d'eau-de-vie.

« Les Hongrois prétendent que le nombre des brigands a surtout augmenté depuis 1849, sous la domination autrichienne. Avant cette époque, cependant, le voyageur ne pouvait guère éviter la rencontre d'une foule de gibets qui bordaient les routes, comme les poteaux télégraphiques aujourd'hui ; la loi exigeait que les suppliciés restassent exposés en plein air jusqu'à ce qu'ils tombassent en pourriture. Un voyageur vit un jour, sous un squelette suspendu à un arbre, un essaim d'enfants qui s'ébattaient joyeusement. Il fit arrêter sa voiture et leur dit :

« — Mes enfants, vous n'avez donc pas peur de ce vilain squelette ?

« — Et pourquoi en aurions-nous peur ? lui répondirent-ils, c'était notre père !

« Avant 1848, on avait pris en Hongrie d'énergiques mesures contre le brigandage. La police ordinaire, les heiduques, les gendarmes et les pandours des comitats, étaient spécialement chargés de les poursuivre. Dans les comitats trop inquiétés, on avait, en outre, les « persecutores » ou chasseurs de brigands, qui, les jours de foire et de marché, s'y rendaient sous un déguisement quelconque. En temps ordinaire, ils étaient à cheval et vêtus d'un uniforme qui variait dans chaque comitat; il y a à peine une génération, on les voyait encore, en Syrmie, revêtus d'une cuirasse et armés d'une lance. Le *handagny*, dans la Basska (Hongrie méridionale), portait un *fokoch* (bâton à hache), deux pistolets et un lazzo pour arrêter les fuyards.

« Ce qui manque aujourd'hui à la gendarmerie et aux pandours, c'est la connaissance du pays. Ils s'adressent souvent, pour avoir des renseignements, à celui-là mêmes qu'ils sont chargés d'arrêter.

« Leur uniforme ne sert du reste qu'à mettre les brigands sur leurs gardes. La forêt de Bakony surtout a été fatale à ces malheureux agents de la force publique. Cachés dans les ravins, derrière les arbres, les brigands les tuent comme les chasseurs tuent le gibier : à l'affût.

— N'est-ce pas dans cette forêt de Bakony, la plus vaste de Hongrie, et que je devrai traverser en allant de Füred au Danube, que Sobry se cachait avec sa bande?

— Sobry était partout; il avait le don de l'ubiquité, mais ses tours les plus audacieux, il les exécutait avec un seul compagnon. Ce fameux brigand était, dit-on, le fils unique d'une très ancienne et très noble famille, la famille de V... D'un tempérament fougueux, exalté, il disparut tout à coup après avoir mangé son patrimoine. Quelques semaines plus tard, le nom de Sobry, inconnu jusqu'alors, était dans toutes les bouches et devint l'effroi des riches. Un beau jour, le comte de V... revint à son château abandonné avec une fortune mystérieusement acquise, et il ne fut plus question de Sobry. Le jeune comte se maria, se ruina encore et disparut pour la seconde fois. Aussitôt la Hongrie entière se remplit de nouveau du bruit des exploits de Sobry. Enfin le comte de V. reparut après une absence de plusieurs années ; et mourut en laissant une immense fortune.

« Sobry avait des manières de grand seigneur. Un jour il surprit avec sa bande le château d'un riche magnat, momentanément absent. Il fit garder toutes les issues, garrotter les domestiques, et alla lui-même rassurer la châtelaine.

« — Madame, lui dit-il, vous êtes seule, vous n'avez rien à craindre de notre part. Soyez persuadée que nos sentiments envers vous sont des plus respectueux.

« Sobry, tout en parlant, se pliait jusqu'à terre dans un grand salut.

« — Mais comme nous avons faim, reprit-il, et que vous avez la réputation d'avoir la meilleure cuisine du comitat, voulez-vous nous faire l'honneur de dîner avec nous à votre table ?

« La châtelaine, qui avait de la présence d'esprit et qui connaissait les brigands hongrois, répondit en souriant :

« — J'accepte votre offre, puisque c'est vous qui êtes les maîtres ici ce soir. » Et s'adressant à sa femme de chambre qui s'était blottie, pâle et tremblante, dans un coin, elle lui dit : « Va commander à dîner. »

« — Un dîner de vingt-deux couverts, fit Sobry.

« — Un dîner de vingt-deux couverts, entends-tu ? répéta la châtelaine. Et qu'on mette les petits plats dans les grands, que la cuisinière se distingue, et nous donne toutes les provisions qui restent.

« Quand la femme de chambre fut sortie, Sobry,

s'approchant de la comtesse B., lui dit avec une exquise politesse :

« — Madame, il faut que je vous avoue une passion malheureuse... j'aime les bons vins.

« — Mais c'est une passion nationale, observa la dame en souriant, et vous n'avez pas à en rougir.

« — Je sais enfin, madame, continua Sobry, que si votre cuisine est la meilleure de la contrée, votre cave peut aussi rivaliser avec votre cuisine.

« La châtelaine, feignant d'être très flattée du compliment, s'inclina.

« — Voulez-vous donc, madame la comtesse, me permettre de vous offrir mon bras pour descendre à la cave ? Nous ferons notre choix nous-mêmes ; de la sorte, nous serons sûrs de ne pas nous tromper.

« Continuant de faire bonne mine à mauvais jeu, Mme de B. accepta le bras que le brigand lui offrait, et descendit avec lui à la cave choisir les plus vieilles bouteilles de vin de Tokay.

« Quand le moment du dîner fut venu, la châtelaine, conduite par Sobry, prit place au haut bout de la table et présida au repas. Le chef de brigands lui porta de nombreux toasts, ainsi qu'à son mari et à sa famille ; et vers une heure du matin, après avoir selon la mode hongroise baisé la main de la dame, Sobry se retira avec ses compagnons, sans emporter une seule cuiller d'argent, même comme souvenir.

« Sobry poussait aussi loin que le plus habile comédien la science de se grimer et de se travestir. Une fois, il vola des habillements d'évêque et entreprit une tournée pastorale dans les presbytères de la basse Hongrie, où il fut reçu avec tous les honneurs dûs à son haut rang.

« Un jour, un monsieur, dans un superbe équipage,

passait sur la grande route. A côté du cocher se tenait un hussard du comitat, en uniforme. Près de la ville, un vieux mendiant, avec une vénérable barbe blanche, s'approcha de la voiture pour demander l'aumône.

« Le monsieur fit arrêter les chevaux, et invita le vieillard à monter auprès de lui.

« — Vous êtes bien mal vêtu, lui dit-il; venez avec moi, je vous ferai habiller de neuf.

« On descendit au meilleur hôtel; et après avoir dîné, on se rendit chez un marchand d'habits.

« — N'oubliez pas de m'appeler votre fils, recommanda encore une fois le monsieur au vieillard, en entrant dans le magasin.

« On choisit plusieurs vêtements. Le « fils » demandait respectueusement à son « père » son avis. Le moment de payer étant venu, le noble étranger feignit la surprise, dit qu'il avait oublié son portefeuille à l'hôtel, et remonta en voiture pour aller le chercher, en laissant le vieillard comme gage du ballot d'habits qu'il emportait.

« Mais le « père » attendit vainement le retour de son « fils ». Celui-ci avait filé sans redescendre à l'hôtel. On apprit plus tard que ce monsieur inconnu était Sobry.

« D'après une autre version qui paraît plus vraisemblable, Sobry était tout simplement le fils de pauvres paysans qui avaient fait de lui un porcher. Comme il était aussi beau que vaniteux, il vola son maître pour s'acheter un chapeau orné de rubans et de galons, un manteau aux riches broderies, de larges pantalons à franges. Découvert et condamné à deux ans de prison, il réussit à se faire aimer de la femme d'un de ses gardiens; mais un jeune berger, qui partageait sa captivité, essaya de le supplanter dans cet amour, et Sobry le tua. Il réussit à s'enfuir avec l'aide de sa maîtresse, et retourna auprès de ses anciens compagnons, dans la forêt de Bakony. Ils le prirent pour chef; et Sobry ne tarda pas à faire parler de lui.

« On doit lui rendre cette justice qu'il n'attaqua jamais les pauvres gens. Un jour, il rencontra une vieille femme qu'un homme de sa bande avait volée. Il fit venir le coupable et lui brûla la cervelle devant toute la troupe solennellement assemblée. Sobry était si populaire que, lorsqu'il y avait une fête dans le voisinage, il pouvait s'y présenter à l'improviste, sans crainte d'être arrêté ou dénoncé. Les paysannes se disputaient l'honneur de danser avec le *Fra Diavolo* hongrois.

« Si la violence, les attaques à main armée, le sang répandu, répugnaient à Sobry, qui préférait avoir recours à l'adresse et à la ruse, Mylfait et Pap, au contraire, ne reculaient pas devant le meurtre et l'assassinat.

« Mylfait soupçonnait depuis longtemps le propriétaire d'un moulin de lui être hostile et de l'avoir dénoncé aux pandours. Une nuit, avec sa bande, il vint cerner le moulin, tua le meunier en tirant sur lui à travers une lucarne, puis il fit fusiller toutes les personnes, hommes et femmes, qui se trouvaient dans la maison.

« Ce terrible bandit avait cependant aussi ses heures de gaieté. Une fois, un juif qui avait affermé la récolte des noix de galle d'une forêt s'égara et tomba au milieu de la bande de ce chef, réunie autour d'un feu devant lequel rôtissait un mouton. Le juif était armé d'un fusil à deux coups, mais il se garda bien d'en faire usage.

« — Assieds-toi, lui dirent les bétyars, notre dîner va être cuit, tu le partageras avec nous.

« — Vous êtes bien aimables, répondit le juif, enchanté de l'aventure qui lui épargnait la dépense d'un dîner.

« Il se régala de plusieurs morceaux de mouton grillé sur la braise; et but à lui tout seul autant que deux brigands. Puis, ayant allumé sa pipe :

« — Messieurs, dit-il en se levant et en ôtant son chapeau, je vous suis fort reconnaissant de votre hospitalité et je vous remercie. Au revoir!

« — Comment, tu veux déjà nous quitter? lui demanda Mylfait en tortillant sa moustache : ce qui était toujours chez lui l'indice d'une idée saugrenue qui lui trottait par le cerveau.

« — Je suis bien fâché, mais il le faut... Ma famille serait dans les transes en ne me voyant pas arriver.

« — Alors notre société te déplait? continua Mylfait, lui jetant un regard dur. Tu nous méprises...

« — Non, je vous assure, protesta le juif, plaçant une main sur son cœur.

« — Écoute, quand on n'est pas plus poli que toi, on offre au moins, avant de se lever de table, de payer sa consommation; car tu as bu et mangé d'une manière scandaleuse.

« — J'ai cru qu'il était de mon devoir de faire honneur à votre repas, balbutia le malheureux marchand, aux oreilles duquel la voix de Mylfait résonnait maintenant comme un tonnerre lointain.

« — Voyons... as-tu de l'argent? poursuivit le chef de brigands.

« — Voici ma bourse, fit le juif, qui sentait son sang se figer.

« — Et ton portefeuille, où est-il?

« — Mais si vous me dépouillez de mon portefeuille, il ne me restera plus rien.

« — Tu as dîné. Tu n'as plus besoin d'argent aujourd'hui... Ton portefeuille !

« — Le voici.

« — Trente florins ! s'écria Mylfait en retirant trois billets de dix florins des poches de cuir du portefeuille. Et tu oses réclamer pour une pareille bagatelle ! Josi, cria Mylfait à un de ses bétyars, passe-moi le fusil de monsieur et aide-le à ôter ses vêtements, que nous sommes, à notre vif regret, obligés de garder en gage. Il pourra les reprendre quand il voudra, contre un second et dernier versement de trente florins.

« Le juif eut beau prier, supplier, pleurer ; ce fut peine inutile.

« — Je sais un moyen infaillible pour sécher tes larmes, dit Mylfait d'un ton goguenard. Tu vas nous danser quelque chose ! Tu trembles, tu as froid ; une *czardas* (1), ça te réchauffera... Allons, là-bas, en avant la musique !

« Quatre d'entre les bandits s'avancèrent avec des violons et des cornemuses.

« — Votre Grâce, je vous assure, criait le juif en tournant des yeux suppliants vers Mylfait ; je vous assure que je n'ai jamais appris à danser, que je ne sais pas la czardas.

« — Ah ! tu ne sais pas la czardas ! Tu refuses de nous donner le petit divertissement que nous attendions de toi ? Eh bien, il nous faut une compensation.

« — Laquelle ? demanda le pauvre diable d'un ton plein d'angoisse.

« — Va te mettre là-bas, contre ce chêne ; tiens,

---

(1) La *tschardach* est la danse nationale hongroise.

coiffe-toi de ton chapeau, ajouta Mylfait en lui jetant son couvre-chef dont il s'était aussi emparé, et ne bouge pas !

« — Si Votre Grâce voulait me dire dans quel but...

« — Ah ! tu raisonnes ! Allons, qu'on l'emmène de force, et qu'on le tienne.

« Pendant que deux bétyars s'emparaient du juif et le conduisaient vers l'arbre désigné, Mylfait chargeait le fusil à deux coups qu'il avait fait passer des mains de son hôte dans les siennes.

« — Je vais essayer la justesse de ton arme sur ton chapeau ; veux-tu qu'on te bande les yeux ? demanda-t-il au prisonnier.

« — Au nom du ciel, Votre Grâce, épargnez-moi ! Pitié pour ma femme, pitié pour mes enfants ! hurlait le malheureux.

« Mylfait fut inflexible. Il leva lentement son arme, fit semblant de viser le chapeau et tira. La balle alla briser une branche au-dessus de la tête du juif qui, se croyant mort, chancela et s'affaissa.

« — Va, tu n'es qu'un lâche, lui dit le chef de brigands. Et il le laissa se sauver. »

Comme M. L.. achevait cette anecdote, l'horloge sonna une heure du matin.

— Et maintenant, me dit-il, si nous allions chacun nous coucher, comme dans la chanson française de Malborough ?

Quant à moi je serais volontiers resté debout jusqu'au jour, si M. L. avait voulu continuer ses histoires ; mais c'eût été abuser un peu trop de son hospitalité.

— Bonne nuit, me dit-il en m'accompagnant jusqu'à la porte de ma chambre ; et si vous rêvez de bétyars, tâchez de vous rappeler qu'il y a des grilles de fer aux fenêtres, deux portes, dont une doublée de fer, à la maison, des fusils dans ma chambre, et un gros chien dans la cour.

XII

Le réveil dans le puszta. — Les demeures de la domesticité. — Prolétaires campagnards en Hongrie. — Etendue des domaines. — Leur personnel. — Le rapport des propriétés. — La moisson. — La foire de Nagy-Atad. — Races et types divers. — Visite au couvent de Nagy-Atad. — A la brasserie. — Scène électorale. — La *czardas*. — La prison du comitat. — Retour dans le puszta. — Chants populaires hongrois.

Les histoires de brigands, qui avaient prolongé la veillée jusqu'à une heure indue dans la puszta, où l'on se couche et où on se lève tôt, ne troublèrent pas mon sommeil. Le lendemain, debout de bonne heure, je décrochai les contrevents de bois massif qui interceptaient mes communications avec l'extérieur et donnaient à ma chambre une apparence de cachot. S'envolant à travers les barreaux de fer de la fenêtre, mes regards et ma pensée allèrent se perdre jusque dans les brumes lumineuses de l'horizon. Je voyais maintenant la plaine immense, inondée de soleil, déroulant avec un rhythme splendide, ses grandes lignes calmes et solennelles. Mon œil planait dans le libre espace sans rencontrer d'obstacle : point de montagnes, point de collines, point de haies ou de barrières divisant le sol, mais une immensité ouverte, infinie, sans bornes, d'un vert pâle,

entrecoupée çà et là de champs de blé se détachant en
ilots d'or, ét sillonnée, comme la haute mer l'est de
navires, de chariots traînés par des bœufs à la robe
d'argent, fiers de leurs longues cornes recourbées, et
à l'allure lente et grave. A gauche se dressait un vaste
grenier isolé, d'un blanc mat, avec ses nombreuses
fenêtres clignotantes garnies de grillages ou de persiennes à lames minces. A droite, s'étendait un rideau
de peupliers que le soleil levant colorait en rose, et
quelques chênes qui ressemblaient à d'énormes massifs
de lilas fleuri. C'était tout; et ce paysage était plus
varié d'aspect, de tons et de couleurs que les plus
beaux paysages que j'aie vus. La lumière qui inondait
la plaine de la tendresse ardente de ses rayons pro-
duisait des effets étonnants de beauté et de nouveauté,
rayant de bleu, de violet, de jaune, l'immense tapis
de verdure, d'épis et de fleurs, faisant scintiller la
rosée en rivières de diamants. Le ciel, d'une couleur
gris de perle, avait par endroits des rougeurs pudi-
ques de vierge. Et les petits nuages qui passaient
comme un vol de flamants, ou un vol de colombes,
couleur de chair et couleur de soie, vous donnaient
toutes sortes d'idées aimables et gracieuses. C'étaient
des nuages rococo, de jolis nuages galants, des nuages
Louis XV, semblables à des oreillers garnis de dentelles
ou à des coussins de canapé frangés d'or. De toutes
parts, la vie encore endormie s'éveillait. Sous les
arbres du jardin, il y avait une allégresse générale et
tapageuse, des querelles adorables d'amants, des sou-
pirs de femelles pamées et des cris de triomphe de
mâles vainqueurs. Autour des lis en blanc peignoir,
les papillons battaient des ailes, brûlants d'attente et
de désir. Les lèvres entr'ouvertes des roses s'empour-
praient aux baisers du soleil, et les pâles marguerites

s'offraient avec une volupté raffinée aux âpres morsures des abeilles. Des cailles passaient en joyeuses envolées, des hirondelles nouaient leurs guirlandes; l'air était plein de chants d'oiseaux et de cliquetis d'insectes. Et, de tous côtés, des bouffées de parfums délicieux montaient. Derrière, dans la cour, on entendait les coqs sonner bruyamment une fanfare de victoire, tandis que les oies nasillaient comme de vieux chantres pris de vin. Quelle force, quelle jeunesse calme et tranquille, dans ce réveil de la puszta, dans ce lever de l'aube qui est comme le retour radieux du printemps, et qui fait éclore à la fois les fleurs des arbres et des plantes, les œufs des rivières et des nids! En face de cette nature passionnée et puissante, gonflée de sève, de ce tableau d'une grandeur toute orientale, comme on comprend et pénètre mieux le caractère rêveur et sensuel du paysan magyar!

M. L. m'arracha à ma muette contemplation, en venant me souhaiter le bonjour et m'annoncer que le déjeuner était servi. La salle à manger, elle aussi, était toute riante de gaîtés matinales, et ses murs blanchis à la chaux semblaient faits avec de la crème, comme pour vous mettre en appétit. Le dressoir chargé de vieille vaisselle hongroise, à fond fleuri comme une pelisse de paysanne, scintillait de reflets métalliques. Les têtes de chiens et de femmes en porcelaine, servant de pots à tabac et rangés sur un guéridon, devant un râtelier de pipes, paraissaient vivre dans l'éclat d'un rayon de soleil. Juché au haut du poêle de pierre, construit en pyramide, le petit tonneau de verre dans lequel on conserve l'eau-de-vie luisait de nuances exquises, irisées et frissonnantes comme l'onde d'un ruisseau. La grosse horloge, flanquée de gravures de journaux illustrés encadrées dans des baguettes noires, étalait dans l'auréole d'un jeu de lumière, son large cadran blanc, pareil à un ventre de porcelaine. Pendant qu'une robuste domestique, les pieds et les bras nus, les cheveux blonds éclairés comme une broussaille en feu, nous servait, M. L.. me dit :

— Voici comment nous allons employer notre matinée : nous irons d'abord visiter les demeures de la domesticité, nous ferons ensuite une course dans le domaine, et à onze heures, nous partirons pour Nagy-Atad.

Le déjeuner fini, je passai dans la cour, où le cocher attelait les chevaux.

Quel joli sujet de croquis que la cour d'une maison hongroise, avec son enceinte de terre, son jardin potager, son puits à la haute poutre en forme de potence, ses écuries, ses étables à porcs que les melons décorent de leurs larges feuilles et de leurs globes d'or, son poulailler, ses chiens grondant devant leur niche, ses chats étendus au soleil, les yeux à demi-clos, lascifs, rêvant de souris grasses !

La voiture était prête, le cocher attendait sur son siège, fier et droit comme un heiduque, dans sa veste à brandebourgs, coiffé du petit feutre aux bords relevés, la moustache toute mastiquée de pommade hongroise. Enfin M. L. arriva, et nous partîmes comme on part toujours dans ce pays, — à fond de train. Il y a quelque chose de vertigineux dans la vitesse avec laquelle on parcourt ces immenses plaines, où les attelages ont presque autant de liberté que les embarcations sur la mer. Parfois, vous vous croiriez emporté dans un tourbillon.

Nous roulions depuis un quart d'heure, quand nous aperçûmes des toits de chaume émergeant de massifs verts.

— Nous y voilà, me dit M. L. Et comme la voiture s'était arrêtée, il mit pied à terre. Je suivis son exemple et nous entrâmes dans un enclos malpropre, puant, où trainaient des tas d'ordures; des langes et des guenilles étendues sur les haies et sur des ficelles, séchaient tout humides; des flaques d'eau visqueuse, dans lesquelles des oies se vautraient avec un plaisir de petits cochons, entouraient le puits à demi démantibulé, et qui de sa poutre levée au ciel comme un seul bras, semblait implorer quelque chose. Dans des huttes de terre, recouvertes d'un fouillis d'orties et de mauvaises herbes, au milieu desquelles rampaient comme des araignées monstrueuses, des citrouilles aux vrilles tortillées, on entendait des grognements furieux de porcs à jeun. Des chiens maigres, aux yeux malades, les dents aiguisées, rôdaient d'un air féroce devant le seuil des portes, attendant vainement un os à ronger.

C'est ici que logent les domestiques et les ouvriers attachés au domaine par un contrat annuel.

Les maisons sans étage, bâties en terre et en pisé, sont alignées comme des baraquements militaires. Chaque maison est composée de deux vastes pièces, dans chacune desquelles s'entassent de dix à dix-huit personnes. La porte donne accès dans une cuisine commune, divisée en six foyers pour six familles; et de la cuisine on pénètre dans les chambres. Le sol battu sert de plancher. Chaque famille occupe l'espace qui lui a été assigné et en défend les limites avec un égoïsme farouche. Ces logements sans cloison sont meublés d'une manière uniforme : d'un banc, de deux chaises, d'une table, de tablettes fixées au mur, d'une lampe à pétrole qui descend du plafond, attachée à une corde, et d'un lit dans lequel couche presque toute la famille. Les tables, sur lesquelles on étend une paillasse, servent aussi de lit.

— Ah! monsieur l'*ispan*, s'écria une femme, venant au-devant de M. L., on ne tient plus chez nous! Songez un peu : dix-huit personnes là-dedans! ma fille, qui a six ans, couche à mes pieds, en travers; mon mari à côté de moi, ma fille aînée à côté de mon mari, et mon cadet, qui a deux ans, entre mes jambes. C'est à n'y plus tenir!

Que nous sommes loin de l'organisation patriarcale du clan slave! Chacun pour soi dans une chambre pour tous, telle est la devise de ces gens plus abandonnés et plus malheureux que des animaux, et qui doivent regretter le temps où ils étaient serfs, et où ils avaient une cabane à eux et le pain du lendemain assuré.

Ces bâtiments sont les casernes de la domesticité; on y loge indistinctement tous les individus qui, chaque année, du 24 avril au 1er mars, viennent, avec ou sans famille, louer leurs bras et leur travail au propriétaire foncier.

Partout où existe encore, en Europe, la grande propriété poussée à l'excès, à l'abus, jusqu'à l'absurde, et exploitée au profit d'un seul, nous retrouvons d'ailleurs les mêmes monstruosités, le même contraste horrible entre l'extrême richesse et l'extrême misère. Ici le luxe le plus insensé; là, le coudoyant, le dénûment le plus absolu.

Ces grandes propriétés, domaines hongrois, *estates* britanniques, reste des anciens *latifundia* romains qui ruinèrent jadis l'Italie, sont, si l'on y réfléchit un peu, une chose effrayante que l'avenir fera disparaître.

La culture d'un domaine exige en Hongrie l'entretien de toute une armée de prolétaires campagnards. La propriété de la famille Sina dans le comitat de Simongat, pour ne parler que celle-là, comprend six puszta, dirigées par six ispans ou régisseurs comme M. L. L'étendue de ces puszta réunies est de 10,350 hectares. Quand le domaine était complet, il comptait 200,000 hectares. Le nombre des ouvriers employés sur cette terre s'élève à 500, sans compter 200 bergers gardant 150,000 moutons, et 80 porchers gardant 4,000 à 5,000 porcs. Si l'on fait entrer dans cette statistique les femmes et les enfants de tout le personnel, on arrive à un chiffre de population d'au moins 1,500 âmes. Chaque ouvrier reçoit trente florins par an, soixante-dix francs de notre monnaie. Outre le logement et le chauffage, on lui donne 4 hectolitres de blé, 12 hectolitres de seigle, et un quart d'hectare de prairie. L'ouvrier a le droit de nourrir une vache et d'engraisser quatre ou cinq cochons. Quant aux femmes et aux jeunes filles, elles ne sont payées que pendant les moissons, lorsqu'elles travaillent dans les champs. Le domaine de Simongat, administré par six employés, dont un intendant supérieur (1), un caissier, un maître forestier et trois sous-maîtres forestiers, produit un revenu annuel de 300,000 florins, — à peu près 800,000 francs.

Nous étions remontés en voiture, et nous causions de semailles, de moissons, d'économie rurale, pendant que nos chevaux nous emportaient au galop à travers la plaine inondée de larges nappes de lumière. Des aigles perdus dans l'azur se détachaient en points à peine visibles, comme des étoiles noires. Et les cigales, les scarabées chantaient à tue-tête dans l'ivresse

---

(1) L'intendant supérieur touche un traitement de 15,000 francs. Il a, de plus, une maison, des domestiques et des chevaux. Ces positions sont plus enviées et plus recherchées que celle de ministre.

que leur versait le soleil. A l'horizon, un voile de brume comme un rideau de brocart flottait.

Au bout d'une heure de course dans la steppe, nous aperçûmes tout à coup un immense champ de blé qu'attaquaient cent cinquante faucheurs. Les épis, en tombant, produisaient le bruit des vagues qui expirent sur une longue plage, en y laissant une large frange d'écume. Des hommes et des femmes, au nombre d'une centaine, liaient les gerbes sous la direction des surveillants, et les entassaient, avec l'ardeur qu'on met à prendre un butin de guerre, sur de grands chariots attelés de six bœufs aux jambes torses et aux cornes blanches. Parmi ces travailleurs à la tête bronzée, aux moustaches belliqueuses, au profil maigre et osseux, il y avait une activité, un entrain, une furie de bataille. Ils enlevaient ce champ comme on enlève un campement ennemi. Tous portaient le costume magyar dans sa pureté primitive : la chemise à manches flottantes ne descendant, comme un mantelet de femme, que jusqu'au bas de la poitrine, et se soulevant au vent en laissant voir un dos hâlé par le soleil; les larges pantalons de toile retenus à la taille par un mouchoir ou une courroie, et le chapeau de feutre, ou le bonnet noir en peau de mouton.

En revenant à la puszta de M. L., nous passâmes devant une grange : il y avait là dix-sept déchargeurs de gerbes. Chacun d'eux décharge 2,000 gerbes dans la journée. La puszta qu'administre M. L. produit en moyenne 10,000 hectolitres de blé, 1,000 hectolitres de pommes de terre, 1,000 hectolitres de maïs et 2,000 hectolitres de colza, qui sert à fabriquer de l'huile. Soixante-dix bœufs sont nécessaires seulement pour les transports.

A onze heures, nous partions pour Nagy-Atad, rejoignant bientôt sur la route, large de dix à douze mètres, les retardataires qui se rendaient à la foire. Il y avait là des véhicules de toute espèce, depuis la carriole d'osier qu'on rencontre partout en Hongrie, jusqu'à la charrette recouverte de son toit de natte ou de paille, sorte de maison roulante déjà usitée chez les Scythes, il y a deux mille ans. Les petites voitures des marchands ambulants étaient pleines de bottes et de chapeaux entassés en pyramides ; entre les chars et les voitures galopaient des paysans à cheval, le manteau flottant et gonflé par le vent de la course. Nous dépassâmes des chars chargés de tonneaux, de sacs de blé, sur lesquels des femmes et des jeunes filles se tenaient dans des poses que leur joli costume rendait plus pittoresques encore. Les poulains gambadaient autour des chevaux et des juments, attelés en quadrige, et effrayaient dans leurs écarts capricieux les troupeaux d'oies qui marchaient lentement, lourdement, toutes blanches avec des pieds jaunes, le long de la lisière verte de la route, en dressant leur long cou bête de demoiselle allemande.

Après le dîner, qui fut long et gai, comme tout dîner hongrois, nous nous rendîmes sur la place de la foire. Quel assemblage curieux, confus, bruyant, disparate, de types, de physionomies, de costumes, de groupes d'hommes et d'animaux ! On eût dit un vaste campement de peuples divers, une halte de tribus asiatiques au seuil de l'Europe.

Le paysan hongrois se reconnaissait à son large chapeau, à ses longs cheveux noirs encadrant sa figure hâlée, à ses longues moustaches, à sa courte pipe et à sa *bunda* qu'il porte hiver et été, — quand il fait beau, les poils en dehors, et quand il pleut ou qu'il fait froid, les poils en dedans. Maigre, élancé, nerveux, le Hongrois a la physionomie ouverte, loyale, le regard brillant, doux et fier, les pommettes saillantes du Tartare et l'attitude calme et rêveuse du Turc. Robustes comme la terre qui les porte, on n'imagine pas des paysans plus beaux. La noblesse et la majesté un peu farouche de leurs traits, l'accent impérieux de la voix, indiquent qu'ils sont le peuple victorieux, le peuple élu, le peuple roi. A côté d'eux, le Slovaque a quelque chose de famélique, d'abattu, de triste ; sa marche est timide, hésitante. On dirait qu'il a toujours peur de recevoir des coups. C'est l'esclave. L'autre est le maître, le dominateur, le conquérant du pays. Le paysan allemand vêtu de bon drap et chaussé de lourdes bottes, avec sa grosse face rubiconde à l'épanouissement aplati de pleine lune, ses épaules carrées, solides comme un mur, et son énorme bedaine qui semble éclater dans ses culottes aux boutons de cuivre, a l'air d'un bourgmestre d'opérette. Nous rencontrâmes aussi, errant comme des fantômes, des Tziganes valaques, couverts d'une longue chemise de toile, la barbe pleine, frisée et noire, descendant en pointe sur la poitrine, et la longue chevelure bouclée, partagée sur la tête à la manière du Christ et retombant en boucles d'ébène sur les épaules. Quelques-uns la nouent sur le front. Ils allaient nu-tête et nu-pieds, portant de grandes auges taillées dans le tronc d'un chêne, au fond des forêts qu'ils habitent. Ces Tziganes, de haute taille, ont les traits réguliers, énergiques et leur physionomie est empreinte d'une gravité sévère qui rappelle les figures de la Bible. Les robes claires, jaunes, vertes, rouges, des paysannes catholiques formaient des oppositions de couleurs charmantes avec le costume blanc et oriental que portent les femmes calvinistes de Rinya-Szens-Kiraly ; ces paysannes se voilent le front et le menton de manière à ne laisser voir que la pourpre de leurs lèvres, la blancheur de leurs dents et l'éclat de leurs beaux yeux.

Un champ de foire hongrois se divise, comme une ville, en plusieurs quartiers. Traversons d'abord celui des cuisines et des auberges en plein vent. Dans des pots de grès noir, placés sur des trépieds, cuisent des mélanges gris d'os et de chairs qui font rêver de ragoûts de sorcières ou d'anthropophages. Ici, un petit garçon à demi-nu, couché dans la boue, à plat ventre, souffle sur un feu récalcitrant, tandis qu'un autre gamin, également sale et déguenillé, tourne lentement, sous la surveillance d'une vieille appuyée sur un long bâton, un jeune agneau ou un porc tué dans la force et la beauté de l'âge, et embroché à un épieu. Là, des hommes boivent, assis par terre à la mode tartare, autour d'un tonneau de vin posé sur un chevalet, et que des branches d'arbres garantissent contre le soleil. Puis ce sont des cabanes de feuillage, guinguettes rustiques retentissantes déjà de quelques chansons bachiques.

En tournant à gauche, nous entrons dans le quartier des fourrures, des dolmans, des pelisses, des vêtements confectionnés, des marchands de pipes, de vaisselle, de bottes, de chapeaux, de bonnets en peau de mouton, et des marchands de toile et de mauvaises indiennes et percales allemandes. Les pelisses historiées, à broderies rouges et jaunes sur fond blanc, ressemblent, sous la chaude lumière, à des vêtements de mages ou de satrapes d'Orient. Je priai M. L... d'en marchander une pour moi. Il l'obtint à un prix dérisoire : — 40 francs! Les broderies seules, tout en cuir découpé, ont demandé à un habile ouvrier plus de six jours de travail.

Nous nous arrêtâmes aussi devant des étalages de poteries étranges, d'une forme grossière et primitive. Les fleurs peintes sur la vaisselle, sur les bahuts, ou brodées sur les blagues à tabac et les pelisses, sont ici les mêmes que celles qu'on trouve chez les peuplades des steppes de l'Asie. L'industrie indigène semble être restée ce qu'elle était après la conquête, alors que les Magyars vivaient encore sous leurs tentes; mais ce fait s'explique dans un pays où le paysan est encore lui-même son propre architecte, son propre menuisier et son propre charron, où sa femme tisse la toile et le drap, confectionne la plupart des vêtements, prépare le savon et la chandelle du ménage, et où il n'y a pas de besoins, ni de luxe ni de confort.

Traversons cette cohue de charrettes, de limonières, de gros et pesants chariots attelés de bœufs, passons entre ces véhicules qui ressemblent à la téléga russe, nous déboucherons dans le quartier des fruits et des légumes. Les vendeurs et les vendeuses se tiennent en plein soleil, derrière des entassements de melons d'un vert luisant à l'extérieur, d'un rouge sanglant au dedans. Ce sont des melons d'eau, d'une saveur plus rafraîchissante que la pastèque du Midi, et bien plus gros. Les ananas ne sont pas aussi délicieux que ces fruits parfumés qui se fondent dans la bouche comme un sorbet. Les paysans hongrois mangent à leur repas un de ces énormes fruits tout entier, comme chez nous on mange une pomme. — Plus loin, il y a des tas de gousses de poivre-turc, appelé en hongrois *paprika*; en se séchant, ces gousses vertes deviennent rouges; on les pile, et leur poudre, moins forte que le poivre ordinaire, constitue le fond de toutes les sauces de la cuisine hongroise. C'est un préservatif excellent contre les fièvres et un remède qui guérit, dit-on, le manque d'appétit.

Des sacs de blé, de colza, de pois, de maïs, s'étendent en sens divers, pressés les uns contre les autres, formant comme de petits retranchements, déficelés et ouverts, pour que l'on puisse juger de la qualité de la marchandise; et, au milieu de la place, autour d'un puits à seau, se pressent des milliers de bœufs, de chevaux, de porcs et de moutons, sous la surveillance de leurs gardiens respectifs, *gulyas, csikos, kanasz et juhasz.*

Ces pâtres nomades présentent, dans sa plus pure expression, le vrai type magyar dont nos peintres, s'ils pouvaient l'étudier d'après nature, rendraient bien vite classique la beauté orientale et splendide. Comme structure, ces hommes sont incomparables; leurs formes puissantes et souples rappellent celles des athlètes romains. Et quelle dignité, quelle noblesse et en même temps quelle aisance dans le geste, l'attitude et la démarche! A voir le plus simple paysan magyar, on dirait qu'il est né grand seigneur, et que depuis l'enfance il n'a cessé de commander.

Le *gulyas* (bouvier) a le teint basané de l'Arabe, des yeux sauvages et étincelants, la moustache épaisse et retroussée; ses longs cheveux luisants de graisse sont souvent tressés en deux nattes qui retombent sur sa poitrine; il porte un chapeau à bords immenses, avec lequel il boit aux mares des puits, un manteau de grosse laine blanche, dans lequel il dort à la belle étoile, et qui est tout orné de fleurs en passementerie rouge; ses larges pantalons frangés sont soutenus par une ceinture de cuir historiée, et il est armé d'un long bâton que termine une petite hache et qui lui sert à se défendre contre les attaques des taureaux et des loups. Pendant les grands froids, le gulyas se rapproche des bois et des métairies, et s'abrite, la nuit, sous une hutte de roseaux de forme conique, comme celles de certaines peuplades de l'intérieur de l'Afrique. Les troupeaux ne se laissent approcher que par leurs gulyas; à la vue d'un étranger, ils s'enfuient effrayés.

Le *csikos* (gardeur de chevaux), est costumé d'une façon plus originale encore : ses bottes sont garnies de longs éperons; il porte en bandoulière, ou attachée à sa selle, une gourde recouverte de peau de poulain; la lanière de son fouet est ornée de rosettes de cuir de toutes couleurs, et l'énorme bourse dans laquelle il met son tabac est brodée de fleurs, comme une serviette turque. Le csikos a dans la physionomie quelque chose d'indépendant, de fier et de plus rude que le bouvier; il a un sentiment de supériorité qui prête à son maintien une grande majesté. Il passe sa vie à cheval, et rien n'égale son adresse et son agilité. C'est le *gaucho* de l'Europe. Le csikos, comme le maquignon juif, est un madré compère et s'entend à merveille à cacher les vices des chevaux qu'il mène sur les foires; il pratique même avec beaucoup d'habileté l'art de changer la couleur de la robe d'un cheval, surtout si ce cheval a été volé.

Le *kanasz* (porcher) est toujours quelque peu bandit. Il mène une existence bien plus irrégulière et plus sauvage que le bouvier et le gardeur de chevaux, car il est rare que le kanasz quitte les profondes forêts de chênes dans lesquelles il garde ses cochons. Ce sont les kanasz qui renforcent les rangs des *Szegény legény*, des « pauvres compagnons ». Quant au *juhasz* (berger), il est d'une nature assez douce et paisible, bien qu'il n'entre en contact avec la société qu'à l'époque des foires, et encore est-il bien rare que le régisseur du domaine se fasse accompagner de ses bergers.

Des campagnards se promenaient en flâneurs, le fouet à la main, parlant et discourant avec animation. En Hongrie, les foires ne sont pas seulement des marchés et on n'y vient pas toujours pour vendre ou acheter des marchandises; les foires sont des réunions, des assemblés générales du pays, où l'on se revoit, où l'on échange des nouvelles, où l'on discute les intérêts locaux et où l'on prépare la lutte électorale. C'est dans les foires que se faisaient autrefois les enrôlements pour l'armée, et c'est dans les foires que l'on provoque encore aujourd'hui les mouvements populaires.

Sur le bord de la route, des mendiants magnifiques, que le soleil drapait d'un manteau d'or, se tenaient appuyés sur leur bâton, dans une pose à la don César de Bazan. Le mendiant hongrois est frère du mendiant espagnol; il a la même attitude calme et haute, et son accoutrement offre le même mélange extravagant d'oripeaux et de haillons sordides.

Comme nous sortions du champ de foire :

— Je vous propose, me dit M. L., d'aller faire une petite visite aux Franciscains de Nagy-Atad; ces dames retourneront en voiture à la maison, nous les rejoindrons dans une heure.

Nous nous dirigeâmes vers une vieille église qui s'élève au fond de la place, et qui, au point de vue architectural, est de la plus remarquable insignifiance, comme du reste presque toutes les églises hongroises, ce qui s'explique dans un pays successivement ravagé par les Tartares et les Turcs, et sans cesse troublé par les guerres civiles.

Au moment où nous montions les marches du couvent, la porte s'ouvrit, et le supérieur — celui qu'on appelle en hongrois « le président » — se trouva devant nous. C'était un homme au teint fleuri, vêtu d'une robe de lustrine, et bâti comme un Bacchus ; coiffé d'un énorme chapeau de paille, il fumait une pipe dont le tabac ne sentait pas l'encens.

— Veuillez entrer, messieurs, nous dit-il, veuillez entrer ; et sa bonne figure rubiconde s'épanouit comme une tulipe.

— Mais vous sortiez, nous vous dérangeons peut-être ?

— Pas le moins du monde. Le thermomètre est monté de trois degrés depuis midi, et j'ai une soif... oh ! une soif, voyez-vous ! J'allais prendre un verre de bière à la brasserie... Nous boirons quelques bouteilles chez nous, ça reviendra au même... Veuillez entrer.

Il nous conduisit au réfectoire, vaste pièce très basse, voûtée et sombre comme une cave. De hautes boiseries de chêne montaient jusqu'aux fenêtres cintrées et grillées ; aux murs se détachaient en grosses taches noires quelques anciens tableaux enfumés dont les couleurs s'étaient brouillées sous la patine du temps; dans le fond, un grand poêle de terre s'élevait en pyramide, et tout autour de la salle régnait un large banc de chêne, luisant d'usure, sous lequel des crachoirs étaient préparés pour les vieux. Une odeur de mangeaille, de viandes refroidies dans leur graisse, traînait, et, devant la table encore mise, chargée des débris du dessert, de croûtes de pain, de bouchons perforés, de bouteilles et de verres vides, de brocs en métal, se tenaient quatre ou cinq moines au teint de cire jaune, la tête agitée d'un branlement sénile, ramassés sur leur ventre trapu, et si cassés, si amoindris, si ratatinés, si décrépits, si muets et si immobiles qu'ils ressemblaient à une rangée de hiboux empaillés. On ne distinguait plus les traits de leur figure empâtée, dont le nez se confondait avec le menton; quelques houppettes de poils blancs hérissés indiquaient la place des yeux à demi-clos, comme si pour eux le sommeil éternel avait déjà commencé.

« Le président » nous fit asseoir, et disparaissant par une porte, il revint bientôt chargé d'une énorme dame-jeanne pleine d'eau bénite de cave, et dont la bedaine était comme une réduction de la sienne.

— C'est du bon, s'écria-t-il, en versant dans nos verres le jus doré des vignes du Seigneur.

Et, souriant du coin de l'œil, il porta son verre vers la lumière pour en examiner la limpide couleur, puis, le choquant contre le nôtre, il l'avala d'un trait avec un petit claquement de langue qui valait un long poème.

Du réfectoire, le « président » nous fit monter à sa chambre. Comme nous traversions un long corridor aussi nu qu'un guerrier zoulou, une forte femme, la chemise ouverte sur la poitrine, les manches de sa robe retroussées sur ses bras, nous apparut dans l'encadrement d'une porte. Je ne pus retenir un geste de surprise; le moine m'expliqua que c'était la cuisinière, me vanta beaucoup ses talents et voulut me retenir à souper pour que j'en jugeasse par moi-même.

Dans la chambre du « président », nous trouvâmes tout un arsenal de fusils, de sabres, de pistolets. Une bibliothèque en chêne sculpté, dont les vitrines étaient garnies de rideaux verts, cachait des rangées de pains de sucre et de pots de confiture. Nous prîmes place sur un sopha, et notre causerie s'en alla capricieuse comme la fumée de nos pipes et de nos cigares. Enfin nous descendîmes à l'église, dont l'autel est orné de deux statues de bois : saint Wendolin, patron des bergers, et sainte Agathe, patronne des vierges, présentant sur une assiette ses deux seins coupés — comme un citron.

Du couvent, le « président » vint avec nous à la brasserie, tenue par un juif et fréquentée par les gens de robe, d'épée et d'église. Cette brasserie est assez curieuse : elle se compose de deux chambres, meublées chacune d'un canapé et d'un lit. Les consommateurs y ont l'air d'invités. Entre la chope et les lèvres s'engagent les discussions religieuses les plus abracadabrantes pour des oreilles françaises. A entendre les moines parler dans ce pays, on dirait vraiment qu'ils n'ont de religieux que l'habit. On sait qu'en 1848, beaucoup d'entre eux, trouvant qu'il n'est pas bon que l'homme vive seul, réclamèrent le rétablissement du mariage des prêtres. Rome refusa, mais certains curés et certains moines n'en aiment pas moins les femmes, et mettent publiquement en pratique le « *Croissez et multipliez* » de l'Évangile. Que de fois j'ai entendu parler comme d'une chose toute naturelle, de prêtres présentant leur progéniture à leurs visiteurs !

En sortant de la brasserie, nous assistâmes à une scène électorale des plus amusantes. En Hongrie, les candidats au Parlement voyagent eux-mêmes, comme de simples commis-voyageurs, pour chauffer leur candidature. Ils arrivent au chef-lieu un jour de foire ou de marché, ou bien un dimanche, et, s'établissant comme feu Mangin sur la place publique, ils pérorent des heures entières, s'efforçant de démontrer qu'il n'y en a point comme eux, que seuls ils sont capables de sauver la patrie, et que la meilleure candidature est la leur. Un candidat aux élections qui se préparaient venait d'arriver à Nagy-Atad; il avait fait entasser quelques caisses devant la boutique du marchand chez lequel il était descendu, et, monté sur cette tribune improvisée, il haranguait la foule; mais l'opposition étant la plus forte, c'était en vain que le malheureux orateur essayait de se faire entendre. Chaque fois qu'il ouvrait la bouche, sa voix était couverte de cris et de huées. De guerre lasse, nous le vîmes redescendre de sa pyramide de caisses et se retirer fort penaud dans la boutique d'où il était sorti.

A notre retour chez M. S., une ravissante paysanne hongroise de seize ans, aux tresses blondes et aux doux yeux bleus, vint au-devant de nous, vêtue d'une fourrure blanche, en peau d'agneau, tout historiée de fleurs et d'appliques en cuirs multicolores; c'était la fille de M. S. qui avait voulu essayer la pelisse que j'avais achetée à la foire. Elle lui séyait à ravir et rehaussait de ses couleurs chaudes, de ses broderies en relief, la grâce séduisante et la fraîche jeunesse de celle qui le portait, et formait à elle toute seule un petit tableau.

Une table chargée de rafraîchissements et de fruits nous attendait dans le jardin. Sur la route, l'animation croissait, les chars défilaient au trot, attelés la plupart de quatre vigoureux chevaux suivis de poulains gambadant en liberté, une clochette au cou. Bêtes, charrettes et gens s'écoulaient avec un bruit de flots. De l'autre côté de la chaussée, sur un tertre ombragé de chênes, des sons de violons et de *cymbalum* descendaient d'une auberge, vifs et mélodieux.

— Si nous allions voir danser les paysans? proposèrent les dames.

— L'idée est excellente, répondit M. S. en se levant, donnant lui-même le signal du départ.

Les jours de foire, les dimanches et les fêtes, on danse partout en Hongrie. Nous arrivâmes à l'auberge au moment où les musiciens tziganes attaquaient les premières mesures d'une *csardas*. La csardas (tchardach) est pour le Hongrois ce que la polonaise est pour le Polonais et la valse pour l'Allemand. C'est la danse nationale et populaire. Des paysans, qui avaient déposé leur sac et leur bâton dans un coin, dansaient avec toute la fougue de la passion. Ils tournaient d'abord lentement en entrechoquant leurs talons, puis prenant leur danseuse par la taille, ils l'embrassaient en poussant des exclamations de joie, la faisaient pirouetter et tourbillonner avec une exaltation croissante, la quittaient, la ressaisissaient et la soulevaient avec des poses plus hardies; puis, tout à coup, cette fiévreuse ardeur tombait comme un vent qui change. Alors, mollement, avec des gestes pleins de langueur, des mouvements d'une amoureuse accalmie, les danseuses prenaient des attitudes lascives d'almées, et s'abandonnaient; mais, soudain, la flamme se rallumait, l'enthousiasme éclatait de nouveau en transports ardents et désordonnés, et les danseurs, dans le paroxysme de leur ivresse, s'embrassaient eux-mêmes, se frappaient la nuque de leurs mains crispées en poussant des cris gutturaux et stridents. Ce n'est pas dans les villes, c'est dans les campagnes qu'il faut voir danser la vraie danse magyare, la csardas, qui peint si bien dans ses vivantes couleurs, le caractère et les mœurs de ce peuple, sa fougue, ses élans passionnés, ses abattements soudains, ses frémissements, ses colères, ses apaisements mélancoliques et ses langueurs d'amour.

Attirés par la musique et le bruit, de nouveaux couples arrivaient, déposaient à terre leurs sacs, et, gravement, sans échanger un mot, se mêlaient aux danseurs en conduisant par la taille leur femme ou leur amante. Bientôt l'unique salle de l'auberge fut encombrée, et l'hôtesse, qui se tenait derrière ses tonneaux, ne sut plus où donner de la tête. La domestique qui servait à boire devait danser avec ceux qui n'avaient pas de danseuse. Des mendiants décoraient le seuil de la porte, immobiles et grimaçants comme des cariatides. Pour avoir une idée complète du tableau, figurez-vous l'intérieur de l'auberge : les poutres soutenant le toit, saillantes, noires, massives, enfumées ; les murs de terre glaise fendus et menaçant ruine ; des chaises écloppées devant des tables boiteuses, luisantes de crasse ou de graisse ; dans un coin, par terre, un seau d'eau, un panier d'ordures et un balai ; et sur un misérable feu une marmite qui essayait de se chauffer, et quelques haillons, des manteaux en loques, des pantalons d'une couleur indéfinissable, suspendus dans le fond, derrière une espèce de comptoir, à des chevilles de bois, comme ces hardes informes, dépouilles de suicide ou de meurtre qu'on voit pendre à la Morgue.

La journée s'avançait, il était temps de repartir. Vers les cinq heures, nous remontâmes en voiture pour retourner à la puszta.

— Voilà une maison qui a un aspect bien étrange, dis-je à M. L. en lui montrant, devant nous, sur notre droite, une maison à deux étages, de forme carrée, et qui, avec ses murs blancs et ses petites fenêtres noires munies de barreaux de fer, ressemblait à un énorme dé.

— C'est la prison du comitat.

— La prison !... J'aimerais bien la voir.

— Mais je crois que ce sera facile.

M. L. fit un signe au cocher, les chevaux s'arrêtèrent ; nous descendîmes et, franchissant une porte de bois qui n'était pas même fermée, nous entrâmes dans la cour où le geôlier, gros homme à mine fleurie, les cheveux coupés en brosse, la tournure militaire, son trousseau de clefs attaché au côté, fumait son chibouk, entre deux gendarmes.

— Monsieur est étranger, lui dit M. L. en me présentant, et il voudrait visiter votre prison.

— Volontiers, hum!... hum!... très volontiers, fit le geôlier en toussant. Damné tabac! Ils le font maintenant d'une force! Drôle de manière de racheter sa mauvaise qualité!

Il s'était levé. Il monta en soufflant comme un cheval poussif les cinq ou six marches conduisant à une sorte de péristyle sur lequel s'ouvrait la porte de la prison. Sa plus grande clef grinça dans la serrure, des plaques et des barres de fer tombèrent avec un bruit lugubre, et la lourde porte s'ouvrit en criant sur ses gonds. Nous vîmes dans une cellule de quatre à cinq mètres, éclairée par un petit soupirail, une jeune femme au teint pâle, aux yeux rougis, qui cacha aussitôt sa tête échevelée dans ses mains, en se tournant vivement contre le mur.

— De quoi est-elle accusée? demanda M. L. en se penchant à l'oreille du geôlier.

— D'infanticide.

M. L. m'apprit plus tard que l'avortement est pratiqué sur une vaste échelle dans tous les villages calvinistes de cette partie de la Hongrie. Les femmes ne veulent pas avoir plus de deux enfants, et ont recours aux pratiques les plus barbares afin que ce chiffre ne soit pas dépassé.

Le geôlier ouvrit une seconde porte qui donnait dans la première cellule. Couchée sur une paillasse, à côté d'une cruche ébréchée, une femme sanglotait. Elle avait tué son mari d'un coup de hache et avait fait cuire son cadavre.

— Sera-t-elle condamnée à mort? demandai-je.
— Sans doute.

La peine de mort n'a jamais été abolie en Hongrie.

Les meurtriers, les parricides, les infanticides sont pendus. Jadis, les nobles ne pouvaient périr que par le glaive. On employait même le glaive pour exécuter les femmes nobles. — Pendant les trois jours qui précèdent l'exécution, le condamné est bien soigné et bien nourri. A la fin du troisième jour, le bourreau lui apporte pour son souper un chapon avec une ficelle autour du cou. Autrefois, à ceux qui devaient être décapités le lendemain, on servait un chapon sans tête, dont les ailes et les pattes étaient attachées avec un fil rouge. Les exécutions se font encore aujourd'hui en plein air, avec une antique solennité. Le condamné est lié sur un char à ridelles, la tête du côté opposé à la queue des chevaux, pour qu'il ne puisse pas voir la potence qui l'attend. En face de lui se tient le prêtre qui prie à haute voix. La voiture est entourée d'une escorte d'hommes armés de fusils, de piques et de fourches de fer. A l'église, la cloche d'agonie tinte le glas.

Avant le départ de la prison, le bourreau, qui porte des culottes rouges, va demander pardon au condamné d'être obligé de lui donner la mort. Puis, accompagné des soldats qui doivent le protéger contre le peuple, si, par malheur, il s'acquitte mal de sa besogne, il se rend par un autre chemin au lieu de l'exécution. Dès qu'il a rempli son triste office, il prend son chapeau à la main, et fait une quête pour la célébration de messes mortuaires en faveur du défunt.

Il y a une trentaine d'années, les pendus restaient à la potence jusqu'à ce qu'ils en tombassent d'eux-mêmes. Les gens superstitieux venaient pendant la nuit leur arracher un lambeau de vêtement ou leur couper le petit doigt ; quand on avait un petit doigt de pendu dans la poche, on pouvait voler impunément sans être vu ni découvert.

Le soleil se couchait lorsque nous laissâmes derrière nous la route de Nagy-Korpad, pour couper court à travers la steppe. Les paysans et les paysannes qui s'en allaient du côté du village improvisaient de ces chansons populaires courtes, simples, expressives, bien plus humaines et plus originales que les *lieder* allemands. L'amour n'y est pas aussi idéal peut-être, mais comme il est plus vrai ! Voici une de ces chansons qui retentissaient sur la route, derrière nous, et que la brise nous apportait en notes mélancoliques et sonores :

« Que ton mouchoir est sale ! Comme on voit bien que tu n'as pas de bien-aimée ! — Donne-moi ton mouchoir, je te le laverai, et je serai ton amie ! »

Trouvez une conclusion plus tendre à un début plus naturaliste.

Parmi ces chants populaires qui célèbrent l'amour, le vin, la guerre, la chasse, parmi ces chants qui redisent la gloire et les désastres de la patrie, les joies et les tristesses du cœur, les plaisirs et les dangers de la vie de brigand, qui chantent le czikos perdu dans sa puszta, au milieu de ses escadrons de chevaux sauvages, il y en a qui sont de purs chefs-d'œuvre de poésie lyrique et de mélodie musicale. Sur les lèvres du paysan magyar, la poésie naît avec la musique ; et de ces mélodies improvisées au retour d'une foire, devant un bivouac de pâtres, au milieu d'une danse ou d'une nuit de voyage sous le ciel étoilé de la steppe, les Tziganes qui s'en sont emparés en ont fait une musique personnelle, originale, qu'ils traduisent avec mille variations sur les cordes enchantées de leurs instruments.

XIII

Une visite inattendue.— Le paysan hongrois avant l'émancipation. — La corvée. — La dime. — Privilèges du paysan. — Sa situation actuelle. — Ses revenus. — Amour des procès. — Cérémonies de mariage en Hongrie. — Les préliminaires. — Repas de noce. — Condition de la femme. — Paris dans la puszta. — Qu'est-ce que la Hongrie ?

Nous étions revenus chez M.L., et nous achevions de souper,— on dîne au milieu du jour en Hongrie, et l'on soupe le soir à sept heures, — quand la porte de la salle à manger s'ouvrit. — Deux hommes coiffés de larges chapeaux et drapés dans de longues dalmatiques, entrèrent :

— Ce ne sont pas des brigands, me dit M. L., et je le regrette. Le plus jeune est le juge de la commune, et le plus âgé est son père. Vous m'avez demandé des renseignements sur les paysans en Hongrie ; j'ai pensé que personne ne serait mieux à même de vous en fournir que ces deux hommes ; le plus âgé est né avec le siècle, et, pendant quarante ans, au lieu de travailler pour son compte, il a travaillé pour le seigneur.

Les deux paysans, après nous avoir serré la main, s'étaient assis. M. L. leur fit offrir du vin et du tabac. C'est une vieille coutume en Hongrie, datant encore de la domination turque, de présenter aux gens qui viennent vous voir, une pipe ou un cigare. Quand un hôte arrive dans une maison de campagne, le maître du logis le conduit souvent dans une chambre réservée, où s'étale une précieuse collection de pipes d'écume, et il le prie de choisir celle qui lui plaît.

— Je vous servirai d'interprète, me dit M. L., posez les questions que vous voudrez.

— Dites au vieux, répondis-je, de me raconter quelle était la vie du paysan hongrois avant son émancipation.

M. L. transmit ma question au vieillard qui me répondit avec cette admirable facilité d'élocution qui fait de tout Hongrois un tribun ou un avocat :

— Dans le bon vieux temps, le paysan hongrois était maltraité par ses maîtres avec une brutalité toute allemande. Aussi, au seizième siècle, une révolte terrible, une jacquerie, éclata parmi eux, et on en fit périr plus de cent mille dans les supplices les plus atroces. Sous l'empereur Joseph et sous Marie-Thérèse, le servage fut aboli, et une loi fut promulguée qui donna aux paysans la libre disposition de leur personne. Ceux qui étaient mécontents de leurs maîtres pouvaient les quitter et s'établir sur les terres d'un autre seigneur, moyennant un avertissement de six mois. Le seigneur fut aussi obligé d'abandonner au paysan une certaine quantité de terre, mais il s'arrangeait toujours pour ne céder que la plus mauvaise; en échange, le paysan faisait tant de jours de corvée. Le soir, au coucher du soleil, quand il rentrait accablé de son travail, à peine s'était-il étendu sur sa paillasse que les heiduques — on donnait ce nom aux gendarmes particuliers du magnat — venaient frapper avec leur bâton à la cabane du paysan et l'avertir que le lendemain, s'il ne se trouvait pas avant le jour sur les terres seigneuriales, on le condamnerait à la prison ou à la bastonnade. En outre, le paysan était astreint à plusieurs journées de charroi : il devait aussi aller couper du bois dans les forêts, accompagner en qualité de traqueur le seigneur dans ses chasses, payer un florin d'impôt pour chacune de ses cabanes, et livrer chaque année aux cuisines du château deux poulets, deux chapons, dix-neuf œufs et cinq livres de beurre.

Si le seigneur se mariait, ou mariait une de ses filles, chacun de ses paysans lui devait 42 kreutzers, ou des vivres à moitié prix. Si le seigneur était jeté en prison, les paysans étaient obligés de se cotiser pour payer sa rançon. Le seigneur allait-il à la Diète? Le paysan lui payait l'impôt de la Diète, c'est-à-dire une somme d'argent suffisante à son entretien. Le paysan avait-il de l'eau-de-vie à distiller? Il devait deux florins par chaudière; enfin de toutes ses récoltes le dix-neuvième appartenait au seigneur, le dixième au clergé, et la même dîme se prélevait sur ses abeilles, ses brebis, ses chèvres et ses cochons.

Que lui donnait la loi en échange de ce servage déguisé? La permission d'en appeler au roi quand il était condamné à mort ou condamné à recevoir cent coups de bâton, et le privilège de se faire artisan, marchand, prêtre, et d'être anobli. Ceux qui se distinguaient sur les champs de bataille recevaient des lettres de noblesse. Dans un village, non loin de Cinq-Églises, les paysans du premier jusqu'au dernier sont tous nobles. On a surnommé ces aristocrates rustiques, qui sont bergers, porchers, domestiques, cochers, les « gentilshommes chaussés de sandales » (*bocskoros némesember*), parce qu'ils n'ont pas même de quoi s'acheter une paire de bottes.

— Demandez-lui encore, dis-je à M. L., si le paysan

est plus heureux depuis que la Révolution de 1848 l'a complètement émancipé?

— Non, il n'est pas plus heureux, répondit le vieux Beri. Avant 1848, nous n'avions pas de propriétés, il fallait être noble pour être possesseur du sol (1); on ne pouvait par conséquent rien nous prendre. Aujourd'hui, si nous ne payons pas les impôts — et Dieu sait s'ils augmentent chaque année, — on nous saisit nos terres et l'on nous vend nos meubles et nos vêtements pour nous jeter sur le chemin presque nus et sans ressource. Au temps jadis, le seigneur nous donnait un champ et une maison dont il ne pouvait pas nous dépouiller; nous n'avions à nous inquiéter de rien; nous lui devions, il est vrai, deux ou trois jours de corvée par semaine, et nos femmes allaient filer au château, mais c'était peu de chose. Nous ne souffrions pas des années mauvaises; en cas de disette, le seigneur avait toujours assez de blé dans ses greniers pour nous nourrir. Aujourd'hui que le paysan est un citoyen libre, vous comprenez qu'il n'a plus le droit de recourir à la libéralité du seigneur; il doit sa dîme en argent au fisc, que l'année ait été bonne ou mauvaise. Autrefois, le seigneur permettait généralement à ses paysans de faire paître leurs bœufs, leurs moutons et leurs chevaux sur ses terres. L'entretien de notre bétail ne nous

---

(1) Cette loi pouvait se justifier à l'époque où elle fut établie; en effet, on ne confiait le sol qu'à des citoyens capables de le défendre, et on n'osait l'abandonner aux serfs, c'est-à-dire aux vaincus qu'on considérait comme des ennemis. En Hongrie, comme dans le reste de l'Europe, le servage fut le résultat immédiat de la conquête. Imposé aux nations vaincues, le servage fut institué au profit des soldats de l'armée victorieuse, lesquels formèrent la noblesse. Dans l'origine, le mot *noble* avait le sens de « Hongrois », celui de *serf* signifiait « Slave » ou « Valaque ». (De Gérando.)

coûtait rien, et nous avions suffisamment de bœufs pour labourer nos champs.

Depuis 1848, le paysan a dû vendre son bétail, qu'il ne pouvait pas nourrir, et ses terres se détériorent. Il emprunte au juif l'argent nécessaire à l'achat d'une paire de bœufs. Mais si l'année n'est pas très fertile, il ne peut pas payer les billets qu'il a souscrits, et on lui saisit tout ce qu'il a. Ce sont ces paysans ruinés qui s'engagent chez les grands propriétaires et qui composent une classe de parias et de pauvres diables beaucoup plus malheureux que les anciens serfs. En définitive, le paysan n'a fait que changer de maître ; il est aujourd'hui sous la coupe du juif, ou d'un riche spéculateur auquel il est inconnu et indifférent.

— La justice était-elle meilleure autrefois ? demandai-je encore, continuant mon enquête.

— Meilleure, à notre point de vue, car on ne connaissait pas les longues procédures. Tout se jugeait paternellement devant le seigneur, qui rendait sur-le-champ sa sentence, tandis qu'aujourd'hui il faut courir au moins dix fois chez le juge. Et puis la justice ne coûtait rien que des coups de bâtons à recevoir pour celui qui était condamné, tandis qu'aujourd'hui, la justice vous ruine.

Nous causâmes longtemps encore de choses et d'autres ; j'étais émerveillé des connaissances et du bon sens de ces deux hommes qui n'avaient jamais quitté de vue leur clocher.

Je m'informai de ce que pouvait gagner un paysan.

— Si la récolte a été abondante, me dit le juge, le paysan gagne environ 300 florins par an (700 francs). Mais comme le Hongrois n'est ni prévoyant, ni économe, vienne une mauvaise année, il est à la merci du juif. De ces 300 florins, il faut déduire les frais de son entretien et celui de sa famille, qui se montent à 200 florins. Que lui reste-t-il quand il a payé les impôts? Rien.

— Le paysan hongrois lit-il, est-il abonné à des journaux?

— Il aime la lecture, il a des livres chez lui; mais il ne s'abonne guère aux journaux, qu'il va lire au cabaret. Il a une grande mémoire, un jugement sain, et beaucoup d'intuition. On embarrasse rarement un paysan. S'il a un procès — et il aime les procès, — il se défend parfaitement lui-même.

Curieux de savoir comment se célèbrent les mariages dans cette partie de la Hongrie, je priai mes deux interlocuteurs de me donner quelques détails sur ce sujet. L'amour n'entre, en général, pour rien dans les unions entre paysans. Toute femme qui possède un hectare est à peu près sûre de se marier, et quiconque, parmi les aspirants au mariage, n'a pas une *bunda* ornée de belles fleurs en broderie, n'attirera jamais les regards d'une jeune fille.

On se fait la cour pendant très longtemps. La liberté qui règne à cet égard est aussi grande que dans certains cantons suisses où le jeune homme escalade pendant la nuit les fenêtres de la chambre de celle qu'il courtise et se couche tout habillé à côté d'elle. Le paysan hongrois vient frapper au milieu de la nuit, à la porte de la maison de sa bien-aimée. « Il frappe depuis si longtemps, dit enfin la mère à sa fille, va lui ouvrir. » Celle-ci court en costume léger, et le jeune homme entr'ouvre alors son vaste manteau en forme de dalmatique, y cache la jeune fille qui s'y blottit comme sous un rideau ou une tente, et ainsi enveloppés, ils se couchent ensemble dans la cuisine.

Les noces sont excessivement luxueuses et ne durent

pas moins de trois jours. Pendant ces trois jours, il se mange 150 kilos de viande, sans compter les hécatombes de poules et d'oies égorgées sur l'autel de l'hymen. La veille du mariage, le fiancé vient en voiture avec ses amis chercher le trousseau de sa femme, trousseau qui se compose d'un coffre de bois peint, renfermant du linge, des vêtements et toute la literie. On emporte ce bahut en triomphe à travers le village, au milieu des chants, des cris de joie, des détonations d'armes et des claquements de fouet.

La demande en mariage se fait par un tiers, un chargé de pouvoirs, comme en Orient. C'est par ses soins qu'a lieu l'échange des anneaux et que les fiancés se donnent des gages mutuels : le jeune homme remet à la jeune fille une somme d'argent, 40 à 50 florins ; et celle-ci donne à son fiancé, quand elle est riche, trois mouchoirs qui coûtent au moins 30 à 40 florins (1). Le jour de la noce, la fiancée est accompagnée de deux de ses amies qui doivent être mariées, et de six jeunes filles en blanc portant des couronnes. La couronne de l'épousée étincelante de paillettes et ornée au milieu d'un petit miroir, est aux couleurs nationales : rouge, blanc et vert. Après la cérémonie, les amis de l'époux, une musique de Tziganes en tête, viennent chercher la fiancée qui se rend ainsi escortée à sa nouvelle demeure. Et sur tout le parcours de l'église à la maison, on décharge des coups de fusil et de pistolet, on se livre aux démonstrations les plus bruyantes, puis on se met à table et le festin se prolonge jusqu'au milieu de la nuit. Il est d'usage que chaque invité danse avec l'épouse et lui donne quelques kreutzers en échange desquels il reçoit un baiser. Les invités ap-

(1) Le florin vaut 2 fr. 50 c.

portent aussi un présent en nature : un poulet, un pigeon, des fruits. La domestique remet le cadeau à l'épouse, et celle-ci est tenue de faire une danse avec l'invité qui le lui a offert. Une fois la gaîté allumée, elle n'a plus de bornes. Pendant le repas, on chante, on se divertit de toutes sortes de façons, on sert des pâtés dans lesquels sont enfermés des oiseaux aux ailes saupoudrées de poivre rouge, et qui, en prenant leur vol, aveuglent les convives et les font éternuer indéfiniment. Chez les paysans calvinistes, on ne danse que jusqu'à minuit. Alors l'épouse est conduite dans la chambre nuptiale par les parents qui la coiffent solennellement d'un bonnet de nuit. Une heure après, elle reparaît au milieu des invités qui la saluent du nom de jeune femme, « *menyeske* ».

La paysanne hongroise n'est pas réduite, dans son ménage, à la triste et basse condition de la Slave ou de la Croate. Celle-ci est la femme de douleurs, vouée au dur travail, à la soumission sans réplique, à l'effacement le plus humble. D'après un vieux dicton magyare, « c'est le chignon qui commande (1) », et le paysan, je m'en suis plus d'une fois rendu compte moi-même, est d'une extrême douceur, d'une grande bonté envers sa femme ; il lui épargne les durs labeurs, il la traite d'égal à égal ; elle est sa compagne et non pas sa domestique et sa servante, et elle conserve dans le mariage la gaieté de sa vie de jeune fille et son enjouement heureux. Ce n'est que dans les villes, au contact de la civilisation allemande, et parmi les gens de la basse classe, que les querelles de ménage dégénèrent en actes de brutalité. Il n'est pas rare d'entendre le paysan donner à sa femme les doux noms de

---

(1) A *Konty parancsal.*

roszam, ma rose, *csillagom*, mon étoile, *gyôngyôm*, ma perle. Ordinairement il l'appelle *asszony*, femme. Celle-ci, en parlant à son mari, ne le tutoie jamais, et lui dit « monsieur » ou « maître », *uram*. La réciprocité des égards, la politesse est même poussée si loin chez ce peuple que des hommes qui se voient pour la première fois se disent entre eux, en causant : « Mon frère aîné » (*bacsiam*), ou « mon frère cadet (*ocsem*) ». Sont-ils du même âge, ils se donnent le titre de « Votre Grâce ». Que de fois j'ai appliqué mentalement aux Hongrois ce que Heine disait en parlant des manières polies et distinguées des Parisiens : « O parfum de politesse, parfum d'ananas, combien tu rafraîchis ma pauvre âme malade qui avait avalé, en Allemagne, tant de vapeurs tabagiques, tant d'odeurs de choucroute et de grossièreté ! »

Les deux paysans, qui n'avaient jamais vu une ville, m'interrogèrent à leur tour et me demandèrent ce que les hommes font à Paris.

— Ah ! beaucoup de choses, leur dis-je ; dans les environs de Paris, il y a des paysans comme vous, qui cultivent de grands jardins, qui plantent des champs de fraises et des champs de violettes, et qui sont si actifs et si ingénieux, qu'ils ont des asperges et des fleurs toute l'année, des légumes verts toute l'année, et qui gagnent en un mois ce que les paysans des autres pays ne gagnent pas en une année.

— Et dans la grande ville, que fait-on ?

— On fait de tout, même des rossignols artificiels qui chantent dans des cages dorées. La société parisienne est fondée sur l'échange des services mutuels et l'exploitation des besoins, ce qui l'autorise à flatter toutes les passions et à leur offrir sans cesse des aliments nouveaux. Un monsieur ruiné est-il poursuivi par son tailleur à qui il doit trois mille florins (les deux hommes firent un geste d'incrédulité), par son bottier, son propriétaire et son banquier, il va trouver un monsieur ou une dame qui tient un comptoir de veuves et de jeunes filles plus ou moins avariées, et dit : « Il me faudrait cent cinquante mille florins. » Le monsieur ou la dame consulte un registre et trouve l'objet demandé. On donne une récompense honnête au monsieur ou à la dame, puis on paye son tailleur et son bottier, son propriétaire et l'usurier Samuel. — Dans un endroit qu'on appelle la Bourse et qui ressemble à une église, il y a chaque après-midi des centaines de messieurs qui crient et se démènent comme des sauvages, et qui, pour se réchauffer, mettent leurs mains dans la poche de leurs voisins. Il y en d'autres qui avalent des sabres ou qui meurent chaque soir devant cinq cents personnes, sur un théâtre, et qui gagnent de la sorte vingt mille florins par an ; il y en a beaucoup qui fabriquent tout exprès des choses dont les civilisations très avancées ont besoin : des mâchoires et des poitrines en gutta-percha, des perruques, des nez en fer-blanc, des yeux de verre. Il y a enfin des filles dont les mères balayaient les rues et qui, tant qu'elles étaient jeunes et jolies, mouraient de faim, mais qui, étant devenues vieilles, laides, usées, sont vêtues de soie, roulent carrosse, ont des domestiques, et se font payer d'autant plus cher qu'elles aiment moins. Quelques-unes d'entre elles qui gardaient les oies au bord des mares natales, s'appelent mademoiselle de Haupignon ou madame la baronne de Saint-Archange ; elles trouvent généralement preneurs parmi les despotes étrangers qui viennent rétablir leur budget et leur santé à Paris.

— Comment les femmes s'habillent-elles chez vous?

— Elles s'habillent de manière à se déshabiller le plus possible. Dans les rues, elles mettent des robes qui leur serrent le corps comme des fourreaux de parapluie; dans les salons, elles portent des robes à traîne qui se raccourcissent par le haut en proportion qu'elles s'allongent par le bas. Leurs chapeaux servent de perchoirs à des oiseaux empaillés; elles se peignent les yeux; elles se teignent les sourcils, se rougissent les lèvres et se couvrent les joues d'une espèce de farine qu'on appelle la poudre de riz. Une femme coûte au plus bas cinq mille florins à entretenir; c'est pourquoi les Parisiens se marient si peu ou fondent des ménages en commandite.

Les deux paysans ne voulaient point me croire, et je suis persuadé qu'ils s'imaginent encore aujourd'hui, dans leur heureuse et naïve ignorance, que je me suis moqué d'eux!

— Je vous ai dit ce qu'était Paris; maintenant, vous, dites-moi ce que c'est que la Hongrie, fis-je en m'adressant à Béri Janos qui prenait son chapeau pour partir.

Après une seconde de réflexion, il me répondit :

— De belles femmes, de beaux chevaux, du bon vin et de la musique tzigane, voilà la Hongrie !

Avant de se retirer, le juge dit à M. L. :

— Si, demain, le frère français veut venir me voir, il me fera beaucoup d'honneur; je le conduirai chez le pasteur, chez le maître d'école et chez une belle Tzigane.

XIV

Le village de Nagy-Korpad. — L'auberge. — La maison du juge. — La justice en Hongrie. — Chez M. le pasteur. — Comment la réforme s'introduisit aux sons du violon. — L'école du village. — Une surprise de notre ami Béri Janos. — Chez la « belle Tzigane ».

L'invitation des deux paysans n'était pas de celles qu'on refuse, mais qu'on provoque. Le lendemain donc, immédiatement après le déjeuner, je remontai en voiture avec M. L., et nous galopâmes du côté du village de Nagy-Korpad. Le temps me favorisait; la journée s'annonçait de nouveau superbe, l'air était d'une transparence élyséenne, et le soleil étendait ses larges nappes de lumière comme des champs d'or au milieu des steppes.

Une demi-heure après, nous étions au village, roulant sur le sable d'une large rue que cent chevaux auraient pu traverser de front. Les maisons se dressaient à la file, à une assez grande distance les unes des autres, toutes blanches, comme des tentes, et à demi cachées dans des massifs d'acacias. Derrière les palissades et les murs de terre, on apercevait de temps en temps la tête curieuse d'une jeune fille ou d'une vieille femme qui nous regardait passer. Des troupeaux d'oies, faisant de larges plaques neigeuses, dormaient au soleil, et des cochons criaient autour de nous avec une familiarité de chiens se promenant dans les rues. A mesure que nous avancions, l'église grandissait à nos yeux avec son haut clocher revêtu de fer-blanc. En face de l'église s'élève une grande maison à l'épais toit de chaume : c'est l'auberge, tenue par un Juif. Elle appartient au domaine (1) et se loue 1,200 florins (3,000 francs) par an ; si le paysan boit peu, il emprunte beaucoup, et le descendant de Jacob, qui ne prête jamais au-dessous de 50 pour 100, fait des affaires excellentes. C'est moins un aubergiste qu'un banquier et un prêteur à la petite semaine. Le Magyar qui croit se déshonorer s'il est autre chose que laboureur, berger ou soldat, exerce bien rarement la profession d'aubergiste. Il laisse ce rôle de valet de tout le monde aux Allemands et aux Juifs. M. de Gérando (2) raconte un fait personnel qui lui arriva un jour et qui montre quelle bonne opinion ont les Magyars de la probité tudesque : « J'avais oublié, dit-il, dans une auberge, une bague à laquelle je tenais beaucoup. Le postillon détela un de ses chevaux, partit au galop et revint avec la bague que je croyais perdue. Je lui demandai comment il s'était pris pour la retrouver : — Il n'y avait dans l'auberge, me répondit-il, que des paysans ; voyant que le bijou n'était pas sur la table où vous l'aviez laissé, j'ai dit à l'aubergiste qui jouait la surprise : « Tu es le seul Allemand ici, donc c'est toi qui as pris la bague. » Et après quelques façons, il me la rendit. »

(1) Le seigneur a seul le droit de bâtir des auberges dans les villages situés sur ses terres, et d'établir des moulins et des bacs sur les cours d'eau qui traversent sa propriété.

(2) Auteur d'un livre remarquable sur la *Transylvanie et ses habitants*.

Notre voiture s'était arrêtée, nous étions arrivés devant la maison du juge; une petite table noire, fixée à une des poutres qui soutenaient le toit en saillie, des ordonnances gouvernementales clouées près de la porte, l'indiquaient.

Le juge nous fit entrer dans la salle d'audience qui servait en même temps de chambre à sa famille. C'était une pièce assez spacieuse, meublée comme se meuble le paysan hongrois, sans luxe, du strict nécessaire : deux lits, un coffre de bois peint servant d'armoire, une table avec un encrier, quelques chaises. Une grosse horloge accrochée dans un coin parlait toute seule, tic-tac, tic-tac, comme une vieille grand'mère qui radote. Sur une tablette, au-dessus d'une croisée, on voyait quelques livres se soutenant les uns les autres, semblables à une bande d'ivrognes qui trébuchent. Une lithographie, représentant les membres du ministère magyar, était placée à l'endroit le plus apparent de la chambre, et une vaste étagère garnie d'assiettes, de plats, de cruches coloriées, indiquait le degré d'aisance du propriétaire, car chez la plupart des paysans, on mange tous au même plat; mais on aurait une très fausse idée des Hongrois si l'on croyait qu'ils ont conservé la malpropreté orientale. Les tables, les bancs, les chaises, la vaisselle sont au contraire lavés, frottés, entretenus avec un soin presque hollandais. On dirait que les rideaux des fenêtres, les draps des lits, le linge de la table ont été tissés avec de la neige, tant leur blancheur est éblouissante. A la veille de chaque fête, on voit des femmes occupées à remettre une chemise propre à leur maison, à repasser les murs à la chaux, aussi bien à l'extérieur qu'à l'intérieur. Les oies, les poules, les cochons ne sont pas ici les hôtes familiers du logis, comme chez les paysans bosniaques et roumains. Les reproches de malpropreté adressés par des voyageurs aux Hongrois sont principalement fondés sur l'usage que la plupart des paysans font de la graisse de porc pour lisser leurs longs cheveux et qui parfois inonde leur visage : aujourd'hui il n'y a plus guère que les Tziganes qui s'enduisent encore tout entiers de saindoux pour plaire davantage à leurs femmes et se garantir contre l'intempérie des saisons.

Je voulus mettre à profit la visite que nous faisions au juge, et je lui demandai quelques indications sur la manière dont on pratique la justice en Hongrie.

Mais, d'abord, car la matière est intéressante et peu connue, disons un mot de l'ancien code pénal qui est un recueil complet des plus atroces supplices que l'imagination ait pu inventer. Du temps de saint Étienne, une femme qui, pour la troisième fois, avait été surprise en flagrant délit de vol, était vendue. Le voleur, pour la première fois, avait le nez coupé ; pour la seconde fois, on lui arrachait les oreilles ; la troisième fois, on le pendait. Il pouvait toutefois racheter son nez et ses deux oreilles, moyennant cinq bœufs pour chacune de ces trois parties saillantes du visage. Sous Ladislas, un paysan volait-il une oie, on lui crevait un œil ; le clerc qui volait une poule ou des pommes était passé par les verges ; les femmes adultères étaient attachées à quatre chevaux et écartelées, ou enterrées vivantes avec leur amant ; le parricide était cousu dans un sac de cuir avec un chien, un coq, un chat, un écureuil et des serpents, et jeté à l'eau. On lapidait les blasphémateurs. Les criminels condamnés au bûcher étaient d'abord étranglés, ou bien on leur attachait au cou un sac de poudre pour abréger leur torture. Celui qui, en temps de guerre, trahissait, était mis à la broche et rôti comme un porc. — On peut lire dans l'histoire de Hongrie le terrible supplice de Georges Dozsa, qui s'était mis à la tête de l'insurrection des paysans contre la noblesse, en 1514, et qui fut défait et capturé sous les murs de Temesvar. « Voilà Sa Majesté paysanne, disaient les seigneurs magyars avec une ironie amère, oubliant que quelques semaines auparavant, ils avaient tremblé devant lui; le voilà! Demain, on posera la couronne sur sa tête, le forgeron l'a taillée dans le fer; on lui donnera un sceptre royal qui pèse quinze livres et un trône de fer sur lequel il sera à l'aise. » Le lendemain, Dozsa était assis sur un trône ardent avec une couronne en fer rougie sur la tête, et un sceptre de quinze livres dans la main; on le saigna, et on donna son sang à boire à son frère. Sur quarante de ses plus vaillants compagnons laissés douze jours sans nourriture, trente et un étaient morts de faim; ceux qui avaient survécu furent amenés devant Dozsa et forcés de manger de sa chair qu'on lui arrachait avec des tenailles brûlantes. Trois paysans qui refusèrent d'obéir aux bourreaux furent empalés séance tenante; enfin, ce qui resta du cadavre de Dozsa fut mis dans des marmites et servi à ses partisans.

Dans certaines contrées de la Hongrie, l'usage du pal était aussi répandu qu'en Turquie. Le criminel était étendu à terre, tout nu, sur le ventre, et solidement attaché; le bourreau lui ouvrait le derrière avec une hache, et ses aides, à coups de maillet, enfonçaient le pieu, tandis que lui le tournait dans les deux mains, pour lui imprimer un mouvement de rotation, le diriger le long de l'épine dorsale et le faire sortir à la nuque ou à l'épaule. Dans ce cas, le condamné vivait quelquefois encore vingt-quatre heures; il fumait, et buvait même du raki ; mais si le jugement ordonnait que le pal traversât le ventre, la mort était à peu près instantanée.

Pour les petits délits, les formes de la pénalité étaient parfois burlesques. On enfermait sur la place publique, les femmes querelleuses dans une cage tournante comme celle des écureuils, et les malicieux gamins accouraient en foule pour s'amuser à faire pirouetter la coupable ; bientôt la pauvre femme avait le vertige et subissait toutes les conséquences d'un violent mal de mer. Une jeune fille avait-elle failli ? On l'obligeait à se tenir sous la chaire de l'église pendant l'office, avec une couronne de paille et un cierge noir à la main ; on la fouettait ensuite. Cette punition poussait beaucoup de malheureuses à l'infanticide. Aujourd'hui encore, dans certains villages, une fille, devenue mère, n'ose sortir sans un bonnet sur sa tête.

Les hommes étaient liés sur un cheval de bois et obligés d'essuyer toutes les insultes des passants ; plus tard, le cheval fut remplacé par un poteau, auquel le condamné était retenu par un collier de fer.

Il y a quelques années, on voyait encore, devant la maison du juge de village, un instrument de bois grossier appelé en allemand *bock*, en slovaque *klada*, et en hongrois *kalada*, lequel servait, faute de prison, à maintenir les malfaiteurs en état d'arrestation. La kalada avait cinq ouvertures dans lesquelles on pouvait enfermer à volonté les mains, les pieds ou la tête. Le juge de Nagy-Korpad me dit qu'une vieille étable à porcs lui servait maintenant de prison. Bien que les peines corporelles soient abolies, il y a encore des juges qui emploient le fouet. Le coupable est étendu sur un banc et une traverse de bois lui maintient les jambes et les épaules, afin que les coups frappent d'une façon bien régulière la partie la moins noble, mais la plus sensible de l'individu.

Le juge de village est élu chaque année par la commune. S'il refuse sa nomination, il est passible d'une amende de 100 florins. Le juge supérieur qui réside au chef-lieu est élu par le comitat ; quant au juge criminel, il est nommé par le roi. Les pandours ou gendarmes ruraux sont sous la dépendance immédiate du juge supérieur ; mais ils sont si mal payés, que dès qu'on signale des brigands dans la contrée, ils déposent l'uniforme. On est alors obligé d'avoir recours aux soldats.

Le juge nous accompagna au presbytère, puis il nous quitta en nous disant qu'il nous rejoindrait à la maison d'école. Nous entrâmes, et comme la porte de la chambre de M. le pasteur était ouverte, nous eûmes devant nous un de ces délicieux tableaux d'intérieur, à la manière des Gérard Dowe. Dans le calme et le demi-jour d'une pièce assez vaste, assis au fond d'un vieux fauteuil, les lunettes suspendues au bout du nez comme au-dessus d'un précipice, la tête de travers, les yeux clos, la bouche ouverte en forme d'entonnoir, une de ses mains sur le ventre, et retenant de l'autre un chibouck éteint, M. le pasteur faisait sa sieste après son premier déjeuner qui avait dû être plus copieux qu'à l'ordinaire. Rien de calme, de reposé, de tranquille comme cette chambre, où l'on n'entendait pas même les mouches voler et où un rayon de soleil rampait à terre, comme pour éviter de luire trop fort. Un piano à queue, recouvert d'un tapis, dormait dans un coin d'un sommeil de cercueil. M. L. se dirigea sur la pointe des pieds vers l'instrument, l'ouvrit, et fit ruisseler sur ses cordes les notes étourdissantes d'une valse viennoise. M. le pasteur se réveilla en sursaut, et ce fut de part et d'autre de grands éclats de rire.

— Je croyais vous faire entendre la musique des anges et vous plonger dans l'extase, lui dit M. L. en continuant sa danse endiablée.

Le pasteur, sans me connaître encore, vint à moi avec cette amabilité hongroise si cordiale et si franche, et me fit asseoir à la place d'honneur, sur le sopha. C'était un homme jeune encore, à la figure pâle et énergique, aux yeux et aux cheveux noirs, vêtu à la hongroise, d'une longue redingote à brandebourgs, de culottes à pont-levis, et chaussé de hautes bottes. Il me dit qu'il avait d'abord été pasteur en Croatie, et me révéla sur certaines mœurs des Frontières militaires, des détails que je ne demanderai pas à mes lecteurs la permission de leur répéter. Nous touchâmes à bien des sujets. Il me déclara que ses idées à lui étaient républicaines, et que, dans les événements tragiques qui marqueront la fin du siècle, l'avenir de l'Autriche serait probablement brisé.

— Comment, lui demandai-je, la réformation a-t-elle été introduite en Hongrie ?

— Calvin, me dit-il, la prêchait en Suisse ; un prêtre, nommé Staray Mihaly, se rendit auprès de lui, faisant la route à pied ; il embrassa la nouvelle doctrine, revint en Hongrie, et s'en alla de village en village prêcher la réforme. Comme il avait une belle voix et savait jouer du violon, il s'installait sur la place publique, chantait des airs hongrois, et quand la foule avait fait cercle autour de lui pour l'écouter, il se mettait à prêcher ; le plus souvent, on le chassait, mais quelquefois on l'écoutait. Dans notre comitat, ce sont les seigneurs qui, les premiers, ont passé au calvinisme. Jusqu'à Joseph II, la religion protestante ne fut que tolérée ; maintenant encore les réformés ont tous les frais du culte et l'entretien du clergé à leur charge.

— Quelles sont vos relations avec les prêtres catholiques ? demandai-je au pasteur.

— Excellentes. On n'a pas souvenir d'un conflit entre un membre du clergé protestant et du clergé catholique. Les haines religieuses sont inconnues chez nous. Dans les villages mixtes, on voit le pasteur venir une ou deux fois la semaine s'attabler au coup de midi chez le prêtre catholique. Lorsqu'en 1858, le comte Léon Thun, ministre des cultes d'Autriche-Hongrie, voulut restreindre les droits des réformés, le primat de Hongrie demanda lui-même, le premier, que la liberté confessionnelle fût respectée. Dans certains villages, où les prostestants sont trop pauvres pour avoir un temple à eux, on tire un rideau devant le maître-autel de l'église catholique et on y célèbre le culte réformé.

— Le clergé est-il influent ?

— Non, et sa tolérance est d'autant plus grande qu'il rencontre une indifférence à peu près complète parmi le peuple.

Je m'informai encore s'il y avait beaucoup de pratiques superstitieuses chez les paysans. Le pasteur m'en cita quelques-unes communes presque à tous les peuples.

A la fin du siècle dernier, on brûla encore quelques sorcières. Comme la pluie n'était pas tombée de tout l'été, les habitants d'un village, au bord de la Vag, attribuèrent la sécheresse aux maléfices du démon ; les juges firent saisir toutes les vieilles femmes, et, les ayant conduites à la rivière, on les jeta l'une après l'autre dans l'eau profonde. Toutes celles qui, au lieu de surnager comme un morceau de liège, enfoncèrent, furent considérées comme sorcières, repêchées et enfermées dans la prison du comitat, où elles restèrent le temps nécessaire à l'instruction de leur procès. On les força, à coups de fouets, à se déclarer coupables, et on finit par les brûler vives.

Notre conversation fut interrompue par l'arrivée d'un paysan et d'une paysanne qui étaient entrés comme nous, sans frapper.

— Mille pardons, me dit le pasteur, mais voici un couple qui est pressé de demander son divorce, il revient pour la troisième fois.

— C'est donc vous que cela regarde? fis-je en me levant.

— Un peu. Quand les réformés hongrois veulent divorcer, ils doivent se présenter trois fois devant le pasteur, qui écoute leurs griefs et leur donne, au besoin, des conseils ; mais si les conjoints ne parviennent pas à s'entendre, grâce à son office, il leur donne une déclaration écrite qu'ils vont porter au tribunal du comitat qui prononce en dernier ressort. Le divorce existe de droit en cas d'impuissance ou de stérilité, pour cause de maladie inconnue avant le mariage, de vie déréglée ou d'abandon du toit conjugal.

En sortant du presbytère, nous passâmes devant le temple autour duquel se groupent de jolies maisons blanches, entourées de vignes et de jardins, alors remplis de fleurs et de vertes tonnelles.

La maison d'école ressemble aux autres maisons. Les garçons et les filles se réunissent dans la même salle, dont les murs sont décorés de nombreuses cartes de géographie et de tableaux coloriés, de plantes et d'animaux. L'école, obligatoire pour les enfants, de six ans à douze est à la charge des paysans eux-mêmes qui nomment le maître.

— Quel est votre traitement? demandai-je à l'instituteur?

— J'ai cent élèves, chaque élève me paye un florin

par an et m'apporte une oie, un poulet ou une poule. La commune me fournit le logement, le bois, treize hectolitres de fruits et de vin, et un champ de six hectares. Ce sont les paysans qui cultivent mon champ, mais c'est moi qui fournis le grain ou les pommes de terre. J'engraisse quelques cochons, j'ai une basse-cour de grand seigneur, je suis en somme très heureux. Dans d'autres villages, le maître d'école est nourri par les habitants, chez lesquels il va prendre ses repas, en passant d'une famille à l'autre ; j'aime mieux être chez moi, au risque de boire quelquefois de l'eau.

Nous sortions de l'école, quand le juge vint nous rejoindre.

— Venez avec moi, tout de suite, nous dit-il... Une petite surprise pour le frère français !

Nous entrâmes avec lui dans une maison voisine, où travaillait un fabricant de *szür* (1), de *bunda*, de *rékli* et de pelisses. Il en avait étalé de magnifiques, avec des broderies éclatantes, des fleurs en cuirs de diverses couleurs, des broderies, de gros boutons d'argent et des garnitures de soie ou de velours. De même que les Arabes, les Hongrois ont un instinct merveilleux pour combiner les couleurs, les mélanger, leur faire produire des contrastes, et nouer leurs broderies en arabesques délicates et ingénieuses. Sur tous ces vêtements à fond blanc, le bleu, le rouge, le vert, l'oranger, le jaune vif se mêlent et se fondent, formant un ensemble des plus riches et des plus harmonieux.

— Nos femmes et nos jeunes filles, me fit dire le juge par l'intermédiaire de M. L., ne portent ces élégants costumes que les jours de fête et les dimanches ;

---

(1) La szür est un grand manteau de drap blanc tout orné de broderies de couleurs.

en été, le *rékli* est souvent emballé et remplacé par la chemise de toile à courtes manches brodées, qui laissent les bras à demi nus. Mais je n'ai pas voulu que vous partiez de Nagy-Korpad sans avoir vu la bonne tournure qu'ont nos paysannes dans leurs vêtements d'apparat. Veuillez vous tourner...

Je venais d'entendre le bruit d'une porte qui s'ouvrait ; je me tournai et ce que je vis était à la fois une surprise charmante et un délicieux tableau vivant.

Sur un large escalier de bois conduisant à une chambre élevée de deux ou trois mètres au-dessus de celle où nous étions, se tenaient trois jeunes filles, vêtues du costume national hongrois. Leur taille souple se dessinait avec des inflexions de lignes voluptueuses sous le rékli, cette pelisse enjolivée de soutaches et de boutons d'argent, toute frappée de broderies et de fleurs de cuir ouvragé, pareille à un dolman de hussard, et doublée de peau de mouton avec sa laine blanche, chaude et caressante. Leurs jupons superposés, tuyautés de mille plis, descendaient en bouffant, au-dessus de la cheville, sur les bas bien tirés, laissant voir la jambe fine et cambrée, et le pied chaussé de souliers fermés, aux hauts talons destinés à retentir en cadence dans les évolutions de la czardas. Un tablier noir, garni de dentelles, était noué sur les jupes, et un fichu de couleur voyante, jeté autour du cou, sur la gorge et les épaules, semblait plutôt trahir que cacher des formes opulentes. La chevelure divisée verticalement en raie lisse, se réunissait au chignon en deux superbes nattes qui retombaient sur le dos, entourées de rubans roses et verts, et de petites chaînettes d'argent. Ces trois jeunes filles étaient de fraîches et solides beautés. Leurs grands yeux bruns, aux paupières frangées de longs cils, brûlaient de cette ardeur calme des Orientales, et leurs lèvres, semblables à du velours rouge, riaient, montrant des dents blanches, avec cet enjouement spirituel qui est une des grâces de la Hongroise.

Les jeunes paysannes descendirent de l'escalier, et le juge, avec une bonhomie joviale, me détailla une à une toutes les parties de leur costume.

— Et maintenant, nous dit-il en tirant sa montre, allons chez les Tziganes.

Chez les Tziganes! c'est-à-dire au fantastique pays de Bohême, au pays de l'insouciance, de la gaieté, du caprice vagabond, de la paresse rêveuse, de l'amour selon le code de la nature qui ne demande aux mâles en besoin de femelles ni extrait de naissance ni serment de fidélité. Libre comme l'oiseau, voyageur comme le vent, le Tzigane s'en va où son humeur le pousse, au gré de sa volonté ou de sa fantaisie. Que lui faut-il pour être heureux? Une brune compagne, du soleil, un tapis d'herbe, un horizon sans barrière, le chuchotement d'un ruisseau dans la mousse, un peu de cette poésie de la vie sauvage qui fait paraître si triste et si monotone la vie civilisée. Là où il trouve de quoi nourrir ses chevaux, et assez de bois pour faire du feu, il dresse sa tente de toile, et passe ses journées couché sur le dos ou sur le ventre, fumant sa pipe, aussi « tranquille que si rien ne lui manquait sur la terre », et rêvant, en regardant la fumée se disperser dans les airs, des rêves ineffables. « Dans l'ivresse de leur indépendance, a dit le poète qui les a chantés (1), les Tziganes narguent la misère ainsi que l'injustice du sort ; j'ai appris d'eux comment on se console quand

---

(1) Lenau, auteur du *Cabaret dans la steppe*, des *trois Tziganes*, etc.

le destin nous trahit : on se console en dormant, en fumant et en chantant. » Dans son apparente misère, ce Mohican de l'Europe reste millionnaire d'illusions, de gaîté, de bonne humeur. Pour lui, le premier des biens, c'est la liberté. Le pays où l'on aime et où l'on rêve, où l'on peut se griser de paresse, s'enivrer de musique, mordre à belles dents à toutes les grappes vertes des amours buissonnières, voilà sa patrie, le pays qu'il cherche et qu'il adopte! Et où pourrait-il le mieux trouver que dans ces immenses steppes de la Hongrie où l'on voyage des journées entières sans rencontrer d'autres êtres vivants que des aigles, des cigognes, des vols de canards et des troupeaux de chevaux sauvages? Comme le Bédouin dont il est le frère en vagabondage et en poésie, le Tzigane ne s'enracine pas à la terre, il n'a pas de foyer, même quand il habite une hutte ou une cabane. Sa maison de toile se plie à son gré et il la transporte d'un point à l'autre comme un vêtement dans un sac. Quelques-uns cependant, comme ceux que nous allions voir, logent dans de petites maisonnettes en dehors des villages, ou se creusent des habitations dans la terre, comme des Troglodytes. Mais le chez soi a si peu d'attraits pour les membres de ces tribus errantes, qu'il est bien rare qu'ils passent l'été dans leurs demeures. Ils s'en vont dans les bois ou dans la puszta, au grand air, au soleil, où les poussent le vent et l'amour de la liberté. Il y a des maisonnettes de Tziganes qui restent fermées des années entières; un beau jour, la fumée bleue et diaphane sort de nouveau par la porte ouverte, des enfants nus, cuivrés comme de petits Indiens, jouent avec un gros chien, à museau de loup, d'une saleté repoussante; un homme décharge une charrette encore attelée de deux chevaux maigres, et une femme, la pipe à la bouche, à demi vêtue d'un jupon et d'une chemise déchirés, s'en va, avec un vieux baquet, puiser de l'eau à la citerne. La famille est revenue, mais ce n'est pas pour longtemps; un matin, la maisonnette est de nouveau close : les oiseaux de passage se sont envolés.

XV

Intérieur tzigane. — La cuisine bohémienne. — Deux recettes. — Mœurs tziganes. — Un nouveau saint Antoine. — Population tzigane en Hongrie. — Langue et origine des Bohémiens. — Essais de civilisation. — Professions et métiers des Tziganes. — La traite des Bohémiens en Moldo-Valachie. — Les musiciens tziganes. — La constitution des Bohémiens. — Election des chefs. — Présence d'esprit d'un Tzigane. — Leur rôle militaire en Hongrie. — Usages et coutumes. — La pipe du Bohémien. — Position sociale des Tziganes au pays des Tziganes.

Nous avions dépassé les dernières maisons du village et nous étions en pleine campagne. Le chemin fit une courbe et une petite maison aux murs blancs percés de deux fenêtres, et coiffée d'un casque de chaume se dressa devant nous, près d'un bouquet d'acacias. A quelques pas de la maisonnette isolée paissait un cheval efflanqué; un homme aux longs cheveux et au teint basané, fumait sa pipe en se promenant. Sur le seuil, une jeune femme coiffée d'un mouchoir rouge, assez convenablement mise, les bras dénoués dans une attitude de paresse, tournait ses yeux de notre côté, d'un mouvement d'attente.

— C'est la Tzigane, fit le juge.

La voiture s'arrêta ; nous mîmes pied à terre.

La Bohémienne n'avait pas bougé ; elle était toujours appuyée contre la porte, avec une nonchalance pleine de souplesse et de rêverie.

Elle justifiait la réputation de beauté qu'ont la plupart des femmes de sa race lorsqu'elles sont jeunes. Comme chez les peuples dont le sang ne s'est pas mélangé, il y a une extrême ressemblance de types entre presque toutes les Bohémiennes. Leur peau transparente, fine, polie comme de l'agate, au grain solide, fait merveilleusement ressortir la pureté de leurs traits. Leurs grands yeux noirs dans lesquels le soleil de l'Asie a laissé le reflet de ses brûlantes ardeurs, vous fascinent de leur long regard.

— Entrons, fit le juge.

La Tzigane s'écarta en souriant, et nous pénétrâmes dans la maisonnette qui se composait d'une unique chambre, et dont la propreté me frappa. J'en fis la remarque à notre guide qui m'avoua qu'il avait annoncé, la veille, notre visite.

Quant à l'ameublement, il n'existait pas. Il faut qu'un Bohémien soit riche pour qu'il orne sa demeure de tables, de chaises et d'un lit. Il s'assied, mange et se couche par terre.

Au milieu de la pièce, un pot de grès placé sur un tas de braises, cuisait. Le Tzigane n'a pas d'heure fixe pour ses repas ; il mange à la façon des sauvages, quand il a faim. Sa cuisine qui n'a pas la variété de celle du baron Brisse se compose généralement de pommes de terre, de lait et de lard ; elle a cependant aussi ses raffinements. Les hérissons, les renards, les écureuils, les chats sont pour le Bohémien des régals princiers. Il dresse ses chiens à chasser le hérisson et le renard. Ces deux rôtis ne se préparent pas de la même manière. Le hérisson dépouillé de ses piquants, est frictionné d'ail, lardé d'oignon, embroché et exposé à un feu vif; comme cet animal est très gras, il a la chair fort succulente. Le renard, après avoir été exposé pendant deux jours, dans une eau courante, est cuit sous la cendre, dans un trou tapissé de feuilles vertes. Les Tziganes sont aussi très friands de la viande des animaux crevés; quand ils apprennent qu'un incendie a éclaté quelque part, ils s'empressent d'accourir pour s'emparer des bêtes enfouies sous les décombres. De même que les Orientaux, ils ne connaissent pas d'autre manière de manger qu'avec leurs doigts.

Pendant que nous examinions, M. L... et moi, de grossières images accrochées au mur, la Tzigane avait pris le juge à l'écart et à l'expression animée de sa physionomie, je vis qu'elle lui parlait d'une chose qui la touchait de près et à laquelle nous étions intéressés.

— Que vous a-t-elle donc dit de si important? demandai-je à Béri Janos quand nous fûmes remontés en voiture.

— Elle m'a dit qu'elle était bien fâchée, qu'elle regrettait beaucoup, et qu'elle nous faisait toutes ses excuses, si elle n'avait pu se montrer à nous telle que Dieu l'a faite, mais son mari est de mauvaise humeur, et elle a craint d'être battue après notre départ.

— C'est donc leur habitude, remarquai-je, lorsqu'elles reçoivent des visites, de faire tout le contraire des autres femmes qui généralement s'habillent?

— Oui, quand elles sont jolies, et que leur mari n'y est pas...

Pour qu'une Tzigane en vienne là, il faut qu'elle ne soit plus tout à fait étrangère aux bienfaits de la civilisation. Ce n'est pas ses vêtements qui la gênent jamais, car elle va demi-nue. Les jeunes filles ne s'imposent que fort tard la contrainte du costume. Elles se bornent à se couvrir d'un petit tablier, mais seulement quand elles entrent dans les villages ou dans les villes. Un voyageur allemand raconte qu'étant allé un jour se promener avec un curé de ses amis, dans les environs de Deutschendorf, il passa près d'une tanière de Tziganes, et que, s'étant arrêté pour examiner la singulière architecture de cette demeure, il vit tout à coup sortir du fond de ce trou un enfant de trois ans, nu comme un ver, qui vint leur demander l'aumône. C'était un vrai petit Tzigane, à la peau jaune comme un vieux citron, à la tête crépue, au ventre gonflé comme celui d'un Hottentot. Il était d'une maigreur effrayante et tout son corps luisait d'une couche de graisse.

Il ramassa les pièces de monnaie qu'on lui jeta et se sauva. Aussitôt il fut remplacé par une fillette de quatre à cinq ans, absolument nue, qui geignait et pleurait; elle était suivie d'un grand gaillard en costume national hongrois, qui s'efforça de faire comprendre aux deux étrangers, par une pantomime des plus expressives, que la bande n'avait pas mangé depuis deux jours. Les voyageurs donnèrent tout ce qui leur restait de monnaie; et le Bohémien et la petite fille disparurent dans la caverne. Mais une minute ne s'était pas écoulée quand une autre jeune fille d'une douzaine d'années, dans le même costume inusable et primitif, s'élança vers eux en leur tendant la main.

Le prêtre se détourna cette fois en rougissant.

Au même moment, de cette inépuisable caverne, sortit une seconde jeune fille, celle-là de dix-sept à dix-huit ans et d'une beauté souveraine, la taille svelte, les mains et les pieds petits; ses magnifiques cheveux noirs déroulés, comme une crinière, tombaient en longues ondulations sur ses épaules nues. Elle n'avait pour tout vêtement qu'un collier de perles bleues, en verre. Cette fois, le curé allemand crut voir le diable en personne ; il s'enfuit à toutes jambes avec un grand signe de croix.

Les hommes ne tiennent pas plus que les femmes à avoir le corps emprisonné dans des habits. Il n'y a pas dix ans qu'on rencontrait, dans les rues d'une grande ville de Hongrie, un vieux mendiant tzigane qui circulait dans le costume d'Adam au paradis terrestre, avant la feuille de vigne.

Jusqu'à l'époque de leur mariage, entre douze et quinze ans, les jeunes Tziganes vont presque nus. Le costume qu'ils adoptent alors est le costume hongrois, qu'ils sont très fiers de porter. Ils achètent, ou obtiennent en mendiant, la défroque de quelque gentilhomme. Ils ont un faible pour les couleurs voyantes ; quand ils peuvent par hasard se vêtir d'une casaque rouge, ils sont plus heureux et plus fiers qu'un roi.

Il y a encore en Hongrie cent cinquante mille Tziganes. Ces éternels vagabonds, indifférents depuis tant de siècles à tous les progrès de la civilisation, ces rois fainéants de la solitude, comme on les a appelés, errant pour la plupart sans feu ni lieu, avec leurs charrettes traînées par des chevaux poussifs, et escortées de femmes aux vêtements bizarres, de jeunes filles et d'enfants nus, regardent maintenant ce pays comme leur patrie.

Tandis que partout ailleurs on les poursuivait à l'égal des Juifs, qu'on les traquait et qu'on les persécutait comme artisans de sortilège et de magie, qu'on les assimilait dans toute l'Allemagne aux Turcs et autres ennemis de la foi, et qu'en Prusse le roi Frédéric Ier, dans un édit en date du 5 octobre 1725, ordonnait que tout Tzigane âgé de moins de 18 ans, sans distinction de sexe, qui franchirait la frontière, serait pendu ; ici on les prenait en pitié, on les accueillait et on les adoptait comme des enfants trouvés. Ce fut au quinzième siècle qu'on vit pour la première fois apparaître sur les bords de la Maros et de la Theiss, ces bandes d'hommes étranges, au teint basané, aux cheveux longs et crépus, au regard profond et mystérieux comme les contrées inconnues d'où ils sortaient.

Le roi Sigismond leur accorda une libérale hospitalité et les munit de saufs-conduits qui leur permirent de s'en aller où bon leur semblait, sous la conduite de leurs chefs ou voïvodes, avec leurs troupeaux d'ânes et de chevaux. Le palatin de Hongrie recommanda également à la commisération publique « ce pauvre peuple errant, sans patrie, et que tout le monde repoussait. »

D'où venaient ces nomades que, partout ailleurs qu'en Hongrie, on poursuivait et l'on maltraitait (1) ?

Les uns les faisaient sortir d'Égypte : le pays classique de la superstition et de la sorcellerie, de la ville de Singara en Mésopotamie; les autres prétendaient que c'étaient des Tartares chassés des plaines de l'Asie par Tamerlan.

Aujourd'hui la science est définitivement fixée sur leur origine : on sait qu'ils viennent de l'Indoustan. Leur langue a une ressemblance frappante avec les

(1) En Moldo-Valachie, les Tziganes étaient encore, il n'y a pas longtemps, regardés comme des bêtes de somme et traités en esclaves. Voici l'annonce que publiaient en 1845 les journaux de Bucharest : « Les fils et héritiers de feu le serdar Nika, de Bucharest, exposent en vente 200 familles de Tziganes. Les hommes exercent les métiers de serrurier, orfèvre, cordonnier, musicien et agriculteur. On ne vendra pas moins de cinq familles à la fois; par contre, le prix demandé est d'un ducat meilleur marché que le prix ordinaire. Facilités de paiement. »

Un voyageur anglais, Walsh, qui parcourut la Valachie et la

idiomes sanscrits (1); on retrouve dans le *malabar* et le *bengali* quantité de termes qu'ils emploient. Héber, évêque gallican de Calcutta, a rencontré sur les bords du Gange un campement de Tziganes hindous qui parlaient à peu près la même langue que leurs frères d'Europe. La similitude physique n'est pas moins grande ; et ils exercent à peu près les mêmes métiers que les parias de l'Inde. Ce qui prouve bien qu'ils appartenaient à la classe opprimée, c'est que leur langage n'a pas de mots pour exprimer la joie, le bonheur, le bien-être, la richesse, la prospérité; par contre, on y trouve les mots signifiant le deuil, la douleur, la crainte, le chagrin.

Le nom de Tziganes qu'on leur a donné en Hongrie, en Turquie, en Russie, en Pologne, en Bohême et en Allemagne, dérive du sanscrit *Zingarie*. (2) Cette ressemblance étymologique avait déjà frappé les Anglais

---

Moldavie en 1825, dit que lorsqu'un Tzigane appartenant à un boyard était tué par son maître, on n'y prenait pas garde ; si le meurtre avait été commis par un étranger, celui-ci était frappé d'une amende de 80 florins. Les fautes légères que commettaient les Tziganes étaient punies par la bastonnade sur la plante des pieds, ou par l'application d'un masque de fer dans lequel on leur enfermait la tête pour un temps plus ou moins long. Ce châtiment empêchait la victime de manger et de boire. Ceux qui avaient commis quelque larcin étaient attachés par le cou et les bras à une planche qu'ils portaient sur les épaules, et qui devait ressembler beaucoup à la *cangue* chinoise.

(1) En langue tzigane, la bouche s'appelle *mui*, en sanscrit *mu*; la tête *shero* en tzigane et *ser* en sanscrit; le nez, les cheveux, etc., sont désignés par les mêmes mots dans les deux langues. Les Hindous appellent le cheval *gorra*; les Tziganes *grai* et *grea*. *Balo* veut dire cochon en sanscrit; en langue tzigane, on désigne aussi le porc sous ce nom.

(2) En France on les appelle *Bohémiens*, parce que les premiers qu'on y vit venaient de Bohême. *Galli Bohemos vocant, quod in-*

bien avant qu'on fût d'accord sur leur véritable origine.

Plusieurs fois on a essayé de fixer leur humeur vagabonde ; Joseph II voulut les attacher à la terre : il leur fit bâtir des cabanes, leur distribua des instruments aratoires et leur ordonna d'ensemencer leurs champs. Mais au lieu de s'établir dans les maisons commodes qu'on leur avait construites, ils y logèrent leurs bestiaux, et dressèrent leurs tentes à côté. Puis, pour empêcher que le blé ne germât, ils le firent bouillir. Joseph II ne s'en était pas tenu là : il avait aboli leur langue comme il avait aboli la langue magyare, il leur avait donné un autre nom, les avait appelés « les nouveaux paysans »; enfin il leur avait enlevé tous leurs enfants, qu'il avait mis chez des colons allemands et magyars, lesquels devaient les façonner au travail et à l'obéissance. Mais donnez des loups à nourrir à une chienne, ils n'en resteront pas moins loups. Les petits Tziganes grandirent en conservant tous les instincts de leur race ; et, à la première occasion, ils s'enfuirent et allèrent rejoindre leurs parents.

Jusqu'ici tous les essais de civilisation tentés sur eux ont été inutiles. On n'a pu les séduire ni par l'appât de l'or ni par d'autres promesses. Leur nature sauvage finit toujours par reprendre le dessus. On raconte à ce sujet des anecdotes bien caractéristiques.

Un Tzigane, parvenu au grade d'officier supérieur dans l'armée autrichienne, disparut un beau jour. On le rencontra six mois après avec une bande de Bohémiens qui campaient dans les steppes.

Un jeune paysan slovaque avait épousé une belle Tzigane. Quand il s'absentait, sa femme se sauvait

---

didem ex Bohemia primos illorum esset notitia. (Vulcanus, Ludg. 1597.)

dans les bois, dormait à la belle étoile, se nourrissait de hérissons, comme au temps où elle errait libre avec sa tribu.

Liszt aussi voulut apprivoiser un petit Tzigane ; il le prit avec lui à Paris, lui donna des maîtres ; mais l'écolier fut intraitable et ne supporta pas la température de notre société. « Nous le fîmes venir à Vienne, dit Liszt, pour qu'il pût y rejoindre les siens s'il en avait le désir. Lorsqu'il les revit, son ravissement n'eut pas de bornes, et l'on crut qu'il allait en devenir fou. »

Le Tzigane a horreur de la contrainte, du travail : de tout ce qui lie l'homme au sol et circonscrit le cercle de son activité et de ses mouvements. Aussi la langue des Bohémiens n'a-t-elle pas d'expression pour dire : *demeurer*. La plupart des métiers qu'ils exercent sont des métiers ambulants : ils sont maquignons, vétérinaires, tondeurs de mulets, rétameurs, maréchaux, cloutiers, montreurs d'ours, et avant tout, mendiants. Quand vous passez en voiture sur une route hongroise, vous voyez tout à coup déboucher, des buissons derrière lesquels ils campent, des Tziganes nus et beaux comme des bronzes antiques, et qui vous suivent en faisant la roue, quelquefois pendant une demi-heure, jusqu'à ce que vous leur ayez jeté une pièce de monnaie. Dans les rues des villes, les vieilles Bohémiennes à qui vous faites l'aumône vous disent avec effusion : « Ah ! mon beau, mon cher, mon noble gentilhomme, vous êtes bon comme une croûte de pain. »

Le Tzigane s'est lui-même donné le nom de « pauvre homme » (*Tschorelo rom*). La mendicité est une habitude si enracinée chez eux, que les riches Bohémiens qu'on rencontre conduisant des chevaux de race, et portant des bijoux, des chaînes d'or et des bagues, des cannes à pomme d'argent, ne peuvent s'empêcher de vous tendre la main. Leurs femmes disent la bonne aventure, vendent des philtres, ou exercent le métier de saltimbanques et de bayadères. On sait que les bayadères indiennes, avec lesquelles elles ont une étroite parenté, commencent par danser dans les temples où elles se prostituent aux prêtres ; puis elles parcourent les villes en exécutant les danses les plus lascives. En Bosnie et en Turquie, les Tziganes qui exercent le métier de bayadères sont fort nombreuses ; leurs talents de courtisane, leurs « vices splendides », comme a dit une voyageuse excentrique (1), ne concordent guère avec la réputation d'implacable chasteté que des écrivains leur ont faite. Dans les hôtels de Transylvanie, on vous offre souvent « une belle Bohémienne » ; en Roumélie, elles remplissaient jadis les maisons publiques. L'hiver, le Tzigane se fait généralement nourrir par sa femme ; et quand celle-ci est encore jeune, elle n'a pas le moindre scrupule de tirer parti de ses charmes.

Les Bohémiens remplissent aussi, volontiers, les fonctions de bourreau ou de valet de bourreau ; ils s'entendent mieux que personne à inventer et à varier les tortures.

On avait offert un jour cinq florins à un Tzigane pour pendre un criminel condamné à mort.

— Oh! c'est beaucoup trop, s'écria le Bohémien en s'adressant aux juges ; pour cinq florins, je me charge bien de pendre tous ces messieurs.

Il est rare que le Tzigane se fasse comédien. Il y en a cependant qui montrent des théâtres de marionnettes et composent même de petits drames.

Les gens de la campagne croient encore que les

---

(1) Robert Frantz.

Tziganes peuvent, au moyen de formules magiques, éteindre les incendies, préserver les maisons du feu, découvrir les sources et les trésors, et guérir les maladies. Ils font surtout d'habiles maquignons, connaissant à fond l'art de rendre la vigueur et la souplesse à une vieille rosse poussive. Joseph II leur interdit d'une manière absolue le commerce des chevaux (1). On me montra un jour dans la rue, à Szegedin, un maquignon tzigane dont la fortune était évaluée à deux ou trois cent mille francs.

Comme il n'y a pas de règle sans exception, quelques-uns d'entre eux ont cependant fini par abandonner la vie errante et sont devenus plus ou moins sédentaires.

En Transylvanie, on en rencontre qui sont des paysans actifs et intelligents.

D'autres exercent le métier de fabricants de brosses, de sculpteurs sur bois; ils sont aussi tuiliers, maçons, ramoneurs, cordiers, orpailleurs, dentistes et musiciens.

On peut diviser les Tziganes hongrois en trois classes : ceux qui vont tête et pieds nus ; ceux qui se coiffent et se chaussent le dimanche ; et ceux qui vont toujours coiffés et chaussés. Les premiers sont des Bohémiens errants ; les seconds des Bohémiens semi-nomades : c'est-à-dire qui ne se déplacent qu'en certaines époques; et les derniers sont sédentaires. Ce sont les plus civilisés. Ils suivent généralement la carrière assez lucrative de musiciens. Ils excellent dans l'exécution des airs hongrois ; et dans un pays où ils sont les dépositaires de l'art national, ils jouissent d'une popularité facile à comprendre. Il n'y a pas de fête ni de

---

(1) *Equis uti nulli Zingarorum, præter aurilatores, licitum est; sed et his permutationes interdicatæ sunt.*

festin sans orchestre tzigane. Ils marchent en tête des cortèges électoraux, ils sont de toutes les réjouissances publiques; sans eux une noce ne pourrait pas se faire, et aucun bal n'aurait lieu. Ces artistes, d'une nature plus insouciante que celle de l'oiseau, incapables de garder le lendemain ce qu'ils ont gagné la veille, jouent d'inspiration, avec une verve et un brio inimitables, sans connaître même les notes, sans rien savoir des procédés et des expédients qui s'apprennent des maîtres. « L'art, — a dit Liszt, qui les a étudiés de près, — l'art étant pour eux un langage sublime, un chant mystique mais clair aux initiés, ils s'en servent selon les exigences de ce qu'ils ont à dire, et ne se laissent influencer dans leur manière de parler par aucune raison intrinsèque. Ils ont inventé leur musique, et l'ont inventée pour leur propre usage, pour se parler, pour se chanter eux-mêmes à eux-mêmes, pour se tenir les plus intimes, les plus touchants monologues. » Leur musique est aussi libre que l'est leur vie. Pas de modulations intermédiaires, pas d'accords, pas de transition. Ils vont sans préparation d'une tonalité à une autre; des hauteurs éthérées du ciel, ils vous précipitent d'un coup dans les gouffres hurlants de l'enfer; de la plainte qui soupire, ils passent brusquement à la chanson guerrière qui éclate; fougueuses et tendres, à la fois ardentes et calmes, leurs mélodies vous plongent dans une rêverie mélancolique ou vous emportent dans un tourbillon vertigineux; elles sont l'expression la plus fidèle du caractère hongrois : tantôt vif, brillant et chaleureux; tantôt triste et apathique.

A leur arrivée en Hongrie, les Tziganes n'avaient pas de musique. Ils se sont appropriés la musique magyare et en ont fait un art original qui leur appartient : un art plein d'élan, de fougue, de rires et de larmes. De tous les instruments, celui que les Tziganes préfèrent, c'est le violon, qu'ils appellent *bas'alji* : le roi des instruments ; ils jouent aussi de la basse, du cymbalum et de la clarinette. Quelques-uns ont même pincé de la harpe avec un art magistral ; mais jamais aucun d'eux n'a voulu apprendre le piano, cet instrument lourd, immobile, qu'on ne peut ni mouvoir ni presser avec passion dans ses mains et contre son cœur.

Les Tziganes, chez qui l'être sensitif est si développé, ont-ils un culte religieux déterminé ?

Non ; ils n'ont ni dogmes ni croyances, ni superstitions ni préjugés. Ils vivent comme la plante, sans autre but que celui de se reproduire et sans autres aspirations que celles de ne pas mourir de froid ou de faim. Un proverbe dit : « que leur église a été construite avec du lard, et que les chiens l'ont mangée. » Malgré leur piété pour les morts, — ils ne croient pas à l'immortalité de l'âme. *Ap i mutende!* (Par les morts !) est chez eux un serment sacré. — Un Tzigane ne passe jamais auprès de la tombe d'un des siens sans y répandre quelques gouttes de bière, d'eau-de-vie ou de vin. Ils ne sont pas même païens, puisqu'ils n'adorent rien. Ils n'ont que quelques pressentiments vagues de bonheur ou de malheur lorsqu'ils rencontrent certains oiseaux ou qu'ils entendent le tonnerre. Ils regardent la terre comme la source de tous les biens, et la considèrent comme une chose sainte et sacrée. Ils se font, sur le Dieu des chrétiens, les idées les plus extravagantes ; ils croient que Dieu le père est mort, et que c'est son fils qui lui a succédé. « J'ai assisté, dit M. Richard Liebich (1), à une singulière controverse

(1) *Die Zigeuner in ihrem Wesen und in ihrer Sprache*, 1863.

qui s'éleva un jour à ce sujet entre un Tzigane et sa femme. Celle-ci prétendait que Dieu le père n'avait qu'abdiqué entre les mains de son fils, et qu'il vivait encore, tandis que l'homme affirmait que Dieu le père était mort, et qu'un jeune Dieu qui n'était pas son fils, mais l'enfant d'un charpentier, avait usurpé son trône. »

Cette confusion enfantine des notions les plus élémentaires du christianisme, s'explique par la facilité et l'indifférence avec laquelle les Tziganes adoptent la religion du pays où ils se trouvent. Ils changent de religion plus souvent que de chemise, attendu que celle-ci leur manque ordinairement. Sont-ils parmi des catholiques? si on leur promet quelque cadeau, ils se font vite baptiser et fréquentent les offices. S'ils vivent parmi les Musulmans, ils mettent le même empressement à subir la circoncision. Le Tzigane nomade est aujourd'hui luthérien ou calviniste, demain il sera catholique; et après-demain grec orthodoxe. Tout dépend de son étape et du prix qu'on met à sa conversion. Ses enfants ont tous été baptisés quatre ou cinq fois, dans des villages de religion différente.

On raconte qu'une famille tzigane édifiait, dans un village valaque, tout le monde par sa piété. Le père, la mère et les enfants s'approchaient chaque dimanche de la sainte table et prenaient la communion sous les deux espèces. Le pope, qui avait reçu de la châtelaine un excellent tokay pour le distribuer aux fidèles, conçut quelques soupçons sur la sincérité de tant de zèle. Le dimanche suivant, il offrit aux Tziganes un mélange de vinaigre et d'eau qu'il n'avait pas consacré. La piété de la famille entière ne résista pas à ce breuvage amer. On ne vit plus les Bohémiens venir communier.

En Angleterre, les Tziganes sont soumis à une reine ; leur roi est mort en 1845, à l'âge de 86 ans. En Hongrie, si ce roi existe, il vit caché. Autrefois les Bohémiens de ce pays obéissaient à quatre chefs, ou voïvodes, qui résidaient près de Raab, Lewentz, Szathmar et Kaschau. Tous les Tziganes de Transylvanie, travaillant au lavage des sables aurifères, étaient jadis sous le commandement d'un seul voïvode, auquel ils payaient une liste civile de un florin par tête.

Tous les sept ans, les tribus se réunissent autour de leur chef suprême pour recevoir ses ordres.

L'élection d'un voïvode se fait toujours par le suffrage universel. Dès que le nom de l'élu est proclamé, on le couvre d'applaudissements et d'acclamations ; les musiciens jouent avec frénésie et l'on pose solennellement sur sa tête un tricorne galonné d'argent, insigne de sa dignité. Puis on lui présente sur un plat décoré de fleurs une cruche de vin, qu'il boit d'un trait et brise ensuite en morceaux. Le nouveau chef adresse alors une longue harangue aux assistants, il les engage à respecter les lois de leur nation ; et chacun vient à son tour lui serrer la main en marque d'adhésion et d'obéissance. La réunion se termine par un grand festin, par des danses et par les cris répétés de : *O baridir tschatschopáskéro atschas raha dschi do!* « Que notre chef vive de longues années ! »

Le voïvode tzigane était autrefois revêtu de pouvoirs illimités ; il avait, ni plus ni moins qu'un petit roi, droit de vie et de mort sur ses subordonnés ; mais, aujourd'hui, son autorité est partout remplacée par celle du gendarme, et il est bien difficile de savoir quelles sont les lois qui régissent actuellement ces pauvres vagabonds.

On les a beaucoup trop calomniés. Ils n'ont jamais

rien fait pour être mis au ban des nations. S'ils restent rebelles à nos idées, n'est-ce pas un peu notre faute? Nous leur montrons la civilisation sous son côté le plus brutal. S'avisent-ils de venir planter leurs tentes à la porte de nos villes, nous les chassons comme des êtres immondes et dangereux. Nos gendarmes les reconduisent jusqu'à la frontière, de brigade en brigade et de prison en prison. Et l'on s'étonne que pour eux notre haute culture soit absolument dépourvue de charme !

L'absurdité populaire est allée jusqu'à voir en eux des cannibales et des anthropophages. On les accuse partout d'être voleurs. Ils ne commettent guère, pourtant, que d'innocents larcins. La faim les pousse quelquefois à aller secouer un pommier ou à tordre le cou d'une oie : voilà tout; jamais un Tzigane n'a dérobé un objet de valeur. Jamais non plus on ne trouve de Tzigane parmi les bandes de brigands. Ils ne volent d'enfants que dans les contes des nourrices. Quelle triste acquisition ils feraient en dérobant les rejetons rachitiques de nos villes, qu'ils seraient forcés de nourrir; eux qui ont tant d'enfants, et si forts, et si beaux !

Le Tzigane a les défauts du tempérament sanguin : il est prompt, léger; il hait toute contrainte et veut jouir de son entière liberté d'action. Sa gaîté est ce « coussin de plumes de cygne où le cœur rêve si doucement », sa bonne humeur est vaillante et intarissable, sa conception rapide, son imagination fertile; il est observateur, il saisit vite les côtés faibles des gens au milieu desquels le hasard des chemins le mène, et il s'en moque avec finesse. Ses bons mots, ses railleries, sont le sel de toutes les réunions. Grâce à sa présence d'esprit, il sait se tirer des plus mauvais pas.

Un Tzigane fut une fois appelé à venir tirer à la conscription devant un chef de district. En même temps que lui se présentait le fils d'un riche meunier, que le magistrat protégeait. Le pauvre Tzigane avait une peur horrible d'être obligé d'endosser l'uniforme blanc ; son cœur battait quand il s'approcha de l'urne dans laquelle se trouvaient les deux boules. Soupçonnant quelque tricherie de la part du chef du comitat, il se haussa rapidement sur la pointe des pieds ; et plongeant son œil méfiant dans l'urne, il vit que les deux boules étaient noires.

— Prends une boule, fit le magistrat.

— Non, pas le premier, balbutia le Tzigane ; je ne suis, moi, qu'un pauvre diable ; que dirait ce jeune seigneur si je prenais le pas sur lui ? Je ne veux pas l'humilier ; je ne tirerai pas le premier.

— Veux-tu obéir, misérable ! s'écria le magistrat.

— Oh ! non.... Que mon cheval soit changé en bourrique si jamais je commets une pareille insolence envers Sa Grâce, répéta-t-il en se tournant vers le meunier.

— Prends une des boules, te dis-je, vilain Tzigane, ou je te...

Un geste significatif du chef du district fit compredre au Bohémien que s'il ne s'exécutait pas, le « bras de la loi » lui appliquerait quelque part quelques-uns de ces paragraphes du droit naturel que le Tzigane a vu de tout temps pousser sur les noisetiers.

Prompt comme l'éclair, il plongea un de ses bras dans l'urne, en retira une boule qu'il cacha dans sa main, et l'avala.

L'assistance crut qu'il était fou, le magistrat lui jeta un regard terrible ; mais le Tzigane avait déjà repris son attitude humble et soumise.

— J'ai tiré ma boule, dit-il ; que monsieur prenne maintenant la sienne ; si elle est blanche, il est évident que c'est la noire que j'ai avalée.

Le meunier tira bien entendu, une boule noire ; et le Tzigane fut libéré du service militaire.

Les Bohémiens sont astreints à la conscription dans tous les pays où ils restent à demeure. En général, ils ne font pas de bons soldats, mais d'excellents espions. Leur agilité corporelle, la finesse de perception de leur ouïe, leur esprit rusé, leur habitude de l'observation, leur mémoire et leur connaissance des lieux, les rendent particulièrement aptes à ce métier. Ils ne manquent cependant pas de courage ; et ils ont plus d'une fois vaillamment combattu pour l'indépendance hongroise. En 1557, Perengi leur confia la défense du château-fort de Nagy-Ida. Ils se comportèrent avec tant de vaillance que l'ennemi dut se retirer ; mais dans l'enivrement de leur triomphe, ils lui crièrent que s'ils n'avaient pas manqué de munitions, ils l'auraient bien autrement arrangé. Les Turcs reprirent l'offensive, et les Tziganes furent massacrés au nombre de mille, du premier au dernier. Tous les ans, les Bohémiens de la Haute-Hongrie célèbrent le triste anniversaire de cette funèbre journée ; ils se lamentent et jouent en l'honneur des morts une mélodie funèbre : la *Nagy-Idaer*, qu'ils n'exécutent jamais en public, et qui passe pour un de leurs chefs-d'œuvre. On a souvent vu des Tziganes, à qui on rappelait le souvenir de ce massacre, briser leur violon et en jeter les débris en signe de malédiction et de désespoir. Le Bohémien est aussi prompt à la colère qu'à la douleur. Entre eux, ils livrent quelquefois de vraies batailles auxquelles prennent part les femmes, les enfants et les chiens. Mais la paix se conclut aussi rapidement que la guerre s'est allumée; jamais le Tzigane ne nourrit une arrière-pensée de vengeance.

Parfois aussi ils se provoquent à des combats singuliers, à des duels au poignard ou au couteau. Ils se mettent alors complètement nus; non pour se blesser plus facilement, mais simplement pour ménager leurs habits.

La plus grande injure qu'un Bohémien puisse faire à un autre, c'est de lui dire : « Je mets ta tête sous la jupe de ta femme (*Me tschiwawa tiro schero tele tiri romniakri socha*). » Cette injure provoque toujours un combat sanglant. Aux yeux des Tziganes, tous les objets que touchent les vêtements d'une femme sont impurs.

Malgré la faim, la soif : toutes les misères et les avanies dont un Bohémien a à souffrir, on n'en a jamais vu se suicider. On cite le seul exemple d'une vieille tzigane qui, pour échapper à ses persécuteurs, pria un berger de l'enterrer vivante.

Entre eux, les Bohémiens parlent la langue de leur berceau, à laquelle se mêlent aujourd'hui plusieurs mots d'origine étrangère. Comme les anciens Romains et les Indiens de l'Amérique du Nord, ils ajoutent à leur nom de famille un qualificatif qui correspond avec le caractère de l'individu : ainsi Mettongo s'appellera le Fort, ou le Rouge ; Muta, Caroline, s'appellera la noire jeune fille (*gali minsch*). Ils ont une facilité extraordinaire à apprendre le dialecte ou la langue du pays où ils vivent : mais leur prononciation est étrange, et comme ils ne peuvent s'habituer à desserrer les dents, il ne sort souvent de leur bouche que quelques grognements gutturaux.

Le Bohémien est le plus bel exemple de sélection naturelle que je connaisse. Au milieu des hasards de cette vie de vagabondage par tous les temps et toutes les saisons, ceux qui ne sont pas taillés pour le combat de la vie restent en chemin et meurent. Ceux qui survivent sont magnifiques, d'une vigueur de constitution exceptionnelle. Ils résistent à toutes les maladies et à toutes les épidémies. On n'a jamais vu un Bohémien atteint de la goutte ou d'un rhumatisme. A moins qu'ils ne soient tués par un accident, ils meurent de leur belle mort, à un âge extrêmement avancé. S'ils tombent malades, ils refusent tout médicament ; ils ne connaissent qu'un seul remède, l'eau-de-vie, le soignons et le safran. Leurs plaies et leurs blessures guérissent toutes seules avec une rapidité inouïe, par la seule force du sang.

D'une taille souple, élancée, le Tzigane dépasse rarement la grandeur moyenne. On ne découvre sous sa peau bronzée ni le réseau de ses veines ni le jeu de ses muscles. Ses joues ne se colorent jamais, même dans la colère. Sa face est ovale, ses yeux noirs et profonds sont ombragés de longs cils ; son regard mobile a une expression sauvage et mélancolique, sa bouche est belle, ses lèvres arquées, sa barbe peu épaisse, ses dents petites, serrées, d'une blancheur éblouissante que ne peuvent ternir ni les aliments trop chauds ni l'abus du tabac : car après sa liberté, la chose que le Tzigane aime le mieux au monde, c'est sa pipe.

Quand il a réussi à satisfaire sa faim, s'il lui reste assez de tabac pour bourrer sa pipe, le Bohémien ne se sent plus d'aise et sa figure rayonne de joie et de plaisir.

Vieillards, femmes, enfants : tout le monde fume dans la tribu tzigane ; et il n'y a pas de jouissance terrestre qui vaille pour eux celle-là. Un Bohémien condamné au gibet demandera toujours, comme dernière faveur, de fumer une pipe.

Les Tziganes, moins heureux que les Juifs, auxquels on les a souvent comparés, n'ont en Hongrie aucun droit politique ; ils sont encore regardés comme des hôtes, comme des hommes qui campent en dehors de la société : comme les membres d'une caste inférieure, bien que leur musique soit revendiquée par les Hongrois comme un art national.

Au dernier congrès de statistique tenu à Pest, un savant et illustre Hongrois, M. le comte Eugène Zichy, s'est élevé au nom de la science, qui n'admet pas de distinctions sociales, et au nom de l'humanité, contre l'ostracisme dont les Tziganes sont victimes dans un pays où ils se sont en quelque sorte fondus avec la nation ; mais bien des années passeront avant que les préjugés qui règnent, même en Hongrie, à l'endroit des Bohémiens, s'effacent complètement.

XVI

Promenade dans la puzsta. — Essai de chasse à l'aigle. — Sous bois. — Un chevreuil. — Les oiseaux d'une forêt hongroise. — Le geai bleu. — Moulin et meunier. — Le garde-chasse. — A l'affût. — Coucher de soleil. — Jeux de levrauts au clair de lune. — Deux épisodes de la vie d'un chasseur hongrois.

L'heure du dîner nous avait ramenés chez M. L. Le café servi, nous nous étions mis à fumer avec la gravité silencieuse de deux pachas qui se taisent de peur d'effaroucher leurs rêveries.

L'horloge sonna deux ou trois coups.

— Que faisons-nous cette après-midi ? demandai-je à M. L.

— Ah ! oui, murmura-t-il en quittant des yeux le nuage de fumée sur lequel se berçait sa pensée... Que faisons-nous ?

— C'est à vous d'arrêter le programme.

— Eh bien, je vous propose une promenade en voiture jusqu'à la forêt, car nous avons aussi des forêts ; et, ce soir, comme j'ai fait prévenir le garde-chasse de venir vous prendre, il vous conduira à l'affût, ici, tout près, à un poste excellent.

Dix minutes après l'échange de ces quelques paroles, le domestique venait nous avertir que la voiture était attelée.

— Me permettez-vous d'emporter un fusil? demandai-je à M. L.

— Mais comment donc! Cela va sans dire.

Et nous voilà de nouveau roulant à travers la puszta, que le ciel criblait de ses rayons ardents. La terre était comme pâmée. Nouvelle Danaé, on eût dit qu'elle ouvrait ses bras puissants à la pluie d'or du soleil. Les blés avaient au loin des dénouements de chevelures blondes dans la soie verte des gazons; et des souffles chauds comme une haleine haletante passaient. Des traînées de lumière zébraient la vaste plaine des plus admirables nuances : de teintes de topaze, d'améthyste, de lapis lazuli; des champs de trèfle déployaient leur nappe, mouvante et rose comme celle d'un lac au coucher du soleil; et des cailles y plongeaient en poussant un cri d'appel. Au bout de l'horizon, une blanche ligne de nuages ressemblait à des voiles de navire flottant dans l'azur. Près de nous, des éperviers rôdaient, les serres ouvertes; un aigle que nous aperçûmes se jouant dans les airs, à dix minutes de l'endroit où nous étions, nous fit venir l'idée de lui donner la chasse. Le cocher lança ses chevaux à fond de train. L'aigle ne parut pas s'en inquiéter : il continuait de voler lentement, tantôt descendant au ras du sol, tantôt remontant d'un coup d'aile à une hauteur de plusieurs mètres.

Caché derrière le cocher, j'avais épaulé mon fusil.

—Visez bien et dépêchez-vous, me recommanda M.L.

Je pressai la gâchette, le coup partit... et l'aigle aussi.

— J'en ai tué bien souvent en me promenant ainsi en voiture, me dit M. L., mais j'avoue que c'est assez difficile.

Je suivais d'un œil d'envie et de regret l'énorme oiseau, couleur de rouille, qui fuyait d'un vol oblique.

L'aigle impérial, qui est migrateur et habite la plaine, est fort commun en Hongrie. D'une taille plus ramassée, plus petite, que celle de l'aigle fauve, il s'attaque généralement aux lièvres et aux jeunes renards. Dès qu'il aperçoit un de ces animaux, il se met à décrire des cercles qui se rétrécissent de plus en plus, puis, descendant en spirale, avec une vitesse vertigineuse, droit sur sa proie, il rabat ses ailes et lui enfonce ses serres dans le cou, de manière à l'étouffer.

Les steppes de Hongrie sont pleines de surprises et d'enchantements. Je devais en avoir une nouvelle preuve pendant la course que nous faisions. Une forêt de pins touffus et serrés surgit tout à coup devant nous au moment où je m'y attendais le moins. Tout autour s'étendaient des marécages et des fossés hérissés de roseaux et de joncs s'entrecroisant comme des sabres et des lances. En automne, ces flaques d'eau fourmillent d'oies sauvages et de canards. Nous nous engageâmes dans la forêt par un délicieux petit chemin, embaumé de l'odeur des résines fraîches et des mousses en fleur. Un demi-jour, bleuté comme un clair de lune, nous enveloppait; et sous les noirs arceaux des branches régnait un silence de sanctuaire que troublaient à peine des bruits presque imperceptibles, comme des pas d'enfants sur les parvis.

Nous revenions au pas, afin de mieux savourer la douce fraîcheur et la paix intime de la forêt. Soudain un chevreuil passa à vingt pas de nos chevaux, sans se presser, comme s'il flânait. Le cocher arrêta la voiture, je sautai à terre; mais dans ma précipitation je tombai à plat ventre et ne vis plus que la queue de l'animal, qui s'agitait au loin, d'un petit air ironique.

www.ingramcontent.com/pod-product-compliance
Lightning Source LLC
Chambersburg PA
CBHW060406170426
43199CB00013B/2022